Programando em Lua

O GEN | Grupo Editorial Nacional reúne as editoras Guanabara Koogan, Santos, Roca, AC Farmacêutica, Forense, Método, LTC, E.P.U. e Forense Universitária, que publicam nas áreas científica, técnica e profissional.

Essas empresas, respeitadas no mercado editorial, construíram catálogos inigualáveis, com obras que têm sido decisivas na formação acadêmica e no aperfeiçoamento de várias gerações de profissionais e de estudantes de Administração, Direito, Enfermagem, Engenharia, Fisioterapia, Medicina, Odontologia, Educação Física e muitas outras ciências, tendo se tornado sinônimo de seriedade e respeito.

Nossa missão é prover o melhor conteúdo científico e distribuí-lo de maneira flexível e conveniente, a preços justos, gerando benefícios e servindo a autores, docentes, livreiros, funcionários, colaboradores e acionistas.

Nosso comportamento ético incondicional e nossa responsabilidade social e ambiental são reforçados pela natureza educacional de nossa atividade, sem comprometer o crescimento contínuo e a rentabilidade do grupo.

Programando em Lua

3ª Edição

Roberto Ierusalimschy
Professor-associado, Pontifícia Universidade Católica do Rio de Janeiro (PUC-Rio)

Tradução
Ana Lúcia de Moura
Doutora em Informática (PUC-Rio)

O autor e a editora empenharam-se para citar adequadamente e dar o devido crédito a todos os detentores dos direitos autorais de qualquer material utilizado neste livro, dispondo-se a possíveis acertos caso, inadvertidamente, a identificação de algum deles tenha sido omitida.

Não é responsabilidade da editora nem do autor a ocorrência de eventuais perdas ou danos a pessoas ou bens que tenham origem no uso desta publicação.

Apesar dos melhores esforços do autor, da tradutora, do editor e dos revisores, é inevitável que surjam erros no texto. Assim, são bem-vindas as comunicações de usuários sobre correções ou sugestões referentes ao conteúdo ou ao nível pedagógico que auxiliem o aprimoramento de edições futuras. Os comentários dos leitores podem ser encaminhados à **LTC — Livros Técnicos e Científicos Editora** pelo e-mail ltc@grupogen.com.br.

Direitos exclusivos para a língua portuguesa
Copyright © 2015 by
LTC — Livros Técnicos e Científicos Editora Ltda.
Uma editora integrante do GEN | Grupo Editorial Nacional

Reservados todos os direitos. É proibida a duplicação ou reprodução deste volume, no todo ou em parte, sob quaisquer formas ou por quaisquer meios (eletrônico, mecânico, gravação, fotocópia, distribuição na internet ou outros), sem permissão expressa da editora.

Travessa do Ouvidor, 11
Rio de Janeiro, RJ – CEP 20040-040
Tels.: 21-3543-0770 / 11-5080-0770
Fax: 21-3543-0896
ltc@grupogen.com.br
www.ltceditora.com.br

Capa: Leônidas Leite

Editoração Eletrônica: Casa Editorial Maluhy & Co.

CIP-BRASIL. CATALOGAÇÃO NA FONTE
SINDICATO NACIONAL DOS EDITORES DE LIVROS, RJ

I23p
3. ed.

Ierusalimschy, Roberto
Programando em Lua / Roberto Ierusalimschy ; tradução Ana Lúcia de Moura. - [3. ed.] - Rio de Janeiro : LTC, 2015.
24 cm.

Tradução de: Programming in Lua
Inclui índice
ISBN 978-85-216-2699-2

1. Lua (Linguagem de programação de computador). I. Título.

15-21109 CDD: 005.13
          CDU: 004.43

Prefácio

Quando Waldemar, Luiz e eu começamos a desenvolver Lua, em 1993, não poderíamos imaginar que a linguagem alcançaria a repercussão que alcançou. Criada como uma linguagem interna para dois projetos específicos, Lua é, hoje, amplamente usada em todas as áreas que podem se beneficiar de uma linguagem de *script* simples, extensível, portável e eficiente, como sistemas embarcados, dispositivos móveis e, é claro, jogos.

Desde o princípio, Lua foi projetada para ser integrada aos *softwares* escritos em C/C++ e outras linguagens convencionais. Essa integração traz muitos benefícios. Lua é uma linguagem simples e muito pequena, em parte, porque não tenta fazer o que C já faz bem, como computações de alto desempenho, operações de baixo nível e interfaces com *software* de terceiros. Lua delega a C essas tarefas. O que Lua realmente oferece são coisas nas quais C não é bom: uma boa distância do *hardware*, estruturas dinâmicas, ausência de redundâncias e facilidade para testar e depurar. Para isso, Lua tem um ambiente seguro, gerenciamento automático de memória e conveniências para a manipulação de cadeias de caracteres e outros tipos de estruturas de dados de tamanho dinâmico.

Parte do poder de Lua vem das suas bibliotecas. Isso não acontece por acaso; afinal, um dos seus pontos fortes é a extensibilidade. Diversas características da linguagem contribuem para esse poder. A tipagem dinâmica permite um alto grau de polimorfismo. O gerenciamento automático de memória simplifica interfaces, uma vez que não é necessário decidir quem é responsável por alocar e desalocar memória ou como tratar *overflows*. Funções de ordem superior e funções anônimas permitem um alto grau de parametrização, tornando as funções mais versáteis.

Mais do que extensível, Lua é também uma *linguagem de conexão*. Dá suporte ao desenvolvimento de *software* baseado em componentes, em que uma aplicação é criada por meio da conexão de componentes de alto nível já existentes. Esses componentes são escritos em uma linguagem compilada, tipada estaticamente, como C ou C++; Lua é a cola que usamos para compor e conectar esses componentes. Geralmente, os componentes (ou objetos) representam conceitos concretos, de mais baixo nível (como *widgets* e estruturas de dados), que não estão sujeitos a muitas mudanças durante o desenvolvimento do programa e que consomem a maior parte do tempo de CPU do programa final. Lua dá a forma final da aplicação, que provavelmente mudará bastante durante o ciclo de vida do produto. Diferentemente de outras tecnologias de cola, Lua é também uma linguagem completa, e, por isso, podemos usá-la não apenas para colar componentes, mas também para adaptá-los e remodelá-los e para criar componentes totalmente novos.

É claro que Lua não é a única linguagem de *script* disponível. Há outras que você pode usar mais ou menos para os mesmos propósitos. Lua, entretanto, oferece um conjunto de características que a tornam a melhor escolha para muitas tarefas e que dão a ela um perfil único:

Extensibilidade: A extensibilidade de Lua é tão notável que muitas pessoas pensam nela não como uma linguagem, mas como um *kit* para a construção de linguagens de domínio específico. Lua foi projetada, desde o início, para ser estendida, tanto por meio de código Lua, quanto por meio de código C externo. Como uma prova de conceito, Lua implementa a maior parte de sua própria funcionalidade básica através de bibliotecas externas. É realmente muito fácil fazer sua interface com C/C++, e Lua tem sido usada de forma integrada também a várias outras linguagens, como Fortran, Java, Smalltalk, Ada, C# e, até mesmo outras linguagens de *script*, como Perl e Phyton.

Simplicidade: Lua é uma linguagem simples e pequena, com poucos (mas poderosos) conceitos. Essa simplicidade a torna fácil de aprender e contribui para o seu pequeno tamanho. A distribuição completa da linguagem (código-fonte, manual, além dos binários para algumas plataformas) cabe confortavelmente em um disquete.

Eficiência: Lua tem uma implementação bastante eficiente. *Benchmarks* independentes mostram-na como uma das mais rápidas linguagens de *script*.

Portabilidade: Quando tratamos de portabilidade, estamos falando sobre executar Lua em todas as plataformas sobre as quais já ouvimos falar: todas as variantes UNIX e Windows, PlayStation, Xbox, Mac OS X e iOS, Android, Kindle Fire, NOOK, Haiku, QUALCOMM Brew, *mainframes* IBM, RISC OS, Symbian OS, processadores Rabbit, Raspberry Pi, Arduino e muitas mais. O código-fonte para cada uma dessas plataformas é virtualmente o mesmo.

Lua não usa compilação condicional para adaptar seu código para máquinas diferentes; em vez disso, ela mantém o padrão ANSI (ISO) C. Dessa forma, você geralmente não precisa adaptá-la a um novo ambiente: se você tiver um compilador ANSI C, só precisará compilar Lua, sem nenhuma complicação adicional.

Audiência

Os usuários de Lua se enquadram tipicamente em três grandes grupos: aqueles que a utilizam já embarcada em uma aplicação; aqueles que a utilizam como uma linguagem autossuficiente; e aqueles que a utilizam junto com C.

Muitas pessoas usam Lua embarcada em uma aplicação, como Adobe Lightroom, Nmap ou World of Warcraft. Essas aplicações usam a API Lua–C para registrar novas funções, criar novos tipos e modificar o comportamento de algumas operações da linguagem, configurando Lua para seus domínios específicos. Frequentemente, os usuários de tais aplicações nem mesmo sabem que Lua é uma linguagem independente, adaptada a um domínio particular. Muitos desenvolvedores de *plug-ins* para Lightroom, por exemplo, não conhecem os outros usos da linguagem; os usuários do Nmap costumam pensar em Lua como a linguagem da Nmap Scripting Engine; os jogadores de World of Warcraft veem Lua como uma linguagem exclusiva desse jogo.

Lua também é útil como uma linguagem autossuficiente, não apenas para processamento de texto e pequenos programas descartáveis, mas também (e cada vez mais) para projetos de médio e grande porte. Para esses usos, a principal funcionalidade de Lua vem de suas bibliotecas. As bibliotecas-padrão, por exemplo, oferecem funções básicas de casamento de padrões e outras funções para o tratamento de cadeias de caracteres. À medida que Lua melhora o seu suporte a bibliotecas, há uma proliferação de pacotes externos. LuaRocks, um sistema de implantação e gerência de módulos Lua, disponibiliza, atualmente, mais de 300 pacotes.

Finalmente, há aqueles programadores que trabalham no outro extremo, escrevendo aplicações que usam Lua como uma biblioteca C. Essas pessoas irão programar mais em C do que em Lua, embora precisem ter um bom entendimento de Lua para criar interfaces simples, fáceis de usar e bem integradas à linguagem.

Este livro tem muito para oferecer a todas essas pessoas. A primeira parte cobre a linguagem propriamente dita, mostrando como podemos explorar todo o seu potencial. Nela, nos concentramos em diferentes construções da linguagem e usamos inúmeros exemplos e exercícios para mostrar como utilizá-las em tarefas práticas. Alguns capítulos nessa parte cobrem conceitos básicos, como estruturas de controle, enquanto outros cobrem tópicos mais avançados, como iteradores e corrotinas.

A segunda parte é totalmente dedicada às tabelas, a única estrutura de dados em Lua. Seus capítulos discutem estruturas de dados, persistência, pacotes e programação orientada a objetos. Eles irão revelar o verdadeiro poder dessa linguagem.

A terceira parte apresenta as bibliotecas-padrão. Essa parte é particularmente útil para aqueles que usam Lua como uma linguagem autossuficiente, embora muitas outras aplicações também incorporem todas, ou parte das, bibliotecas-padrão. Essa parte dedica um capítulo a cada biblioteca-padrão: a biblioteca matemática; a biblioteca de manipulação de bits; a biblioteca de tabelas; a biblioteca de cadeias; a biblioteca de E/S; a biblioteca de sistema operacional; e a biblioteca de depuração.

Finalmente, a última parte do livro cobre a API entre Lua e C, para aqueles que usam C a fim de obter todo o poder de Lua. O estilo dessa parte é, necessariamente, bem diferente do restante do livro. Programaremos em C, não em Lua, e, por isso, usaremos um chapéu diferente. Para alguns leitores, a discussão da API C pode ser de interesse marginal; para outros, pode ser a parte mais relevante deste livro.

Sobre a Terceira Edição [1]

Este livro corresponde à terceira edição em inglês. É a primeira edição traduzida para o português, mas, como as diferenças entre as várias edições do livro são razoavelmente grandes, optamos por chamar esta tradução de *Terceira Edição* também, a fim de enfatizar a qual original ela se refere.

O original do livro, assim como esta edição em português, é uma versão atualizada e expandida da segunda edição de *Programming in Lua* (também conhecido como *PiL 2*). Embora a estrutura do livro seja virtualmente a mesma, essa nova edição apresenta bastante material inédito.

Em primeiro lugar, atualizei todo o livro para Lua 5.2. O capítulo sobre ambientes tem relevância especial, pois foi quase todo reescrito. Também refiz diversos exemplos para mostrar como tirar proveito das novidades oferecidas por Lua 5.2. De qualquer forma, indiquei claramente as diferenças em relação à Lua 5.1, e, por isso, você pode usar o livro para essa versão de Lua também.

Em segundo lugar, acrescentei exercícios a todos os capítulos do livro. Eles vão desde perguntas simples sobre a linguagem até pequenos projetos completos. Diversos exercícios ilustram aspectos importantes da programação em Lua e são tão importantes quanto os exemplos para expandir seu arsenal de técnicas úteis.

Em terceiro lugar, finalmente, conseguimos um contrato atraente para lançar o livro em português. A LTC Editora nos ofereceu todas as condições de que precisávamos para esta tradução, o que não havíamos conseguido até então (isso explica a carência de uma versão em português de uma linguagem de programação totalmente desenvolvida no Brasil).

Outros Recursos

O manual de referência é uma leitura obrigatória para quem realmente deseja aprender uma linguagem. Este livro não substitui o manual de referência de Lua; muito

---

[1]. Este texto foi revisto pelo autor para a edição em português. (N.T.)

pelo contrário, eles se complementam. O manual apenas descreve a linguagem, não mostra exemplos nem as razões por trás de suas construções. Por outro lado, o manual descreve a linguagem inteira, enquanto este livro omite as características mais obscuras de Lua, as usadas com pouca frequência. Além disso, o manual é o documento oficial de Lua. Quando houver discordâncias, confie no manual. Para obtê-lo e conseguir mais informações sobre Lua, visite o site http://www.lua.org.

Você também pode encontrar informações úteis no site dos usuários de Lua, mantido pela própria comunidade de usuários, em http://lua-users.org. Entre outros recursos, ele oferece um tutorial, uma lista de pacotes e documentação de terceiros, além de um arquivo da lista de mensagens oficial de Lua.

Este livro descreve Lua 5.2, embora a maior parte do seu conteúdo também se aplique a Lua 5.1 e Lua 5.0. As poucas diferenças entre Lua 5.2 e as versões mais antigas de Lua 5 estão claramente indicadas no texto. Se você estiver usando uma versão mais recente (lançada após a publicação deste livro), verifique o manual correspondente para conhecer as diferenças entre as versões. Se você estiver usando uma versão mais antiga do que 5.2, este é um bom momento para considerar uma atualização.

Algumas Convenções Tipográficas

O livro delimita as "cadeias literais" com aspas duplas e os caracteres simples, como 'a', com aspas simples. Cadeias usadas como padrões também são delimitadas com aspas simples, como '[%w_]*'. O livro usa uma fonte *typewriter* tanto para os trechos de código quanto para os identificadores. Para **palavras reservadas**, ele usa uma fonte em negrito. Os trechos de código maiores são mostrados em um estilo *display*:

```
-- program "Hello World"
print("Hello World")  --> Hello World
```

A notação --> mostra a saída de um comando ou, ocasionalmente, o resultado de uma expressão:

```
print(10)  --> 10
13 + 3  --> 16
```

Como um hífen duplo (--) inicia um comentário em Lua, não haverá problemas se você incluir essas anotações em seus programas. Finalmente, o livro usa a notação <--> para indicar duas coisas equivalentes:

```
isso <--> aquilo
```

Executando os Exemplos

Você vai precisar de um interpretador Lua para executar os exemplos deste livro. O ideal é usar Lua 5.2, porém a maior parte dos exemplos também roda, sem modificações, em Lua 5.1.

O site de Lua (http://www.lua.org) mantém o código-fonte do interpretador. Se você tiver um compilador C e algum conhecimento prático em compilar código C em sua máquina, você deve tentar instalar Lua a partir de seu código-fonte; é realmente fácil. O site *Lua Binaries* (procure `luabinaries`) oferece interpretadores Lua pré-compilados para a maior parte das principais plataformas. Se você usa Linux ou outro sistema do tipo UNIX, você pode checar o repositório da sua distribuição; diversas distribuições já oferecem um pacote com Lua. Para o Windows, uma boa opção é *Lua for Windows* (procure `luaforwindows`), um ambiente completo para Lua que inclui o interpretador, um editor de texto integrado e várias bibliotecas.

Se você estiver usando Lua embarcada em uma aplicação, como WoW ou Nmap, talvez você precise do manual da aplicação (ou de um "guru" local) para aprender como executar seus programas. De qualquer forma, Lua será ainda a mesma linguagem; a maior parte do que veremos neste livro é válida, não importa como você usa Lua. No entanto, eu recomendo que você comece seus estudos de Lua usando o interpretador de linha de comando para executar seus primeiros exemplos e experimentos.

Agradecimentos

Faz quase dez anos que eu publiquei a primeira edição deste livro. Diversos amigos e instituições me apoiaram ao longo dessa jornada.

Como sempre, Luiz Henrique de Figueiredo e Waldemar Celes, coautores de Lua, ofereceram todo tipo de ajuda. André Carregal, Asko Kauppi, Brett Kapilik, Diego Nehab, Edwin Moragas, Fernando Jefferson, Gavin Wraith, John D. Ramsdell e Norman Ramsey forneceram sugestões valiosas e *insights* bastante úteis para diversas edições deste livro.

O Centro de Estudos para a América Latina, da Universidade de Stanford, me proporcionou uma pausa mais do que necessária no meu trabalho regular, em um ambiente estimulante, no qual realizei a maior parte do trabalho para essa terceira edição.

Eu gostaria também de agradecer à Pontifícia Universidade Católica do Rio de Janeiro (PUC-Rio) e ao Conselho Nacional de Desenvolvimento Científico e Tecnológico (CNPq) pelo suporte contínuo ao meu trabalho.

Para esta edição em português, gostaria de agradecer a Bruno Lessa, por nos permitir usar uma tradução anterior (não editada), da segunda edição, como base para esta tradução. Ricardo Redisch, Editor Executivo do Grupo Editorial Nacional, foi a pessoa perfeita para satisfazer as nossas necessidades específicas com a LTC Editora.

Finalmente, devo expressar minha profunda gratidão a Noemi Rodriguez, por todo tipo de ajuda (técnica e não técnica) e por iluminar a minha vida.

Sumário

Parte I. A Linguagem   1

1 Primeiros Passos   3

    1.1 Trechos   4
    1.2 Algumas Convenções Léxicas   5
    1.3 Variáveis Globais   7
    1.4 O Interpretador de Linha de Comando   7
    Exercícios   9

2 Tipos e Valores   10

    2.1 Nil   11
    2.2 Booleanos   11
    2.3 Números   11
    2.4 Cadeias   12
    2.5 Tabelas   16
    2.6 Funções   19
    2.7 *Userdata* e *Threads*   20
    Exercícios   20

3 Expressões   22

    3.1 Operadores Aritmélicos   22
    3.2 Operadores Relacionais   23
    3.3 Operadores Lógicos   24
    3.4 Concatenação   25
    3.5 O Operador de Comprimento   25
    3.6 Precedência   27
    3.7 Construtores de Tabelas   27
    Exercícios   29

4 Comandos 30

4.1 Atribuição 30
4.2 Variáveis Locais e Blocos 31
4.3 Estruturas de Controle 33
4.4 *break, return* e *goto* 37
Exercícios 41

5 Funções 42

5.1 Múltiplos Resultados 44
5.2 Funções Variádicas 47
5.3 Argumentos Nomeados 50
Exercícios 51

6 Mais sobre Funções 53

6.1 Fechos 55
6.2 Funções Não Globais 58
6.3 Chamadas Finais Próprias 60
Exercícios 61

7 Iteradores e o *for* Genérico 63

7.1 Iteradores e Fechos 63
7.2 A Semântica do *for* Genérico 66
7.3 Iteradores sem Estado 67
7.4 Iteradores com Estado Complexo 69
7.5 Iteradores Verdadeiros 70
Exercícios 71

8 Compilação, Execução e Erros 73

8.1 Compilação 73
8.2 Código Pré-Compilado 77
8.3 Código C 78
8.4 Erros 79
8.5 Tratamento de Erros e Exceções 81
8.6 Mensagens de Erro e Traços 82
Exercícios 84

9 Corrotinas 86

9.1 Conceitos Básicos de Corrotinas 86
9.2 *Pipes* e Filtros 89
9.3 Corrotinas como Iteradores 92

9.4 Multitarefa Não Preemptiva   94
Exercícios   99

10 Exemplos Completos   100

10.1 O Problema das Oito Rainhas   100
10.2 Palavras Mais Frequentes   102
10.3 Algoritmo de Cadeias de Markov   103
Exercícios   107

Parte II. Tabelas e Objetos   109

11 Estruturas de Dados   111

11.1 *Arrays*   111
11.2 Matrizes e *Arrays* Multidimensionais   112
11.3 Listas Encadeadas   114
11.4 Filas e Filas Duplamente Encadeadas   114
11.5 Conjuntos e Multiconjuntos   116
11.6 *Buffers* de Cadeias   117
11.7 Grafos   118
Exercícios   120

12 Arquivos de Dados e Persistência   122

12.1 Arquivos de Dados   122
12.2 Serialização   125
Exercícios   131

13 Metatabelas e Metamétodos   132

13.1 Metamétodos Aritméticos   133
13.2 Metamétodos Relacionais   136
13.3 Metamétodos Definidos por Bibliotecas   137
13.4 Metamétodos de Acesso a Tabelas   138
Exercícios   144

14 O Ambiente   145

14.1 Variáveis Globais com Nomes Dinâmicos   145
14.2 Declarações de Variáveis Globais   147
14.3 Ambientes Não Globais   149
14.4 Usando _ENV   151
14.5 _ENV e load   154
Exercícios   155

15 Módulos e Pacotes   157

15.1 A Função require   159
15.2 A Abordagem Básica para a Escrita de Módulos em Lua   163
15.3 Usando Ambientes   165
15.4 Submódulos e Pacotes   166
Exercícios   168

16 Programação Orientada a Objetos   169

16.1 Classes   171
16.2 Herança   173
16.3 Herança Múltipla   174
16.4 Privacidade   177
16.5 A Abordagem do Método Único   179
Exercícios   179

17 Tabelas Fracas e Finalizadores   181

17.1 Tabelas Fracas   182
17.2 Funções de Memorização   183
17.3 Atributos de Objetos   185
17.4 Revisitando Tabelas com Valores-Padrão   186
17.5 Tabelas Efêmeras   187
17.6 Finalizadores   188
Exercícios   191

Parte III. As Bibliotecas-Padrão   193

18 A Biblioteca Matemática   195

Exercícios   196

19 A Biblioteca de Manipulação de *Bits*   197

Exercícios   200

20 A Biblioteca de Tabelas   201

20.1 Inserir e Remover   201
20.2 Ordenação   202
20.3 Concatenação   203
Exercícios   204

21 A Biblioteca de Cadeias   205

21.1 Funções Básicas de Cadeias   205
21.2 Funções de Casamento de Padrões   207
21.3 Padrões   210
21.4 Capturas   214
21.5 Substituições   216
21.6 Truques do Ofício   220
21.7 Unicode   223
Exercícios   226

22 A Biblioteca de E/S   227

22.1 O Modelo de E/S Simples   227
22.2 O Modelo de E/S Completo   230
22.3 Outras Operações sobre Arquivos   234
Exercícios   236

23 A Biblioteca do Sistema Operacional   237

23.1 Data e Hora   237
23.2 Outras Chamadas de Sistema   240
Exercícios   241

24 A Biblioteca de Depuração   242

24.1 Comodidades de Introspecção   243
24.2 Ganchos   248
24.3 Perfis   249
Exercícios   251

Parte IV. A API C   253

25 Uma Visão Geral da API C   255

25.1 Um Primeiro Exemplo   257
25.2 A Pilha   259
25.3 Tratamento de Erros com a API C   264
Exercícios   267

26 Estendendo Sua Aplicação   268

26.1 O Básico   268
26.2 Manipulação de Tabelas   270
26.3 Chamando Funções Lua   274

26.4 Uma Função de Chamada Genérica   276
Exercícios   278

27 Chamando C a partir de Lua   280

27.1 Funções C   281
27.2 Continuações   282
27.3 Módulos C   286
Exercícios   288

28 Técnicas para Escrever Funções C   289

28.1 Manipulação de *Arrays*   289
28.2 Manipulação de Cadeias   291
28.3 Armazenando Estado em Funções C   295
Exercícios   301

29 Tipos Definidos pelo Usuário em C   302

29.1 *Userdata*   303
29.2 Metatabelas   305
29.3 Acesso Orientado a Objetos   308
29.4 Acesso como *Array*   310
29.5 *Userdata* Leve   311
Exercícios   312

30 Gerenciando Recursos   313

30.1 Um Iterador de Diretórios   313
30.2 Um Analisador XML   316
Exercícios   325

31 *Threads* e Estados   327

31.1 Múltiplas *Threads*   328
31.2 Estados Lua   331
Exercícios   340

32 Gerência de Memória   341

32.1 A Função de Alocação   341
32.2 O Coletor de Lixo   343
Exercícios   346

Índice   349

Parte I
A Linguagem

1
Primeiros Passos

Para manter a tradição, nosso primeiro programa em Lua apenas imprime "Hello World":

```
print("Hello World")
```

Se você estiver usando o interpretador Lua de linha de comando, tudo o que você precisa fazer para executar o seu primeiro programa é chamar o interpretador — geralmente, denominado lua ou lua5.2 — com o nome do arquivo de texto que contém o seu programa. Se você salvar o programa acima em um arquivo hello.lua, o comando seguinte deverá executá-lo:

```
% lua hello.lua
```

Como exemplo mais complexo, o próximo programa, após definir uma função para computar o fatorial de um dado número, pede que o usuário forneça um número e imprime o seu fatorial:

```
-- define uma função fatorial
function fact (n)
  if n == 0 then
    return 1
  else
    return n * fact(n-1)
  end
end
```

```
print("entre com um número:")
a = io.read("*number")          -- lê um número
print(fact(a))
```

1.1 Trechos

Cada pedaço de código que Lua executa, seja ele um arquivo ou uma única linha no modo interativo, é chamado de *trecho* (*chunk*), que é simplesmente uma sequência de comandos.

Lua não precisa de um separador entre comandos consecutivos, mas você pode usar um ponto e vírgula se desejar. O padrão que eu uso é ponto e vírgula somente para separar dois ou mais comandos escritos em uma mesma linha. As quebras de linha não têm significado na sintaxe de Lua; os quatro trechos de código a seguir, por exemplo, são todos válidos e equivalentes:

```
a = 1
b = a*2

a = 1;
b = a*2;

a = 1; b = a*2

a = 1  b = a*2     -- feio, mas válido
```

Um trecho pode ser tão simples quanto um único comando, como no exemplo "Hello World", ou composto por uma mistura de comandos e definições de funções (que são, na verdade, atribuições, conforme veremos adiante), como no exemplo do fatorial. Um trecho pode ser tão grande quanto você desejar. Como Lua é usada também como uma linguagem de descrição de dados, trechos com vários *megabytes* não são incomuns, e o interpretador Lua não tem problema algum em lidar com eles.

Em vez de escrever o seu programa em um arquivo, você pode executar o interpretador de linha de comando em modo interativo. Se você chamar lua sem argumentos, verá o seguinte *prompt*:

```
% lua
Lua 5.2  Copyright (C) 1994-2012 Lua.org, PUC-Rio
>
```

Depois disso, cada comando que você digitar (como print "Hello World") será executado imediatamente. Para sair do modo interativo e do interpretador, digite o caractere de controle que indica fim de arquivo (ctrl-D no UNIX; ctrl-Z no /Windows) ou acione a função exit, da biblioteca do Sistema Operacional — você deve digitar os.exit().

No modo interativo, Lua geralmente interpreta cada linha que você digita como um trecho de código completo. No entanto, se o interpretador detectar que uma linha não forma um trecho completo, ele irá esperar por mais entradas até que se forme um. Dessa forma, você pode dar uma definição com múltiplas linhas, como a função fact, diretamente no modo interativo, porém é mais conveniente, em geral, colocar tais definições em um arquivo e chamar Lua para executá-lo.

Você pode usar a opção -i para instruir Lua a iniciar uma sessão interativa depois de executar o trecho de código especificado:

```
% lua -i prog
```

Uma linha de comando como essa irá executar o trecho no arquivo prog e, depois, mostrar para você o *prompt* em modo interativo. Isso é especialmente útil para depuração e testes manuais. No final deste capítulo, veremos outras opções para o interpretador de linha de comando.

Outra maneira de executar trechos de código é com a função dofile, que executa imediatamente um arquivo. Suponha, por exemplo, que você tenha um arquivo lib1.lua com o seguinte código:

```
function norm (x, y)
  return (x^2 + y^2)^0.5
end

function twice (x)
  return 2*x
end
```

Depois, no modo interativo, você pode digitar

```
> dofile("lib1.lua")    -- carrega a sua biblioteca
> n = norm(3.4, 1.0)
> print(twice(n))       --> 7.0880180586677
```

A função dofile é útil também quando você está testando um pedaço de código. Você pode trabalhar com duas janelas: uma é um editor de texto com o seu programa (em um arquivo prog.lua, por exemplo); e a outra é um console executando Lua em modo interativo. Após salvar uma modificação em seu programa, execute dofile("prog.lua") no console Lua para carregar o novo código; você poderá, então, exercitar esse novo código, chamando suas funções e imprimindo os resultados.

1.2 Algumas Convenções Léxicas

Os identificadores (ou nomes) em Lua podem ser qualquer cadeia composta por letras, dígitos e caracteres de sublinhado, não começando com um dígito; por exemplo:

```
i         j          i10       _ij
aSomewhatLongName    _INPUT
```

Você deve evitar identificadores que comecem com um caractere de sublinhado seguido por uma ou mais letras maiúsculas (*e.g.*, `_VERSION`); eles são reservados para usos especiais em Lua. Eu, geralmente, reservo o identificador `_` (um único caractere de sublinhado) para variáveis *dummy*.

Em versões mais antigas de Lua, o conceito de letra dependia da localização (*locale*). No entanto, essas letras tornam o seu programa inadequado para a execução em sistemas sem suporte a uma dada localização. Lua 5.2 aceita apenas os intervalos A-Z e a-z como letras usadas em identificadores.

As palavras a seguir são reservadas; não podemos usá-las como identificadores:

```
and       break     do        else      elseif
end       false     goto      for       function
if        in        local     nil       not
or        repeat    return    then      true
until     while
```

Lua distingue letras minúsculas de maiúsculas: **and** é uma palavra reservada, mas And e AND são outros dois identificadores diferentes.

Um comentário começa em qualquer lugar com um hífen duplo (`--`) e vai até o final da linha. Lua também oferece comentários de bloco, que começam com `--[[` e vão até o próximo `]]`.[1] Um truque comum para comentar um pedaço de código é colocá-lo entre `--[[` e `--]]`, como aqui:

```
--[[
print(10)         -- nenhuma ação (comentado)
--]]
```

Para reativar o código, acrescentamos um hífen simples à primeira linha:

```
---[[
print(10)         --> 10
--]]
```

No primeiro exemplo, o `--[[` na primeira linha inicia um comentário de bloco, e o hífen duplo na última linha ainda está dentro dele. No segundo exemplo, a sequência `---[[` inicia um comentário simples, de uma única linha, fazendo com que a primeira e a última linha tornem-se comentários independentes. Neste caso, o print está fora dos comentários.

---

1. Os comentários de bloco podem ser mais complexos do que isso, como veremos na Seção 2.4.

1.3 Variáveis Globais

As variáveis globais não precisam ser declaradas, você simplesmente as usa. Não é um erro acessar uma variável que não tenha sido inicializada, você apenas irá obter o valor nil como resultado:

```
print(b)    --> nil
b = 10
print(b)    --> 10
```

Se você atribuir nil a uma variável global, Lua se comportará como se essa variável nunca tivesse sido usada:

```
b = nil
print(b)    --> nil
```

Depois dessa atribuição, Lua poderá, em algum momento, recuperar a memória usada pela variável.

1.4 O Interpretador de Linha de Comando

O interpretador de linha de comando (também chamado lua.c, devido ao seu arquivo-fonte, ou simplesmente lua, devido ao seu executável) é um pequeno programa que permite o uso direto de Lua. Esta seção apresenta suas principais opções.

Quando o interpretador carrega um arquivo, ele ignora a primeira linha, caso ela comece com uma cerquilha ('#'). Essa característica permite o uso de Lua como um interpretador de *scripts* em sistemas UNIX. Se você iniciar o seu *script* com algo como

```
#!/usr/local/bin/lua
```

(assumindo que o interpretador de linha de comando esteja em /usr/local/bin) ou com

```
#!/usr/bin/env lua
```

você poderá chamá-lo de forma direta, sem precisar chamar explicitamente o interpretador Lua.

O uso de lua é

```
lua [options] [script [args]]
```

Tudo é opcional. Como já vimos anteriormente, quando chamamos lua sem argumentos, o interpretador entra no modo interativo.

A opção -e permite-nos entrar com código diretamente na linha de comando, como aqui:

```
% lua -e "print(math.sin(12))"   --> -0.53657291800043
```

(O UNIX precisa das aspas duplas para impedir que o *shell* interprete os parênteses.)

A opção -l carrega uma biblioteca. Como vimos anteriormente, -i entra no modo interativo após executar os outros argumentos. Dessa forma, a chamada a seguir irá carregar a biblioteca lib, executar a atribuição x = 10 e, finalmente, apresentar o *prompt* para interação.

```
% lua -i -llib -e "x = 10"
```

No modo interativo, você pode imprimir o valor de qualquer expressão escrevendo uma linha que começa com um sinal de igual seguido pela expressão:

```
> = math.sin(3)          --> 0.14112000805987
> a = 30
> = a                    --> 30
```

Essa característica é útil para usar Lua como uma calculadora.

Antes de executar seus argumentos, o interpretador procura uma variável de ambiente chamada LUA_INIT_5_2 ou, se ela não existir, LUA_INIT. Se uma dessas variáveis existir e seu conteúdo for @*nomedearquivo*, o interpretador executará o arquivo especificado. Se LUA_INIT_5_2 (ou LUA_INIT) estiver definida, mas não começar com '@', o interpretador assumirá que ela contém código Lua e o executará. LUA_INIT nos dá bastante flexibilidade para configurar o interpretador de linha de comando, pois temos o poder máximo de Lua nessa configuração. Podemos pré-carregar pacotes, mudar o caminho (*path*), definir nossas próprias funções, renomear ou apagar funções e assim por diante.

Um *script* pode recuperar seus argumentos por meio da variável global predefinida arg. Em uma chamada como % lua script a b c, o interpretador criará a tabela arg, com todos os argumentos de linha de comando, antes de executar o *script*. O nome do *script* ficará no índice 0, seu primeiro argumento ("a", no exemplo) irá para o índice 1, e assim por diante. As opções que precederem o nome do *script* ficarão em índices negativos, dado que aparecem antes dele. Considere, por exemplo, a chamada a seguir:

```
% lua -e "sin=math.sin" script a b
```

O interpretador coletará os argumentos da seguinte forma:

```
arg[-3] = "lua"
arg[-2] = "-e"
arg[-1] = "sin=math.sin"
arg[0] = "script"
arg[1] = "a"
arg[2] = "b"
```

Em geral, um *script* usa apenas os índices positivos (arg[1] e arg[2], no exemplo).

Desde Lua 5.1, um *script* pode também recuperar seus argumentos por meio de uma expressão *vararg*. No corpo principal de um *script*, a expressão ... (três pontos) resultará nos argumentos passados para o *script* (discutiremos expressões *vararg* na Seção 5.2).

Exercícios

1.1 Execute o exemplo do fatorial. O que acontecerá com o seu programa se você inserir um número negativo? Modifique o exemplo para evitar esse problema.

1.2 Execute o exemplo `twice`, tanto carregando o arquivo com a opção `-l` quanto com `dofile`. Qual forma você prefere?

1.3 Você pode citar outras linguagens que usem -- para comentários?

1.4 Quais das cadeias seguintes são identificadores válidos?
       ___   _end   End   end   until?   nil   NULL

1.5 Escreva um *script* simples que imprima o próprio nome sem previamente o conhecer.

2
Tipos e Valores

Lua é uma linguagem tipada dinamicamente. Não há definições de tipo na linguagem; cada valor carrega o seu próprio tipo.

Há oito tipos básicos em Lua: *nil, boolean, number, string, userdata, function, thread* e *table*. A função type fornece o nome do tipo de um dado valor:

```
print(type("Hello world"))   --> string
print(type(10.4*3))          --> number
print(type(print))           --> function
print(type(type))            --> function
print(type(true))            --> boolean
print(type(nil))             --> nil
print(type(type(X)))         --> string
```

Independentemente do valor de X, o resultado da última linha será "string", pois type resulta sempre em uma cadeia de caracteres.

Variáveis não têm tipos predefinidos; qualquer variável pode conter valores de qualquer tipo:

```
print(type(a))    --> nil   ('a' não foi inicializada)
a = 10
print(type(a))    --> number
a = "a string!!"
print(type(a))    --> string
a = print         -- sim, isso é válido!
a(type(a))        --> function
```

Repare nas duas últimas linhas: em Lua, as funções são valores de primeira classe; assim, podemos manipulá-las como qualquer outro valor (veremos mais sobre essa comodidade no Capítulo 6).

Geralmente, quando você usa uma única variável para diferentes tipos, o resultado é um código confuso. No entanto, algumas vezes, o uso consciente dessa comodidade é útil, por exemplo, o uso de nil para diferenciar um valor de retorno normal de uma condição anormal.

2.1 Nil

Nil é um tipo com um único valor, **nil**, cuja propriedade mais importante é ser diferente de qualquer outro. Lua usa nil como uma espécie de não valor, a fim de representar a ausência de um valor útil. Como vimos antes, uma variável global, por padrão, tem um valor nil antes da sua primeira atribuição, e você pode atribuir nil a uma variável global para apagá-la.

2.2 Booleanos

O tipo *boolean* tem dois valores, *false* e *true*, que representam os valores booleanos tradicionais. No entanto, booleanos não detêm o monopólio dos valores de condição: em Lua, qualquer valor pode representar uma condição. Testes condicionais (por exemplo, condições em estruturas de controle) consideram tanto **false** quanto nil como falso e qualquer outro valor como verdadeiro. Em particular, Lua considera tanto zero quanto a cadeia vazia como verdadeiro em testes condicionais.

No texto deste livro, usarei "falso" significando qualquer valor falso, isto é, o booleano **false** ou nil. Para me referir especificamente ao valor booleano, usarei "**false**". O mesmo se aplica a "verdadeiro" e "**true**".

2.3 Números

O tipo *number* representa números reais (ponto flutuante de precisão dupla). Lua não tem um tipo inteiro.

Algumas pessoas temem que mesmo um simples incremento ou comparação possa resultar em valores inexplicáveis com números de ponto flutuante. A realidade, contudo, não é assim. Virtualmente, todas as plataformas atuais seguem o padrão IEEE 754 para a representação de ponto flutuante. Seguindo esse padrão, a única fonte de erros possível é um erro de representação, que ocorre quando um número não pode ser representado de forma exata. Uma operação arredonda seu resultado apenas nesse caso. Qualquer operação com um resultado que tenha uma representação exata dará esse resultado exato.

O fato é que qualquer inteiro até 2^{53} (aproximadamente, 10^{16}) tem uma representação exata como um número de ponto flutuante de precisão dupla. Quando você usa um *double* para representar um inteiro, não há nenhum erro de arredondamento, a não ser que o número tenha um valor absoluto maior do que 2^{53}. Em particular, um número Lua pode representar qualquer inteiro de 32 *bits* sem problemas de arredondamento.

É claro que números fracionários podem ter erros de representação. A situação aqui não é diferente do que acontece com papel e lápis. Se quisermos escrever 1/7 em decimal, teremos de parar em algum lugar. Se usarmos dez dígitos para representá-lo, ele será arredondado para 0.142857142. Se computarmos 1/7 * 7 usando dez dígitos, o resultado será 0.999999994, que é diferente de 1. Além disso, números com representação finita em decimal podem ter uma representação infinita em binário. Por exemplo, o resultado de 12.7 - 20 + 7.3 não será zero quando computado com *doubles*, porque tanto 12.7 como 7.3 não têm uma representação finita exata em binário (veja o Exercício 2.3).

Antes de continuarmos, lembre-se: inteiros têm representações exatas e, por isso, não têm erros de arredondamento.

A maioria das CPU modernas realiza aritmética de ponto flutuante tão rapidamente quanto (ou, até mesmo, mais rápido do que) aritmética inteira. Apesar disso, é fácil compilar Lua para usar outro tipo para números, como *longs* ou *floats* (precisão simples). Isso é particularmente útil em plataformas sem suporte de *hardware* para ponto flutuante, como sistemas embarcados. Veja o arquivo luaconf.h na distribuição de Lua para mais detalhes.

Podemos escrever constantes numéricas com uma parte decimal e um expoente decimal opcionais. Exemplos de constantes numéricas válidas são:

```
4      0.4      4.57e-3      0.3e12      5E+20
```

Além disso, podemos escrever constantes hexadecimais usando o prefixo 0x. Desde Lua 5.2, as constantes hexadecimais podem ter também uma parte fracionária e um expoente binário (com prefixo 'p' or 'P'), como nos exemplos a seguir:

```
0xff (255)      0x1A3 (419)      0x0.2 (0.125)      0x1p-1 (0.5)
0xa.bp2 (42.75)
```

(Para cada constante, indicamos sua representação decimal entre parênteses.)

2.4 Cadeias

As cadeias (*strings*) em Lua têm o significado usual: sequências de caracteres. Em Lua, as cadeias de caracteres podem conter qualquer caractere de 8 *bits*, inclusive zero, em qualquer posição, o que significa que você pode armazenar qualquer dado binário em uma cadeia. Você também pode armazenar cadeias Unicode em qualquer representação (UTF-8, UTF-16 etc.). A biblioteca de cadeias-padrão de Lua não oferece suporte explícito para essas representações, mas você pode manipular cadeias UTF-8 razoavelmente, como discutiremos na Seção 21.7.

Cadeias em Lua são valores imutáveis. Você não pode modificar um caractere delas, como você faz em C; em vez disso, você cria uma nova cadeia com as modificações desejadas, como no exemplo a seguir:

```
a = "one string"
b = string.gsub(a, "one", "another")   -- muda partes da cadeia
print(a)        --> one string
print(b)        --> another string
```

As cadeias em Lua estão sujeitas ao gerenciamento de memória automático, como todos os outros objetos de Lua (tabelas, funções etc.). Isso significa que você não precisa se preocupar com a alocação e a liberação de cadeias; Lua cuida disso para você. Uma cadeia pode conter uma única letra ou um livro inteiro. Os programas que manipulam cadeias com 100K ou 1M de caracteres não são incomuns em Lua.

Você pode obter o comprimento de uma cadeia usando o operador '#' (chamado *operador de comprimento*):

```
a = "hello"
print(#a)              --> 5
print(#"good\0bye")    --> 8
```

2.4.1 Cadeias literais

Podemos delimitar cadeias literais por meio de aspas simples ou duplas:

```
a = "a line"
b = 'another line'
```

Elas são equivalentes; a única diferença é que, dentro de uma cadeia delimitada por um determinado tipo das aspas, você pode usar o outro tipo sem escapes.

Por uma questão de estilo, a maioria dos programadores usa sempre o mesmo tipo de aspas para o mesmo tipo de cadeias, todavia os "tipos" das cadeias dependem do programa em questão. Uma biblioteca que manipula XML, por exemplo, pode reservar cadeias com aspas simples para fragmentos XML, porque frequentemente eles contêm aspas duplas.

As cadeias em Lua podem conter as seguintes sequências de escape, similares às de C:

\a	campainha	\t	tabulação horizontal
\b	backspace	\v	tabulação vertical
\f	alimentação de formulário	\\	barra invertida
\n	quebra de linha	\"	citação [aspas duplas]
\r	retorno de carro	\'	apóstrofo [aspas simples]

Os exemplos a seguir ilustram seu uso:

```
> print("one line\nnext line\n\"in quotes\"", 'in quotes'")
one line
next line
"in quotes", 'in quotes'
> print('a backslash inside quotes: \'\\\'')
a backslash inside quotes: '\'
> print("a simpler way: '\\'")
a simpler way: '\'
```

Também podemos especificar um caractere em uma cadeia pelo seu valor numérico nas sequências de escape *ddd* e \x*hh*, em que *ddd* é uma sequência de até três dígitos decimais, e *hh* é uma sequência de, exatamente, dois dígitos hexadecimais. Como exemplo um pouco mais complexo, temos que os literais "alo\n123\"" e '\97lo\10\04923"' têm o mesmo valor em um sistema usando ASCII: 97 é o código ASCII para 'a'; 10 é o código para quebra de linha; e 49 é o código para o dígito '1' (nesse exemplo, devemos escrever 49 com três dígitos, como \049, pois ele é seguido por outro dígito; caso contrário, Lua iria ler o número como 492). Podemos também escrever essa mesma cadeia como '\x61\x6c\x6f\x0a\x31\x32\x33\x22', representando cada caractere por seu código hexadecimal.

2.4.2 Cadeias longas

Outra forma de delimitar uma cadeia literal é usar dois colchetes, como fazemos com um comentário longo. Literais delimitados por colchetes podem se estender por várias linhas e não interpretam sequências de escape. Além disso, essa forma ignora o primeiro caractere da cadeia quando ele é uma quebra de linha. É especialmente conveniente para escrever cadeias que contenham pedaços de código, como o exemplo a seguir:

```
page = [[
<html>
<head>
  <title>An HTML Page</title>
</head>
<body>
  <a href="http://www.lua.org">Lua</a>
</body>
</html>
]]
write(page)
```

Algumas vezes, você pode querer botar entre colchetes um pedaço de código que tenha algo como `a = b[c[i]]` (note o `]]` nesse código); ou talvez precise colocar entre colchetes um código que já tenha alguma parte comentada. Para lidar com esses casos, você pode acrescentar qualquer número de sinais de igual entre os dois colchetes abertos, como em `[===[`. Após essa mudança, a cadeia literal somente irá terminar quando alcançar uma sequência de colchetes fechados com o mesmo número de sinais de igual entre eles (`]===]`, no nosso exemplo). Pares de colchetes com um número diferente de sinais de igual serão ignorados. Escolhendo uma quantidade apropriada de sinais de igual, você pode colocar qualquer cadeia literal entre colchetes, sem ter de acrescentar escapes dentro dela.

Essa mesma comodidade também é válida para comentários. Por exemplo, se você começar um comentário longo com `--[=[`, ele se estenderá até o próximo `]=]`. Essa comodidade permite que você comente facilmente um pedaço de código que contenha partes já comentadas.

Cadeias longas são o formato ideal para a inclusão de textos literais no seu código, mas você não as deve usar para literais não textuais. Apesar de cadeias literais em Lua poderem conter caracteres arbitrários, não é uma boa ideia usá-los em seu código: você poderá ter problemas com o seu editor de textos; além disso, sequências de quebra de linha como `"\r\n"` podem ser alteradas para `"\n"` quando lidas. Em vez disso, é melhor codificar dados binários arbitrários usando sequências de escape numéricas em decimal ou em hexadecimal, como `"\x13\x01\xA1\xBB"`. No entanto, isso traz um problema para cadeias longas, porque elas podem resultar em linhas bastante extensas.

Para essas situações, Lua 5.2 oferece a sequência de escape `\z`: ela ignora todos os caracteres subsequentes na cadeia até o primeiro que não seja espaço. O exemplo a seguir ilustra seu uso:

```
data = "\x00\x01\x02\x03\x04\x05\x06\x07\z
       \x08\x09\x0A\x0B\x0C\x0D\x0E\x0F"
```

O `\z` no final da primeira linha faz com que a quebra de linha seguinte e a indentação da próxima linha sejam ignoradas, de modo que o *byte* `\x07` será seguido diretamente por `\x08` na cadeia resultante.

2.4.3 Coerções

Lua provê conversões automáticas entre números e cadeias em tempo de execução. Qualquer operação numérica aplicada a uma cadeia tentará convertê-la para um número:

```
print("10" + 1)            --> 11
print("10 + 1")            --> 10 + 1
print("-5.3e-10"*"2")      --> -1.06e-09
print("hello" + 1)         -- ERRO (não consegue converter "hello")
```

Lua aplica tais coerções não somente em operações aritméticas, mas também em outros lugares que esperam um número, como o argumento para `math.sin`.

Da mesma forma, sempre que encontrar um número onde uma cadeia é esperada, Lua tentará convertê-lo para uma cadeia:

```
print(10 .. 20)          --> 1020
```

(O `..` é o operador de concatenação de cadeias em Lua. Para usá-lo logo após um número, você deverá colocar um espaço entre eles; caso contrário, Lua irá pensar que o primeiro ponto é um ponto decimal.)

Não temos, hoje, muita certeza de que essas coerções automáticas foram uma boa ideia no projeto de Lua. Como regra, é melhor não contar com elas. Elas são úteis em uns poucos casos, mas adicionam complexidade tanto à linguagem quanto aos programas que as usam; afinal, cadeias e números são coisas diferentes, apesar dessas conversões. Uma comparação como 10 == "10" é falsa, pois 10 é um número, e "10" é uma cadeia.

Para converter explicitamente uma cadeia em um número, você pode usar a função `tonumber`, que retorna nil se a cadeia não denotar propriamente um número:

```
line = io.read()       -- lê uma linha
n = tonumber(line)     -- tenta converter a linha em um número
if n == nil then
   error(line .. " is not a valid number")
else
   print(n*2)
end
```

Para converter um número em uma cadeia, você pode chamar a função `tostring` ou concatenar o número com a cadeia vazia:

```
print(tostring(10) == "10")    --> true
print(10 .. "" == "10")        --> true
```

Essas conversões são sempre válidas.

2.5 Tabelas

O tipo *table* implementa *arrays* associativos. Um *array* associativo é um *array* que pode ser indexado não apenas por números, mas também por cadeias ou por qualquer outro valor da linguagem, exceto nil.

As tabelas são o principal (na verdade, o único) mecanismo de estruturação de dados em Lua e são bastante poderosas. Nós as usamos para representar *arrays* comuns, conjuntos, registros e outras estruturas de dados, de uma maneira simples, uniforme e eficiente. Lua também usa tabelas para representar pacotes e objetos. Quando escrevemos `io.read`, pensamos na "função `read` do módulo `io`". Para Lua, essa expressão significa "indexe a tabela `io`, usando como chave a cadeia `read`".

As tabelas, em Lua, não são valores nem variáveis: elas são *objetos*. Se você tem familiaridade com o uso de *arrays* em Java ou Scheme, então você tem uma boa ideia sobre o que eu estou falando. Você pode pensar em uma tabela como um objeto alocado dinamicamente; seu programa manipula apenas referências (ou ponteiros) para ela. Não há cópias escondidas ou criação de novas tabelas por trás dos panos. Além disso, você não precisa declarar uma tabela em Lua; na verdade, não existe uma maneira de fazer isso. Você cria tabelas por meio de uma *expressão construtora*, que, em sua forma mais simples, é escrita como {}:

```
a = {}              -- cria uma tabela e armazena sua referência em 'a'
k = "x"
a[k] = 10           -- nova entrada, com chave="x" e valor=10
a[20] = "great"     -- nova entrada, com chave=20 e valor="great"
print(a["x"])       --> 10
k = 20
print(a[k])         --> "great"
a["x"] = a["x"] + 1 -- incrementa entrada "x"
print(a["x"])       --> 11
```

Uma tabela sempre é anônima. Não existe um relacionamento fixo entre uma variável que armazena uma tabela e a tabela em si:

```
a = {}
a["x"] = 10
b = a           -- 'b' se refere à mesma tabela que 'a'
print(b["x"])   --> 10
b["x"] = 20
print(a["x"])   --> 20
a = nil         -- somente 'b' ainda se refere à tabela
b = nil         -- não há mais referências à tabela
```

Quando um programa não tiver mais referências a uma tabela, o coletor de lixo de Lua irá, em algum momento, apagá-la e reutilizar a sua memória.

Cada tabela pode armazenar valores com diferentes tipos de índices, crescendo o quanto for necessário para acomodar novas entradas:

```
a = {}     -- tabela vazia
-- cria 1000 novas entradas
for i = 1, 1000 do a[i] = i*2 end
print(a[9])     --> 18
a["x"] = 10
print(a["x"])   --> 10
print(a["y"])   --> nil
```

Preste atenção à última linha: assim como as variáveis globais, os campos de tabelas são avaliados como nil quando não inicializados. Também como acontece com as variáveis globais, você pode atribuir nil a um campo da tabela para apagá-lo. Isso não é uma coincidência: Lua armazena variáveis globais em tabelas comuns. Discutiremos mais sobre esse assunto no Capítulo 14.

Para representar registros, você pode usar o nome do campo como um índice. Lua dá suporte a essa representação oferecendo a.name como um açúcar sintático para a["name"]. Podemos, assim, escrever as últimas linhas do exemplo anterior de maneira clara, como a seguir:

```
a.x = 10            -- o mesmo que a["x"] = 10
print(a.x)          -- o mesmo que print(a["x"])
print(a.y)          -- o mesmo que print(a["y"])
```

Para Lua, as duas formas são equivalentes e podem ser misturadas livremente. Para um leitor humano, contudo, cada forma pode sinalizar uma intenção distinta. A notação de ponto mostra claramente que estamos usando a tabela como um registro, com um conjunto de chaves fixas, predefinidas. A notação de cadeia dá a ideia de que a tabela pode ter qualquer cadeia como uma chave e de que, por alguma razão, estamos manipulando aquela chave específica.

Um erro comum para iniciantes é confundir a.x com a[x]. A primeira forma representa a["x"], isto é, uma tabela indexada pela cadeia "x". A segunda forma é uma tabela indexada pelo valor da variável x. Veja a diferença:

```
a = {}
x = "y"
a[x] = 10              -- coloca 10 no campo "y"
print(a[x])   --> 10   -- valor do campo "y"
print(a.x)    --> nil  -- valor do campo "x" (indefinido)
print(a.y)    --> 10   -- valor do campo "y"
```

Para representar um *array* ou uma lista convencional, use simplesmente uma tabela com chaves inteiras. Não há uma maneira, nem existe a necessidade, de se declarar um tamanho; apenas inicialize os elementos de que você precisa:

```
-- lê 10 linhas, guardando-as em uma tabela
a = {}
for i = 1, 10 do
  a[i] = io.read()
end
```

Já que você pode indexar uma tabela com qualquer valor, comece os índices de um *array* com qualquer número que lhe agrade. Apesar disso, é costume em Lua começar *arrays* com um (e não com zero, como em C), e várias comodidades de Lua seguem essa convenção.

De forma geral, para manipular uma lista, você deve conhecer seu comprimento. Ele pode ser uma constante ou estar armazenado em algum lugar. Frequentemente, fazemos esse armazenamento em um campo não numérico da tabela; por motivos históricos, diversos programas usam o campo "n" para esse propósito.

Muitas vezes, contudo, o comprimento é implícito. Lembre-se de que qualquer índice não inicializado resulta em nil; você pode usar esse valor como uma sentinela para marcar o fim da lista. Por exemplo, depois de ler 10 linhas para uma lista, é fácil saber que seu comprimento é 10, porque suas chaves numéricas são *1, 2, ..., 10*. Essa técnica funciona apenas quando a lista não tem *buracos*, que são elementos nil dentro dela. Chamamos uma lista sem buracos de uma *sequência*.

Às sequências, Lua oferece o operador de comprimento '#'. Ele retorna o último índice, ou o comprimento, da sequência. Por exemplo, você poderia imprimir as linhas lidas no último exemplo com o código a seguir:

```
-- imprime as linhas
for i = 1, #a do
  print(a[i])
end
```

Pelo fato de que podemos indexar uma tabela com qualquer tipo, temos as mesmas sutilezas que surgem com igualdade. Apesar de podermos indexar uma tabela tanto com o número 0 quanto com a cadeia "0", esses dois valores são diferentes e, portanto, denotam entradas diferentes em uma tabela. Da mesma forma, as cadeias "+1", "01" e "1" denotam entradas diferentes. Quando estiver em dúvida quanto aos tipos reais de seus índices, use uma conversão explícita para ter certeza:

```
i = 10; j = "10"; k = "+10"
a = {}
a[i] = "one value"
a[j] = "another value"
a[k] = "yet another value"
print(a[i])              --> one value
print(a[j])              --> another value
print(a[k])              --> yet another value
print(a[tonumber(j)])    --> one value
print(a[tonumber(k)])    --> one value
```

Você pode introduzir erros sutis em seu programa se não prestar atenção a esse ponto.

2.6 Funções

Funções são valores de primeira classe em Lua: programas podem armazenar funções em variáveis, passar funções como argumentos para outras funções e retornar funções como resultados. Tais características dão uma grande flexibilidade para a linguagem; um programa pode redefinir uma função a fim de acrescentar uma nova funcionalidade ou simplesmente remover uma função a fim de criar um ambiente seguro quando for executar um pedaço de código não confiável (como um código recebido através de uma rede). Além disso, Lua oferece um bom suporte para programação funcional, incluindo funções aninhadas com escopo léxico próprio; aguarde o Capítulo 6. Finalmente, funções de primeira classe têm um papel central para orientação a objetos em Lua, como veremos no Capítulo 16.

Lua pode chamar funções escritas em Lua e funções escritas em C. Tipicamente, usamos funções C tanto para obter melhor desempenho quanto para acessar comodidades que não sejam facilmente acessíveis diretamente de Lua. Todas as bibliotecas-padrão de Lua são escritas em C. Elas são formadas por funções para a manipulação de cadeias, manipulação de tabelas, E/S, acesso a serviços básicos do sistema operacional, funções matemáticas e depuração.

Discutiremos funções Lua no Capítulo 5, e funções C no Capítulo 27.

2.7 Userdata e Threads

O tipo *userdata* permite que dados C arbitrários sejam armazenados em variáveis Lua. Ele não tem operações predefinidas em Lua, exceto atribuição e teste de igualdade. Usamos o tipo *userdata* para representar novos tipos criados por uma aplicação ou por uma biblioteca escrita em C; por exemplo, a biblioteca-padrão de E/S usa-os para representar arquivos abertos. Falaremos mais sobre o tipo *userdata* mais tarde, quando chegarmos à API C.

Explicaremos o tipo *thread* no Capítulo 9, no qual discutimos corrotinas.

Exercícios

2.1 Qual é o valor da expressão `type(nil) == nil`? (Você pode usar Lua para verificar sua resposta.) Você pode explicar esse resultado?

2.2 Quais dos itens a seguir são numerais válidos? Quais são seus valores?
```
    .0e12    .e12    0.0e    0x12    0xABFG    0xA    FFFF    0xFFFFFFFF
    0x    0x1P10    0.1e1    0x0.1p1
```

2.3 O número *12.7* é igual à fração *127/10*, onde o denominador é uma potência de dez. Você pode expressá-lo como uma fração comum onde o denominador é uma potência de dois? E o número *5.5*?

2.4 Como você pode embutir o trecho XML a seguir como uma cadeia em Lua?
```
<![CDATA[
   Hello world
]]>
```
Mostre, ao menos, duas formas diferentes.

2.5 Suponha que você precise formatar uma sequência longa de *bytes* arbitrários como uma cadeia literal em Lua. Como você o faria? Considere questões como legibilidade, tamanho máximo de linha e desempenho.

2.6 Considere o código a seguir:
```
a = {};  a.a = a
```
Qual seria o valor de `a.a.a.a`? Algum a nessa sequência é diferente, de alguma forma, dos outros?

Agora, adicione a próxima linha ao código anterior:
```
a.a.a.a = 3
```
Qual seria o valor de `a.a.a.a` agora?

Expressões

As expressões denotam valores. Em Lua, elas incluem constantes numéricas e cadeias literais, variáveis, operações unárias e binárias, além de chamadas de função. As expressões também incluem elementos não convencionais: definições de funções e construtores de tabelas.

3.1 Operadores Aritméticos

Lua dá suporte aos operadores aritméticos usuais: os operadores binários '+' (adição), '-' (subtração), '*' (multiplicação), '/' (divisão), '^' (exponenciação), '%' (módulo); e o operador unário '-' (negação). Todos eles operam com números reais. Por exemplo, x^0.5 computa a raiz quadrada de x, enquanto x^(-1/3) computa o inverso de sua raiz cúbica.

A regra a seguir define o operador de módulo:

```
a % b == a - math.floor(a/b)*b
```

Para operandos inteiros, ele tem o significado usual, e o resultado sempre tem o mesmo sinal do segundo argumento. Para operandos reais, ele tem alguns outros usos. Por exemplo, x%1 é a parte fracionária de x, e, assim, x - x%1 é a sua parte inteira. De maneira similar, x - x%0.01 é o x com, exatamente, duas casas decimais:

```
x = math.pi
print(x - x%0.01)        --> 3.14
```

Como outro exemplo de uso do operador de módulo, suponha que você queira verificar se um veículo se movendo em certo ângulo começará a voltar. Se o ângulo for dado em graus, você poderá usar a seguinte fórmula:

```
local tolerance = 10
function isturnback (angle)
  angle = angle % 360
  return (math.abs(angle - 180) < tolerance)
end
```

Essa definição funciona até mesmo para ângulos negativos:

```
print(isturnback(-180))      --> true
```

Se quisermos trabalhar com radianos em vez de graus, devemos somente mudar as constantes na nossa função:

```
local tolerance = 0.17
function isturnback (angle)
  angle = angle % (2*math.pi)
  return (math.abs(angle - math.pi) < tolerance)
end
```

A operação `angle % (2*math.pi)` é tudo de que precisamos para normalizar qualquer ângulo para um valor no intervalo *[0, 2π)*.

3.2 Operadores Relacionais

Lua provê os seguintes operadores relacionais:

```
   <    >    <=   >=   ==   ~=
```

Todos esses operadores produzem sempre um valor booleano.

O operador == testa a igualdade; o ~= é a negação da igualdade. Podemos aplicar esses dois operadores a quaisquer dois valores. Se os valores tiverem tipos diferentes, Lua irá considerar que eles não são iguais. Caso contrário, Lua irá compará-los de acordo com seu tipo. Especificamente, nil só é igual a ele mesmo.

Lua compara tabelas e *userdata* por referência, isto é, dois valores desses tipos somente serão considerados iguais se forem o mesmo objeto. Por exemplo, após o código

```
a = {}; a.x = 1; a.y = 0
b = {}; b.x = 1; b.y = 0
c = a
```

temos que a == c, mas a ~= b.

Podemos aplicar os operadores de ordem somente a dois números ou a duas cadeias. Lua compara cadeias em ordem alfabética, de acordo com a localização especificada. Por exemplo, com uma localização Portuguese Latin-1, temos `"acai"` `<"açaí"` `<"acorde"`. Outros valores, que não sejam números ou cadeias, podem ser comparados somente quanto à igualdade (e desigualdade).

Você deve ter cuidado ao comparar valores com tipos diferentes: lembre-se de que `"0"` é diferente de 0. Além disso, 2 <15 é, obviamente, verdadeiro, mas `"2"` < `"15"` é falso (ordem alfabética). Para evitar resultados inconsistentes, Lua lança um erro quando você mistura cadeias e números em uma comparação de ordem, como em 2 < `"15"`.

3.3 Operadores Lógicos

Os operadores lógicos são **and**, **or** e **not**. Assim como as estruturas de controle, todos os operadores lógicos consideram **false** e nil como falso e qualquer outra coisa como verdadeiro. O operador **and** retornará o seu primeiro argumento se ele for falso; caso contrário, retornará o segundo. O operador **or** retornará o seu primeiro argumento se ele não for falso; caso contrário, retornará o segundo:

```
print(4 and 5)         --> 5
print(nil and 13)      --> nil
print(false and 13)    --> false
print(4 or 5)          --> 4
print(false or 5)      --> 5
```

Tanto **and** quanto **or** usam avaliação de curto-circuito, isto é, eles avaliam seu segundo operando somente quando necessário. A avaliação de curto-circuito garante que expressões como (type(v) == "table" and v.tag == "h1") não causem erros em tempo de execução: Lua não tentará avaliar v.tag se v não for uma tabela.

Uma expressão idiomática útil de Lua é x = x or v, que é equivalente a

```
if not x then x = v end
```

isto é, ela atribui a x um valor v padrão, quando x não tem valor (desde que x não tenha o valor **false**).

Outra expressão idiomática útil é (a and b) or c, ou simplesmente a and b or c, pois **and** tem uma precedência maior do que **or**. Ela é equivalente à expressão C (a ? b : c), desde que b não seja falso. Por exemplo, podemos selecionar o máximo de dois números x e y com um comando como

```
max = (x > y) and x or y
```

Quando x > y for verdadeiro, a primeira expressão do **and** será verdadeira, e, assim, o **and** resultará em sua segunda expressão (x), que será sempre verdadeira (pois é um número); a expressão **or**, por sua vez, resultará no valor da sua primeira expressão, x. Quando x > y for falso, a expressão **and** será falsa, e, portanto, o **or** resultará em sua segunda expressão, y.

O operador **not** sempre retornará um valor booleano:

```
print(not nil)        --> true
print(not false)      --> true
print(not 0)          --> false
print(not not 1)      --> true
print(not not nil)    --> false
```

3.4 Concatenação

O operador de concatenação de cadeias em Lua é .. (ponto ponto). Se algum dos operandos for um número, Lua converterá esse número para uma cadeia (algumas linguagens usam o operador '+' para concatenação, mas 3+5 é diferente de 3 .. 5).

```
print("Hello " .. "World")   --> Hello World
print(0 .. 1)                --> 01
print(000 .. 01)             --> 01
```

Lembre-se de que as cadeias em Lua são valores imutáveis. O operador de concatenação sempre cria uma nova cadeia, sem nenhuma modificação em seus operandos:

```
a = "Hello"
print(a .. " World")    --> Hello World
print(a)                --> Hello
```

3.5 O Operador de Comprimento

O operador de comprimento trabalha com cadeias e tabelas. Para uma cadeia, ele fornece o número de *bytes* nela. Para uma tabela, ele fornece o comprimento da *sequência* representada por ela.

O operador de comprimento provê várias expressões idiomáticas comuns em Lua para manipular sequências:

```
print(a[#a])       -- imprime o último valor da sequência 'a'
a[#a] = nil        -- remove esse último valor
a[#a + 1] = v      -- acrescenta 'v' ao final da sequência
```

Como vimos no último capítulo, o operador de comprimento é imprevisível para listas com buracos (nils). Ele funciona apenas para sequências, que definimos como listas sem buracos. Mais precisamente, uma *sequência* é uma tabela em que as chaves numéricas são formadas por um conjunto *1,...,n* para algum *n* (lembre-se de que qualquer chave com valor nil não está realmente na tabela). Em particular, uma tabela sem chaves numéricas é uma sequência de comprimento zero.

Ao longo dos anos, houve muitas propostas para estender o significado do operador de comprimento para listas com buracos, porém é mais fácil falar sobre essa extensão do que fazê-la. O problema é que, como uma lista é, na verdade, uma tabela, o conceito de "comprimento" é um pouco confuso. Considere, por exemplo, a lista resultante do código a seguir:

```
a = {}
a[1] = 1
a[2] = nil    -- não faz nada, pois a[2] já é nil
a[3] = 1
a[4] = 1
```

É facil dizer que o comprimento dessa lista é quatro e que ela tem um buraco no índice 2. No entanto, o que podemos dizer sobre o próximo exemplo?

```
a = {}
a[1] = 1
a[10000] = 1
```

Devemos considerar a como uma lista com 10000 elementos, dos quais 9998 são nil? Agora, o programa faz isso:

```
a[10000] = nil
```

Qual é o comprimento da lista agora? Deve ser 9999, porque o programa apagou o último elemento? Ou talvez ainda deva ser 10000, já que o programa apenas mudou o último elemento para nil? Ou o comprimento deve colapsar para 1?

Outra proposta comum é fazer com que o operador # retorne o número total de elementos na tabela. Essa semântica é clara e bem definida, mas não é nada útil. Considere todos os exemplos anteriores e pense no quão útil seria tal operador para algoritmos reais sobre listas ou *arrays*.

Mais problemáticos ainda são os nils no final da lista. Qual deveria ser o comprimento da lista seguinte?

```
a = {10, 20, 30, nil, nil}
```

Lembre-se de que, para Lua, um campo com nil não se distingue de um campo ausente. Dessa forma, a tabela anterior é igual a {10, 20, 30}; seu comprimento é 3, não 5.

Você pode considerar que um nil no final de uma lista é um caso especial. No entanto, muitas listas são construídas pela adição de elementos um a um. Qualquer lista com buracos construída dessa forma deve ter tido nils no seu final ao longo do caminho.

Na maior parte das vezes, as listas que usamos em nossos programas são sequências (*e.g.*, uma linha de arquivo não pode ser nil), portanto, na maior parte do tempo, o uso do operador de comprimento é seguro. Se você realmente quiser usar listas com buracos, você deve armazenar o comprimento explicitamente em algum lugar.

3.6 Precedência

A precedência de operadores em Lua segue a tabela abaixo, da maior prioridade para a menor:

```
^
not    #     - (unário)
*      /     %
+      -
..
<      >     <=    >=    ~=    ==
and
or
```

Todos os operadores binários são associativos à esquerda, exceto '^' (exponenciação) e '..' (concatenação), que são associativos à direita. Dessa forma, as expressões seguintes à esquerda são equivalentes às da direita:

```
a+i < b/2+1            <-->     (a+i) < ((b/2)+1)
5+x^2*8                <-->     5+((x^2)*8)
a < y and y <= z       <-->     (a < y) and (y <= z)
-x^2                   <-->     -(x^2)
x^y^z                  <-->     x^(y^z)
```

Quando estiver em dúvida, sempre use parênteses explícitos. É mais fácil do que procurar no manual, e você provavelmente terá a mesma dúvida ao ler o código outra vez.

3.7 Construtores de Tabelas

Os construtores são expressões que criam e inicializam tabelas. Eles são uma característica peculiar de Lua e um dos seus mecanismos mais úteis e versáteis.

O construtor mais simples é o construtor vazio, {}, que cria uma tabela vazia; já o vimos anteriormente. Construtores também inicializam listas. Por exemplo, o comando

```
days = {"Sunday", "Monday", "Tuesday", "Wednesday",
        "Thursday", "Friday", "Saturday"}
```

inicializará days[1] com a cadeia "Sunday" (o primeiro elemento do construtor tem índice 1, não 0), days[2] com "Monday", e assim por diante:

```
print(days[4])   --> Wednesday
```

Lua também oferece uma sintaxe especial para inicializar uma tabela como um registro, como no exemplo a seguir:

```
a = {x=10, y=20}
```

A linha anterior é equivalente aos comandos

```
a = {}; a.x=10; a.y=20
```

A expressão original é, porém, mais rápida, porque Lua já cria a tabela com o tamanho correto.

Independentemente do construtor que usarmos para criar uma tabela, sempre poderemos adicionar e remover campos do resultado:

```
w = {x=0, y=0, label="console"}
x = {math.sin(0), math.sin(1), math.sin(2)}
w[1] = "another field"      -- adiciona chave 1 à tabela 'w'
x.f = w                     -- adiciona chave "f" à tabela 'x'
print(w["x"])               --> 0
print(w[1])                 --> another field
print(x.f[1])               --> another field
w.x = nil                   -- remove campo "x"
```

No entanto, como acabei de mencionar, criar uma tabela com um construtor apropriado é mais eficiente, além de mais elegante.

Podemos misturar inicializações no estilo registro e no estilo lista no mesmo construtor:

```
polyline = {color="blue",
            thickness=2,
            npoints=4,
            {x=0,   y=0},     -- polyline[1]
            {x=-10, y=0},     -- polyline[2]
            {x=-10, y=1},     -- polyline[3]
            {x=0,   y=1}      -- polyline[4]
           }
```

O último exemplo também ilustra como podemos aninhar construtores para representar estruturas de dados mais complexas. Cada um dos elementos polyline[i] é uma tabela representando um registro:

```
print(polyline[2].x)    --> -10
print(polyline[4].y)    --> 1
```

Essas duas formas de construtor têm suas limitações. Por exemplo, você não pode inicializar campos com índices negativos, nem com índices de cadeias que não sejam identificadores válidos. Para esses casos, há outro formato, mais geral. Nele, escrevemos explicitamente o índice a ser inicializado como uma expressão entre colchetes:

```
opnames = {["+"] = "add", ["-"] = "sub",
           ["*"] = "mul", ["/"] = "div"}
i = 20; s = "-"
a = {[i+0] = s, [i+1] = s..s, [i+2] = s..s..s}
print(opnames[s])       --> sub
print(a[22])            --> ---
```

Essa sintaxe é mais pesada, contudo, também é mais flexível: tanto o construtor no estilo lista quanto o construtor no estilo registro são casos especiais dessa sintaxe mais geral. O construtor {x = 0, y = 0} é equivalente a {["x"] = 0, ["y"] = 0}, e o construtor {"r", "g", "b"} é equivalente a {[1] = "r", [2] = "g", [3] = "b"}.

Você sempre pode colocar uma vírgula depois da última entrada. Essas vírgulas no final da tabela são opcionais, mas são sempre válidas:

```
a = {[1]="red", [2]="green", [3]="blue",}
```

Essa flexibilidade libera os programas que geram construtores Lua da necessidade de tratar o último elemento como um caso especial.

Finalmente, você sempre pode usar o ponto e vírgula em vez da vírgula em um construtor. Eu, geralmente, o reservo para delimitar seções diferentes do construtor, por exemplo, para separar sua parte lista de sua parte registro:

```
{x=10, y=45; "one", "two", "three"}
```

Exercícios

3.1 O que o programa a seguir imprimirá?
```
for i = -10, 10 do
  print(i, i % 3)
end
```

3.2 Qual é o resultado da expressão 2^3^4? E o de 2^-3^4?

3.3 Podemos representar um polinômio $a_n x^n + a_{n-1} x^{n-1} + ... + a_1 x^1 + a_0$ em Lua como uma lista de seus coeficientes, como $a_0, a_1, ..., a_n$.

Escreva uma função que receba um polinômio (representado como uma tabela) e um valor para x e retorne o valor do polinômio.

3.4 Você consegue escrever a função do item anterior usando, no máximo, n somas e n multiplicações (e nenhuma exponenciação)?

3.5 Como você pode verificar se um valor é um booleano sem usar a função type?

3.6 Considere a seguinte expressão:
```
(x and y and (not z)) or ((not y) and x)
```
Os parênteses são necessários? Você recomendaria o uso deles nessa expressão?

3.7 O que o *script* a seguir imprimirá? Explique.
```
sunday = "monday"; monday = "sunday"
t = {sunday = "monday", [sunday] = monday}
print(t.sunday, t[sunday], t[t.sunday])
```

3.8 Suponha que você queira criar uma tabela que associe cada sequência de escape de cadeias (veja a Seção 2.4) ao seu significado. Como você poderia escrever um construtor para ela?

4

Comandos

Lua dá suporte a um conjunto quase convencional de comandos, similar aos de C ou Pascal. Os comandos convencionais incluem atribuição, estruturas de controle e chamadas de procedimento. Lua também dá suporte a alguns comandos não tão convencionais, como atribuições múltiplas e declarações de variáveis locais.

4.1 Atribuição

A atribuição é a maneira básica de mudar o valor de uma variável ou de um campo em uma tabela:

```
a = "hello" .. "world"
t.n = t.n + 1
```

Lua permite *atribuição múltipla*, que atribui uma lista de valores a uma lista de variáveis em um único passo. As duas listas têm seus elementos separados por vírgulas. Por exemplo, na atribuição

```
a, b = 10, 2*x
```

a variável a recebe o valor 10, e b recebe 2*x.

Em uma atribuição múltipla, Lua, primeiramente, avalia todos os valores e, somente depois, executa as atribuições. Dessa forma, podemos usar uma atribuição múltipla para trocar dois valores, como nos exemplos a seguir:

```
x, y = y, x              -- troca 'x' por 'y'
a[i], a[j] = a[j], a[i]  -- troca 'a[i]' por 'a[j]'
```

Lua sempre ajusta o número de valores ao de variáveis: quando a lista de valores é menor do que a de variáveis, as variáveis extras recebem nil como seu valor; quando a lista de valores é maior, os valores extras são descartados silenciosamente:

```
a, b, c = 0, 1
print(a, b, c)          --> 0   1    nil
a, b = a+1, b+1, b+2    -- o valor de b+2 é ignorado
print(a, b)             --> 1   2
a, b, c = 0
print(a, b, c)          --> 0   nil  nil
```

A última atribuição do exemplo anterior mostra um erro comum. Para inicializar um conjunto de variáveis, você deverá fornecer um valor para cada uma:

```
a, b, c = 0, 0, 0
print(a, b, c)          --> 0   0    0
```

Na verdade, a maioria dos exemplos dados é um pouco artificial. Eu raramente uso atribuição múltipla somente para escrever várias atribuições não relacionadas em uma única linha. Em particular, uma atribuição múltipla não é mais rápida do que as atribuições simples equivalentes, contudo, muitas vezes, precisamos realmente dela. Já vimos um exemplo: trocar dois valores. Um uso mais frequente é coletar múltiplos retornos de chamadas de função. Conforme discutiremos em detalhes na Seção 5.1, uma chamada de função pode retornar múltiplos valores. Nesses casos, uma única expressão pode fornecer os valores para diversas variáveis. Por exemplo, na atribuição a,b=f(), a chamada a f retorna dois resultados: a recebe o primeiro, b recebe o segundo.

4.2 Variáveis Locais e Blocos

Além de variáveis globais, Lua dá suporte a variáveis locais. Criamos variáveis locais com o comando **local**:

```
j = 10           -- variável global
local i = 1      -- variável local
```

Diferentemente das variáveis globais, as variáveis locais têm seu escopo limitado ao bloco em que são declaradas. Um *bloco* é o corpo de uma estrutura de controle, o corpo de uma função ou um trecho de código (o arquivo ou cadeia em que a variável é declarada):

```
x = 10
local i = 1          -- local ao trecho
while i <= x do
   local x = i*2     -- local ao corpo do while
   print(x)          --> 2, 4, 6, 8, ...
   i = i + 1
end
if i > 20 then
   local x           -- local ao corpo do "then"
   x = 20
   print(x + 2)      -- (imprimiria 22 se o teste passasse)
else
   print(x)          --> 10  (o x global)
end

print(x)             --> 10  (o x global)
```

Note que esse exemplo não funcionará da maneira esperada se você digitá-lo no modo interativo, pois, nesse modo, cada linha é um trecho por si só (a menos que não haja um comando completo). Tão logo você insira a segunda linha do exemplo (`local i = 1`), Lua a executará e iniciará um novo trecho na próxima linha. A essa altura, a declaração **local** já estará fora de escopo. Para resolver esse problema, podemos delimitar o bloco inteiro explicitamente com as palavras-chave **do–end**. Depois que você inserir o **do**, o comando se completará somente no **end** correspondente, e, assim, Lua não executará cada linha individualmente.

Os blocos **do** são úteis também quando você precisa de um controle mais fino sobre o escopo de algumas variáveis locais:

```
do
   local a2 = 2*a
   local d = (b^2 - 4*a*c)^(1/2)
   x1 = (-b + d)/a2
   x2 = (-b - d)/a2
end            -- o escopo de 'a2' e 'd' termina aqui
print(x1, x2)
```

É um bom estilo de programação usar variáveis locais sempre que possível. Elas ajudam a evitar a poluição do ambiente global com nomes desnecessários. Além disso, o acesso às variáveis locais é mais rápido do que às globais. Finalmente, uma variável local desaparece assim que seu escopo termina, permitindo que o coletor de lixo libere seu valor.

Lua trata declarações de variáveis locais como comandos, assim, você pode escrever declarações locais em qualquer lugar em que possa escrever um comando. O escopo das variáveis declaradas começa após a declaração e vai até o fim do bloco.

Cada declaração pode incluir uma atribuição inicial, que funciona da mesma forma que uma atribuição convencional: valores extras são descartados, variáveis extras recebem nil. Se uma declaração não tiver uma atribuição inicial, ela inicializará todas as suas variáveis com nil:

```
local a, b = 1, 10
if a < b then
   print(a)    --> 1
   local a     -- '= nil' está implícito
   print(a)    --> nil
end            -- termina o bloco que começou no 'then'
print(a, b)    --> 1   10
```

Uma expressão idiomática comum em Lua é

```
local foo = foo
```

Esse código cria uma variável local, foo, e a inicializa com o valor da variável global foo (a local foo torna-se visível somente *após* a sua declaração). Essa expressão idiomática será útil quando o trecho precisar manter o valor original de foo, ainda que, mais tarde, alguma outra função mude o valor da global foo; ela também torna mais rápido o acesso a foo.

Como muitas linguagens forçam a declaração de todas as variáveis locais no início de um bloco (ou de um procedimento), algumas pessoas acham que é uma má prática usar declarações no meio dele. Muito pelo contrário, porém: declarando uma variável somente quando necessita dela, você raramente precisará declará-la sem um valor inicial (e, portanto, dificilmente se esquecerá de inicializá-la). Além disso, você diminui o escopo da variável, o que aumenta a legibilidade.

4.3 Estruturas de Controle

Lua provê um conjunto pequeno e convencional de estruturas de controle, com **if** para execução condicional e **while**, **repeat** e **for** para iteração. Todas as estruturas de controle têm um terminador explícito: **end** termina estruturas **if**, **for** e **while**; **until** termina estruturas **repeat**.

A expressão de condição de uma estrutura de controle pode resultar em qualquer valor. Lembre-se de que Lua trata como verdadeiro todos os valores diferentes de **false** e nil (em particular, Lua trata tanto zero quanto a cadeia vazia como verdadeiro).

4.3.1 *if then else*

Um comando **if** testa a sua condição e executa sua *parte then* ou a sua *parte else*, dependendo do valor da condição. A parte *else* é opcional.

```
if a < 0 then a = 0 end
if a < b then return a else return b end
if line > MAXLINES then
  showpage()
  line = 0
end
```

Para escrever **if**s aninhados, você pode usar **elseif**. Ele é similar a um **else** seguido por um **if**, mas evita a necessidade de múltiplos **end**s:

```
if op == "+" then
  r = a + b
elseif op == "-" then
  r = a - b
elseif op == "*" then
  r = a*b
elseif op == "/" then
  r = a/b
else
  error("invalid operation")
end
```

Como Lua não tem um comando *switch*, esses encadeamentos são bastante comuns.

4.3.2 while

Como o nome sugere, um laço **while** repetirá seu corpo enquanto uma condição for verdadeira. Como de costume, Lua primeiramente testa a condição do **while**; se for falsa, o laço terminará; caso contrário, Lua executará o corpo do laço e repetirá o processo.

```
local i = 1
while a[i] do
  print(a[i])
  i = i + 1
end
```

4.3.3 repeat

Como o nome sugere, um comando **repeat–until** repetirá seu corpo até que sua condição seja verdadeira. Esse comando faz o teste após o corpo e, assim, sempre o executa, pelo menos, uma vez.

```
-- imprime a primeira linha de entrada não vazia
repeat
  line = io.read()
until line ~= ""
print(line)
```

Ao contrário da maioria das outras linguagens, em Lua, o escopo de uma variável local declarada dentro do laço inclui a condição:

```
local sqr = x/2
repeat
  sqr = (sqr + x/sqr)/2
  local error = math.abs(sqr^2 - x)
until error < x/10000     -- 'error' local ainda está visível aqui
```

4.3.4 *for* Numérico

O comando **for** tem duas variações: o **for** *numérico* e o **for** *genérico*.

Um **for** numérico tem a seguinte sintaxe:

```
for var = exp1, exp2, exp3 do
  <algo>
end
```

Esse laço executará *algo* para cada valor de var, de exp1 até exp2, usando exp3 como o *passo* para incrementar var. Essa terceira expressão é opcional; quando ausente, Lua assume 1 como o valor do passo. Como exemplos típicos desses laços, temos:

```
for i = 1, f(x) do print(i) end

for i = 10, 1, -1 do print(i) end
```

Se você quiser um laço sem limite superior, pode usar a constante math.huge:

```
for i = 1, math.huge do
  if (0.3*i^3 - 20*i^2 - 500 >= 0) then
    print(i)
    break
  end
end
```

O laço **for** tem algumas sutilezas que você deve aprender para que possa fazer um bom uso dele. Em primeiro lugar, todas as expressões são avaliadas somente uma vez, antes de o laço começar. No nosso primeiro exemplo, Lua chama f(x) somente uma vez. Em segundo lugar, a variável de controle é uma local declarada automaticamente pelo comando **for** e é visível apenas dentro do laço. Um erro típico é assumir que a variável ainda existe após o término dele:

```
for i = 1, 10 do print(i) end
max = i       -- provavelmente, errado! 'i', aqui, é global
```

Se você precisar do valor da variável de controle depois do laço (geralmente, quando você quebra o laço), deverá salvá-lo em outra variável:

```
-- procura um valor em uma lista
local found = nil
for i = 1, #a do
  if a[i] < 0 then
    found = i      -- salva valor de 'i'
    break
  end
end
print(found)
```

Em terceiro lugar, você nunca deve alterar o valor da variável de controle: o efeito dessas alterações é imprevisível. Se você quiser terminar um laço **for** antes do seu término normal, use **break** (como fizemos no exemplo anterior).

4.3.5 *for* Genérico

O laço **for** genérico percorre todos os valores retornados por uma função iteradora:

```
-- imprime todos os valores da tabela 't'
for k, v in pairs(t) do print(k, v) end
```

Esse exemplo usa `pairs`, uma função iteradora bastante útil para percorrer uma tabela, oferecida pela biblioteca básica de Lua. Em cada etapa desse laço, `k` recebe uma chave, enquanto `v` recebe o valor associado a ela.

Apesar de sua aparente simplicidade, o **for** genérico é poderoso. Com iteradores apropriados, podemos percorrer quase qualquer coisa de maneira legível. As bibliotecas-padrão fornecem diversos iteradores, que nos permitem a percorrer as linhas de um arquivo (`io.lines`), os pares de uma tabela (`pairs`), as entradas de uma sequência (`ipairs`), as palavras de uma cadeia (`string.gmatch`) e assim por diante.

Podemos, é claro, escrever nossos próprios iteradores. Apesar de o uso do **for** genérico ser fácil, a tarefa de escrever funções iteradoras tem suas sutilezas; por isso, cobriremos esse tópico mais adiante, no Capítulo 7.

O laço genérico compartilha duas propriedades com o numérico: as variáveis do laço são locais ao seu corpo, e você nunca deve atribuir qualquer valor a elas.

Vejamos um exemplo mais concreto do uso de um **for** genérico. Suponha que você tenha uma tabela com os nomes dos dias da semana:

```
days = {"Sunday", "Monday", "Tuesday", "Wednesday",
        "Thursday", "Friday", "Saturday"}
```

Você quer, agora, traduzir um nome para a sua posição na semana. Você pode fazer uma busca na tabela, procurando o nome dado. No entanto, como você logo aprenderá, raramente se fazem buscas em Lua. Uma forma mais eficiente é construir uma tabela reversa, digamos `revDays`, que tem os nomes como índices e os números como valores. Essa tabela seria algo assim:

```
revDays = {["Sunday"] = 1,   ["Monday"] = 2,
           ["Tuesday"] = 3,  ["Wednesday"] = 4,
           ["Thursday"] = 5, ["Friday"] = 6,
           ["Saturday"] = 7}
```

Com isso, tudo o que você precisa fazer para encontrar a ordem de um nome é indexar esta tabela reversa:

```
x = "Tuesday"
        print(revDays[x])     --> 3
```

É claro que não precisamos declarar manualmente a tabela reversa. Podemos construí-la de forma automática a partir da tabela original:

```
revDays = {}
for k,v in pairs(days) do
  revDays[v] = k
end
```

O laço fará a atribuição para cada elemento de days, com a variável k recebendo as chaves (1, 2, ...), e v, os valores ("Sunday", "Monday", ...).

4.4 break, return e goto

Os comandos **break** e **return** nos permitem pular para fora de um bloco. O comando **goto** nos permite saltar para quase qualquer ponto em uma função.

Usamos o comando **break** para dar fim a um laço, pois ele termina o laço mais interno (**for**, **repeat** ou **while**) que o contém e não pode ser usado fora dele. Após o término do laço, o programa continuará executando a partir do ponto imediatamente seguinte ao laço terminado.

Um comando **return** retorna os possíveis resultados de uma função ou simplesmente a termina. Existe um **return** implícito no fim de qualquer função, assim, você não precisará escrevê-lo se a sua função terminar naturalmente, sem retornar qualquer valor.

Por motivos sintáticos, um **return** somente pode aparecer como o último comando de um bloco; em outras palavras, como o último comando em seu trecho de código ou imediatamente antes de um **end**, de um **else** ou de um **until**. No exemplo a seguir, o **return** é o último comando do bloco **then**.

```
local i = 1
while a[i] do
  if a[i] == v then return i end
  i = i + 1
end
```

Geralmente, esses são os lugares em que usamos um **return**, pois qualquer outro comando em seguida seria inalcançável. Algumas vezes, contudo, poderá ser útil escrever um **return** no meio de um bloco; você pode, por exemplo, estar depurando uma função e querer evitar a sua execução. Nesses casos, você deve usar um bloco **do** explícito ao redor do comando:

```
function foo ()
  return                  --<< SINTAX ERROR
  -- 'return' é o último comando no próximo bloco
  do return end           -- OK
  <outros comandos>
end
```

Um comando **goto** transfere a execução de um programa para o *label* correspondente. Tem acontecido um longo debate sobre esse comando, com algumas pessoas argumentando, ainda hoje, que ele é nocivo à programação e que deve ser banido das linguagens. Apesar disso, diversas linguagens atuais oferecem *goto*, com boas razões. Ele é um mecanismo poderoso e, quando usado com cuidado, pode melhorar a qualidade do seu código.

Em Lua, a sintaxe de um comando *goto* é bastante convencional: ela é a palavra reservada **goto** seguida pelo nome de um *label*, que pode ser qualquer identificador válido. A sintaxe de um *label* é um pouco mais complicada: ela tem dois dois-pontos seguidos pelo nome do *label*, mais dois dois-pontos após isso, como em ::nome::. Essa complicação é intencional, para fazer com que os programadores pensem duas vezes antes de usar um *goto*.

Lua impõe algumas restrições aos lugares para onde você pode saltar com um *goto*. Em primeiro lugar, *labels* seguem as regras usuais de visibilidade, e, por isso, você não pode saltar para dentro de um bloco (porque um *label* dentro de um bloco não é visível fora dele). Em segundo lugar, você não pode saltar para fora de uma função (note que a primeira regra já exclui a possibilidade de saltar *para dentro* dela). Em terceiro lugar, você não pode saltar para dentro do escopo de uma variável local.

Um uso típico e bem-comportado de um *goto* é a simulação de alguma construção que você tenha aprendido em outra linguagem, mas que não exista em Lua, como *continue*, *break* multinível, *continue* multinível, *redo*, tratamento local de erros etc. Um comando *continue* é, simplesmente, um *goto* para um *label* no final do bloco de um laço; um comando *redo* salta para o início do bloco:

```
while some_condition do
  ::redo::
  if some_other_condition then goto continue
  else if yet_another_condition then goto redo
  end
  <algum código>
  ::continue::
end
```

Um detalhe útil na especificação de Lua é que o escopo de uma variável local termina no último comando *não vazio* do bloco em que ela é definida; *labels* são considerados comandos vazios. Para ver a utilidade desse detalhe, considere o fragmento a seguir:

```
while some_condition do
  if some_other_condition then goto continue end
  local var = something
  <algum código>
  ::continue::
end
```

Você poderia achar que esse *goto* salta para dentro do escopo da variável var. No entanto, o *label* continue aparece depois do último comando não vazio do bloco e, portanto, não está dentro do escopo de var.

O *goto* também é útil para escrever máquinas de estados. Como exemplo, a Listagem 4.1 mostra um programa que verifica se a sua entrada tem um número par de zeros. Existem formas melhores de escrever esse programa específico, mas essa técnica será útil se você quiser traduzir automaticamente um autômato finito para código Lua (pense em geração automática de código).

Listagem 4.1
*Um exemplo de máquina de estados com **goto***

```
::s1:: do
  local c = io.read(1)
  if c == '0' then goto s2
  elseif c == nil then print'ok'; return
  else goto s1
  end
end
::s2:: do
  local c = io.read(1)
  if c == '0' then goto s1
  elseif c == nil then print'not ok'; return
  else goto s2
  end
end
goto s1
```

Como outro exemplo, consideremos um jogo de labirinto simples. O labirinto tem diversas salas, cada uma com até quatro portas: Norte, Sul, Leste e Oeste. Em cada passo, o usuário especifica uma direção de movimento. Se existe uma porta nessa direção, ele vai para a sala correspondente; caso contrário, o programa imprimirá um aviso. O objetivo é ir de uma sala inicial para uma final.

Esse jogo é uma máquina de estados típica, na qual a sala corrente é o estado. Podemos implementar esse labirinto com um bloco para cada sala, usando um *goto* para a movimentação de uma sala para outra. A Listagem 4.2 mostra como poderíamos escrever um pequeno labirinto com quatro salas.

Para esse jogo simples, você pode achar que um programa dirigido por dados (*data-driven*), no qual você descrevesse salas e movimentos com tabelas, teria um projeto melhor. Apesar disso, se o jogo tiver diversas situações especiais em cada sala, uma máquina de estados será bastante adequada.

Listagem 4.2
Um jogo de labirinto

```
  goto room1       -- sala inicial
  ::room1:: do
    local move = io.read()
    if move == "south" then goto room3
    elseif move == "east" then goto room2
    else
      print("invalid move")
      goto room1     -- fica na mesma sala
    end
  end
  ::room2:: do
    local move = io.read()
    if move == "south" then goto room4
    elseif move == "west" then goto room1
    else
      print("invalid move")
      goto room2
    end
  end
  ::room3:: do
    local move = io.read()
    if move == "north" then goto room1
    elseif move == "east" then goto room4
    else
      print("invalid move")
      goto room3
    end
  end
  ::room4:: do
    print("Congratulations, you won!")
  end
```

Exercícios

4.1 A maioria das linguagens com sintaxe no estilo C não oferece uma construção **elseif**. Por que Lua precisa mais dessa construção do que essas linguagens?

4.2 Descreva quatro formas diferentes de escrever um laço incondicional em Lua. Qual delas você prefere?

4.3 Muitas pessoas argumentam que **repeat-until** é muito pouco usado e, portanto, não deveria estar presente em uma linguagem minimalista como Lua. O que você acha?

4.4 Reescreva a máquina de estados da Listagem 4.2 sem usar *goto*.

4.5 Você pode explicar por que Lua tem a restrição de um *goto* não poder saltar para fora de uma função? (Dica: como você implementaria isso?)

4.6 Assumindo que um *goto* pudesse saltar para fora de uma função, explique o que o programa da Listagem 4.3 faria (tente pensar no *label* usando as mesmas regras de escopo usadas para as variáveis locais).

Listagem 4.3
*Um uso estranho (e inválido) de um **goto***

```
function getlabel ()
  return function () goto L1 end
  ::L1::
  return 0
end

function f (n)
  if n == 0 then return getlabel()
  else
    local res = f(n - 1)
    print(n)
    return res
  end
ond

x = f(10)
x()
```

5
Funções

As funções são o mecanismo principal de abstração de comandos e expressões em Lua. Elas podem tanto realizar uma tarefa específica (o que, algumas vezes, é chamado de *procedimento* ou *sub-rotina* em outras linguagens) quanto computar e retornar valores. No primeiro caso, usamos uma chamada de função como um comando; no segundo, ela é usada como uma expressão:

```
print(8*9, 9/8)
a = math.sin(3) + math.cos(10)
print(os.date())
```

Nos dois casos, uma lista de argumentos delimitada por parênteses denota a chamada; se ela não tiver argumentos, ainda precisaremos escrever uma lista vazia () para denotá-la. Há um caso especial para essa regra: se a função tiver um único argumento e ele for uma cadeia literal ou um construtor de tabela, os parênteses serão opcionais:

```
print "Hello World"      <-->    print("Hello World")
dofile 'a.lua'           <-->    dofile ('a.lua')
print [[a multi-line            print([[a multi-line
  message]]                       message]])
f{x=10, y=20}            <-->    f({x=10, y=20})
type{}                   <-->    type({})
```

Lua oferece também uma sintaxe especial para as chamadas orientadas a objetos, o operador dois-pontos. Uma expressão como `o:foo(x)` é apenas outra maneira de escrever `o.foo(o, x)`, isto é, de chamar `o.foo` adicionando `o` como um primeiro argumento extra. No Capítulo 16, discutiremos essas chamadas (e a programação orientada a objetos) em mais detalhes.

Um programa Lua pode usar funções definidas tanto em Lua quanto em C (ou em qualquer outra linguagem usada pela aplicação hospedeira). Todas as funções da biblioteca-padrão de Lua, por exemplo, são escritas em C. No entanto, ao chamar uma função, não há diferença entre funções definidas em Lua e funções definidas em C.

Como vimos em outros exemplos, uma definição de função tem uma sintaxe convencional, como aqui:

```
-- soma os elementos da sequência 'a'
function add (a)
  local sum = 0
  for i = 1, #a do
    sum = sum + a[i]
  end
  return sum
end
```

Nessa sintaxe, uma definição de função tem um *nome* (add, no exemplo), uma lista de *parâmetros* e um *corpo*, que é uma lista de comandos.

Os parâmetros funcionam exatamente como variáveis locais, inicializadas com os valores dos argumentos passados na chamada de função. Você pode chamar uma função com um número de argumentos diferente do de parâmetros. Lua ajusta o número de argumentos ao de parâmetros, assim como em uma atribuição múltipla: argumentos extras são descartados, parâmetros extras recebem nil. Considere, por exemplo, a próxima função:

```
function f (a, b) print(a, b) end
```

Ela tem o seguinte comportamento:

```
f(3)          --> 3    nil
f(3, 4)       --> 3    4
f(3, 4, 5)    --> 3    4    (5 é descartado)
```

Embora esse comportamento possa levar a erros de programação (facilmente detectados em tempo de execução), ele também é útil, especialmente para argumentos-padrão. Considere, por exemplo, a seguinte função, que incrementa um contador global:

```
function incCount (n)
  n = n or 1
  count = count + n
end
```

Essa função tem 1 como o seu argumento-padrão, ou seja, a chamada `incCount()`, sem argumentos, incrementa `count` de um. Quando você chamar `incCount()`, Lua, primeiramente, inicializará n com nil; a expressão or resultará em seu segundo operando e, com isso, Lua atribuirá um valor-padrão 1 a n.

5.1 Múltiplos Resultados

Uma característica não convencional de Lua, mas bastante conveniente, é que as funções podem retornar múltiplos resultados. Várias funções predefinidas em Lua retornam múltiplos valores. Um exemplo é a função `string.find`, que localiza um padrão em uma cadeia. Essa função retorna dois índices quando encontra o padrão: o índice do caractere em que o casamento do padrão começa; e o índice em que ele termina. Uma atribuição múltipla permite que o programa receba os dois resultados:

```
s, e = string.find("hello Lua users", "Lua")
print(s, e)    --> 7    9
```

(Note que o primeiro caractere de uma cadeia tem índice 1.)

As funções que escrevemos em Lua também podem retornar múltiplos resultados, se colocarmos todos eles após a palavra-chave **return**. Por exemplo, uma função para retornar o maior elemento em uma sequência pode retornar o maior valor e também a sua posição:

```
function maximum (a)
  local mi = 1           -- índice do valor máximo
  local m = a[mi]        -- valor máximo
  for i = 1, #a do
    if a[i] > m then
       mi = i; m = a[i]
    end
  end
  return m, mi
end

print(maximum({8,10,23,12,5}))     --> 23    3
```

Lua sempre ajusta o número de resultados de uma função às circunstâncias da chamada. Quando chamamos uma função como um comando, Lua descarta todos os resultados da função. Quando usamos uma chamada como uma expressão, Lua mantém apenas o primeiro resultado. Obteremos todos os resultados apenas quando a chamada for a última (ou a única) expressão em uma lista de expressões. Essas listas aparecem em quatro construções em Lua: atribuições múltiplas; argumentos para chamadas de funções; construtores de tabelas; e comandos **return**. A fim de ilustrar todos esses casos, assumiremos as seguintes definições para os próximos exemplos:

```
function foo0 () end              -- não retorna resultados
function foo1 () return "a" end   -- retorna 1 resultado
function foo2 () return "a", "b" end  -- retorna 2 resultados
```

Em uma atribuição múltipla, uma chamada de função como a última (ou a única) expressão produz tantos resultados quantos forem necessários para casar com as variáveis:

```
x,y = foo2()          -- x="a", y="b"
x = foo2()            -- x="a", "b" é descartado
x,y,z = 10,foo2()     -- x=10, y="a", z="b"
```

Se uma função não tiver resultados, ou não tiver tantos quantos são necessários, Lua produzirá nils para os valores que faltam:

```
x,y = foo0()          -- x=nil, y=nil
x,y = foo1()          -- x="a", y=nil
x,y,z = foo2()        -- x="a", y="b", z=nil
```

Uma chamada de função que não seja o último elemento na lista sempre produz exatamente um resultado:

```
x,y = foo2(), 20      -- x="a", y=20
x,y = foo0(), 20, 30  -- x=nil, y=20, 30 é descartado
```

Quando uma chamada de função for o último (ou o único) argumento para outra chamada, todos os resultados da primeira irão como argumentos. Já vimos exemplos dessa construção, com print. Como a função print pode receber um número variável de argumentos, o comando print(g()) imprime todos os resultados retornados por g.

```
print(foo0())         -->
print(foo1())         --> a
print(foo2())         --> a   b
print(foo2(), 1)      --> a   1
print(foo2() .. "x")  --> ax         (veja a seguir)
```

Quando a chamada a foo2 aparece dentro de uma expressão, Lua ajusta o número de resultados para um; assim, na última linha, a concatenação usará apenas o "a".

Se escrevermos f(g()) e f tiver um número fixo de argumentos, Lua ajustará a quantidade de resultados de g ao número de parâmetros de f, como vimos anteriormente.

Um construtor também coleta todos os resultados de uma chamada, sem fazer ajustes:

```
t = {foo0()}          -- t = {}  (uma tabela vazia)
t = {foo1()}          -- t = {"a"}
t = {foo2()}          -- t = {"a", "b"}
```

Como sempre, esse comportamento acontece apenas quando a chamada é a última expressão na lista; chamadas que estão em qualquer outra posição produzem exatamente um resultado:

```
t = {foo0(), foo2(), 4}    -- t[1] = nil, t[2] = "a", t[3] = 4
```

Finalmente, um comando como `return f()` retorna todos os valores retornados por f:

```
function foo (i)
  if i == 0 then return foo0()
  elseif i == 1 then return foo1()
  elseif i == 2 then return foo2()
  end
end

print(foo(1))      --> a
print(foo(2))      --> a b
print(foo(0))      -- (nenhum resultado)
print(foo(3))      -- (nenhum resultado)
```

Você pode forçar uma chamada a retornar exatamente um resultado colocando-a entre um par extra de parênteses:

```
print((foo0()))    --> nil
print((foo1()))    --> a
print((foo2()))    --> a
```

Tome cuidado, pois um comando **return** não precisa de parênteses ao redor do valor retornado; qualquer par de parênteses colocado aí contará como um par extra. Assim, um comando como `return (f(x))` sempre retornará um único valor, não importa quantos valores f retorne. Algumas vezes, é isso o que você quer; outras vezes, não.

Uma função especial com múltiplos retornos é `table.unpack`. Ela recebe um *array* e retorna, como resultados, todos os elementos dele, começando pelo índice 1:

```
print(table.unpack{10,20,30})   --> 10   20   30
a,b = table.unpack{10,20,30}    -- a=10, b=20, 30 é descartado
```

Um uso importante para unpack é em um mecanismo de *chamada genérica*, o qual permite que você chame qualquer função, com quaisquer argumentos, dinamicamente. Em ANSI C, por exemplo, não há uma maneira de codificar uma chamada genérica. Você pode declarar uma função que receba um número variável de argumentos (com `stdarg.h`) e pode chamar uma função variável, usando ponteiros para funções. No entanto, você não pode chamar uma função com um número variável de argumentos: cada chamada que você escreve em C tem um número fixo de argumentos, e cada argumento tem um tipo fixo. Em Lua, se você quiser chamar uma função variável f com um número variável de argumentos em um *array* a, você simplesmente escreve isto:

```
f(table.unpack(a))
```

A chamada a unpack retorna todos os valores em a, que se tornam os argumentos para f. Considere, por exemplo, a seguinte chamada:

```
print(string.find("hello", "ll"))
```

Você pode construir dinamicamente uma chamada equivalente com o código a seguir:

```
f = string.find
a = {"hello", "ll"}
```

```
print(f(table.unpack(a)))
```

Geralmente, unpack usa o operador de comprimento para saber quantos elementos deverá retornar e, assim, funciona apenas para sequências apropriadas. Se necessário, você poderá fornecer limites explícitos:

```
print(table.unpack({"Sun", "Mon", "Tue", "Wed"}, 2, 3))
  --> Mon     Tue
```

Embora a função predefinida unpack seja escrita em C, poderíamos também escrevê-la em Lua, usando recursão:

```
function unpack (t, i, n)
  i = i or 1
  n = n or #t
  if i <= n then
    return t[i], unpack(t, i + 1, n)
  end
end
```

Na primeira vez em que a chamarmos, com um único argumento, i receberá 1, e n receberá o comprimento da sequência. A função, então, retornará t[1] seguido por todos os resultados de unpack(t, 2, n), que, por sua vez, retornará t[2] seguido por todos os resultados de unpack(t, 3, n), e assim por diante, parando após n elementos.

5.2 Funções Variádicas

Uma função em Lua pode ser *variádica*, isto é, pode receber um número variável de argumentos. Por exemplo, já chamamos print com um, dois e mais argumentos. Embora ela seja definida em C, podemos definir funções que aceitem um número variável de argumentos em Lua também.

Como um exemplo simples, a função a seguir retorna o somatório de todos os seus argumentos:

```
function add (...)
  local s = 0
  for i, v in ipairs{...} do
    s = s + v
  end
  return s
end

print(add(3, 4, 10, 25, 12))    --> 54
```

Os três pontos (...) na lista de parâmetros indicam que a função é variádica. Quando chamarmos essa função, Lua coletará internamente todos os seus argumentos; chamamos esses argumentos coletados de *argumentos extras* da função. Uma função pode acessá-los usando novamente os três pontos, agora como uma expressão. No nosso exemplo, a expressão {...} resulta em um *array* com todos os argumentos coletados. A função, então, percorre o *array* para somar os seus elementos.

Chamamos a expressão ... de *expressão vararg*. Ela se comporta como uma função de múltiplos retornos, resultando em todos os argumentos extras da função corrente. O comando print(...), por exemplo, imprime todos os argumentos extras da função. Da mesma forma, o comando a seguir cria duas variáveis locais com os valores dos dois primeiros argumentos opcionais (ou nil, se não houver tais argumentos):

```
local a, b = ...
```

Na verdade, podemos emular o mecanismo usual de passagem de parâmetros de Lua traduzindo

```
function foo (a, b, c)
```

para

```
function foo (...)
  local a, b, c = ...
```

Aqueles que gostam do mecanismo de passagem de parâmetros de Perl poderão gostar dessa segunda forma.

Uma função como a seguinte simplesmente retorna todos os argumentos em sua chamada:

```
function id (...) return ... end
```

Ela é uma função identidade de múltiplos valores. A próxima função comporta-se exatamente como outra função foo, exceto pelo fato de que, antes da chamada, imprime uma mensagem com os seus argumentos:

```
function foo1 (...)
  print("calling foo:", ...)
  return foo(...)
end
```

Esse é um truque útil para rastrear chamadas a uma função específica.

Vejamos outro exemplo útil. Lua provê funções separadas para formatar um texto (`string.format`) e para escrevê-lo (`io.write`). É simples combinar essas duas funções em uma única função variádica:

```
function fwrite (fmt, ...)
  return io.write(string.format(fmt, ...))
end
```

Note a presença de um parâmetro fixo `fmt` antes dos pontos. Funções variádicas podem ter qualquer número de parâmetros fixos antes da parte variável. Lua atribui os primeiros argumentos a esses parâmetros, e os restantes (se houver) irão como argumentos extras. A seguir, há alguns exemplos de chamadas e os valores de parâmetros correspondentes:

```
CHAMADA                   PARÂMETROS
fwrite()                  fmt = nil, sem argumentos extras
fwrite("a")               fmt = "a", sem extras
fwrite("%d%d", 4, 5)      fmt = "%d%d", extras = 4 e 5
```

(Note que a chamada `fwrite()` lança um erro, porque `string.format` precisa de uma cadeia como seu primeiro argumento.)

Para iterar sobre seus argumentos extras, uma função pode usar a expressão {...} a fim de coletá-los todos em uma tabela, como fizemos em nossa definição de add.

Nas raras ocasiões em que os argumentos extras puderem ser nils válidos, a tabela criada com {...} talvez não seja propriamente uma sequência. Por exemplo, não há uma forma de detectar, nesse tipo de tabela, se havia nils no final dos argumentos originais. Para essas ocasiões, Lua oferece a função `table.pack`.[1] Ela recebe um número qualquer de argumentos e retorna uma nova tabela com todos os seus argumentos, exatamente como {...}; porém, essa tabela também tem um campo extra "n" com o número total de argumentos. A função a seguir usa `table.pack` para testar se nenhum de seus argumentos é nil:

---

1. Essa função é nova em Lua 5.2.

```
function nonils (...)
  local arg = table.pack(...)
  for i = 1, arg.n do
    if arg[i] == nil then return false end
  end
  return true
end

print(nonils(2,3,nil))    --> false
print(nonils(2,3))        --> true
print(nonils())           --> true
print(nonils(nil))        --> false
```

Lembre-se, porém, de que {...} é mais limpo e mais rápido do que table.pack(...) quando os argumentos extras não podem ser nil.

5.3 Argumentos Nomeados

O mecanismo de passagem de parâmetros em Lua é *posicional*: quando chamamos uma função, os argumentos se casam com os parâmetros por suas posições. O primeiro argumento fornece o valor para o primeiro parâmetro e assim por diante. Algumas vezes, contudo, é útil especificar os argumentos pelo nome. Para ilustrar esse ponto, consideremos a função os.rename (da biblioteca os), que renomeia um arquivo. Muito frequentemente, esquecemos qual nome vem primeiro, o novo ou o antigo; portanto, podemos querer redefinir essa função para receber dois argumentos nomeados:

```
-- código inválido
rename(old="temp.lua", new="temp1.lua")
```

Lua não tem suporte direto para essa sintaxe, mas podemos conseguir o mesmo efeito final com uma pequena mudança desta última. A ideia aqui é empacotar todos os argumentos em uma tabela e usá-la como o único argumento para a função. A sintaxe especial que Lua provê para chamadas de função, com um único construtor de tabela como argumento, ajuda o truque:

```
rename{old="temp.lua", new="temp1.lua"}
```

Consequentemente, definimos rename com um único parâmetro e recebemos os argumentos reais a partir dele:

```
function rename (arg)
  return os.rename(arg.old, arg.new)
end
```

Esse estilo de passagem de parâmetros é especialmente útil quando a função tem muitos parâmetros e a maioria deles é opcional. Por exemplo, uma função que cria uma nova janela em uma biblioteca de interface gráfica pode ter dezenas de argumentos, a maioria opcional, melhor especificados por nomes:

```
w = Window{ x=0, y=0, width=300, height=200,
      title = "Lua", background="blue",
      border = true
    }
```

A função Window tem, então, liberdade para verificar os argumentos obrigatórios, adicionar valores-padrão e coisas do tipo. Assumindo uma função primitiva _Window que realmente crie a nova janela (e que precise de todos os argumentos em uma ordem específica), poderíamos definir Window como na Listagem 5.1.

Listagem 5.1
Uma função com parâmetros opcionais nomeados

```
function Window (options)
  -- verifica opções obrigatórias
  if type(options.title) ~= "string" then
    error("no title")
  elseif type(options.width) ~= "number" then
    error("no width")
  elseif type(options.height) ~= "number" then
    error("no height")
  end

  -- todo o resto é opcional
  _Window(options.title,
    options.x or 0,      -- valor-padrão
    options.y or 0,      -- valor-padrão
    options.width, options.height,
    options.background or "white",  -- valor-padrão
    options.border       -- valor-padrão é falso (nil)
  )
end
```

Exercícios

5.1 Escreva uma função que receba um número arbitrário de cadeias e retorne a concatenação delas.

5.2 Escreva uma função que receba um *array* e imprima todos os elementos dele. Considere as vantagens e desvantagens de usar table.unpack nessa função.

5.3 Escreva uma função que receba um número arbitrário de valores e retorne-os todos, com a exceção do primeiro.

5.4 Escreva uma função que receba um *array* e imprima todas as combinações dos seus elementos. (Dica: você pode usar a fórmula recursiva para combinação: $C(n,m) = C(n-1, m-1) + C(n-1, m)$. Para gerar todas as $C(n,m)$ combinações de n elementos em grupos de tamanho m, você começa adicionando o primeiro elemento ao resultado e, depois, gera todas as $C(n-1, m-1)$ combinações dos elementos restantes nas posições que faltam; a seguir, você remove o primeiro elemento do resultado e gera todas as $C(n-1, m)$ combinações dos elementos restantes nas posições livres. Quando n for menor do que m, não haverá combinações. Quando m for zero, haverá apenas uma combinação, que não usa elemento algum.)

6
Mais sobre Funções

Funções em Lua são valores de primeira classe com escopo léxico próprio.

O que significa o fato de funções serem "valores de primeira classe"? Significa que, em Lua, uma função é um valor com os mesmos direitos dos valores convencionais, como números e cadeias. Podemos armazenar funções em variáveis (tanto globais quanto locais) e em tabelas, podemos passá-las como argumentos e podemos retorná-las de outras funções.

O que significa funções terem "escopo léxico"? Significa que elas podem acessar as variáveis das funções que as contêm.[1] Como veremos neste capítulo, essa propriedade aparentemente inócua traz grande poder à linguagem, pois nos permite aplicar em Lua muitas técnicas de programação poderosas do mundo das linguagens funcionais. Mesmo que você não tenha qualquer interesse em programação funcional, vale a pena aprender um pouco sobre como explorar essas técnicas, já que elas podem tornar os seus programas menores e mais simples.

Uma noção um pouco confusa em Lua é que as funções, como todos os outros valores, são anônimas; elas não têm nomes. Quando falamos do nome de uma função, como `print`, estamos, na verdade, tratando da variável que a armazena. Como qualquer outra variável que armazene qualquer outro valor, podemos manipular essas

---
[1]. Também significa que Lua contém propriamente o cálculo lambda.

variáveis de muitas maneiras. O exemplo seguinte, embora um pouco bobo, ilustra
o ponto:

```
a = {p = print}
a.p("Hello World")     --> Hello World
print = math.sin       -- 'print', agora, se refere à função 'sin'
a.p(print(1))          --> 0.841470
sin = a.p              -- 'sin', agora, se refere à função 'print'
sin(10, 20)            --> 10      20
```

(Mais adiante, veremos aplicações úteis para essa comodidade.)

Se funções são valores, existem expressões que as criam? Sim. De fato, a maneira usual de escrever uma função em Lua, como

```
function foo (x)   return 2*x   end
```

é apenas uma instância do que chamamos de *açúcar sintático*; é simplesmente uma maneira bonita de escrever o seguinte código:

```
foo = function (x)   return 2*x   end
```

Assim, uma definição de função é, na verdade, um comando (uma atribuição, mais especificamente) que cria um valor do tipo "function" e o atribui a uma variável. Podemos ver a expressão function (x) *body* end como um construtor de função, da mesma forma que {} é um construtor de tabela. Chamamos o resultado de tais construtores de *função anônima*. Embora seja comum atribuirmos funções a variáveis globais, usando algum nome para elas, existem várias ocasiões em que as funções permanecem anônimas. Vejamos alguns exemplos.

A biblioteca de tabelas provê uma função table.sort, que recebe uma tabela e ordena os seus elementos. Tal função deve permitir variações ilimitadas na maneira de ordenar: crescente ou decrescente, numérica ou alfabética, tabelas ordenadas por uma chave e assim por diante. Em vez de tentar oferecer todos os tipos de opções, sort provê um único parâmetro opcional, que é a *função de ordenação*: uma função que recebe dois elementos e retorna se o primeiro deve vir antes do segundo na lista ordenada. Suponha que tenhamos, por exemplo, uma tabela de registros como esta:

```
network = {
  {name = "grauna",   IP = "210.26.30.34"},
  {name = "arraial",  IP = "210.26.30.23"},
  {name = "lua",      IP = "210.26.23.12"},
  {name = "derain",   IP = "210.26.23.20"},
}
```

Se quisermos ordenar essa tabela pelo campo name, em ordem alfabética reversa, escreveremos apenas:

```
table.sort(network, function (a,b) return (a.name > b.name) end)
```

Note como a função anônima é conveniente nesse comando.

Uma função que recebe outra como argumento, como sort, é o que chamamos de *função de ordem superior* (*higher-order function*). Elas são um mecanismo de programação poderoso, e o uso de funções anônimas para criar seus argumentos é uma grande fonte de flexibilidade. Lembre-se, porém, de que funções de ordem superior não têm direitos especiais; elas são uma consequência direta do fato de Lua tratar funções como valores de primeira classe.

Para ilustrar melhor o seu uso, vamos escrever uma implementação ingênua de uma função de ordem superior comum, a derivada. Em uma definição informal, a derivada de uma função f em um ponto x é o valor de $(f(x+d)-f(x))/d$ quando d torna-se infinitesimalmente pequeno. De acordo com essa definição, podemos computar uma aproximação da derivada como a seguir:

```
function derivative (f, delta)
  delta = delta or 1e-4
  return function (x)
           return (f(x + delta) - f(x))/delta
         end
end
```

Dada uma função f, a chamada derivative(f) retorna (uma aproximação de) sua derivada, que é outra função:

```
c = derivative(math.sin)
> print(math.cos(5.2), c(5.2))
  -->     0.46851667130038    0.46856084325086
print(math.cos(10), c(10))
  -->    -0.83907152907645   -0.83904432662041
```

Como funções são valores de primeira classe em Lua, podemos armazená-las não somente em variáveis globais, mas também em variáveis locais e em campos de tabelas. Como veremos mais adiante, o uso de funções em campos de tabelas é um ingrediente-chave para alguns usos avançados de Lua, como módulos e programação orientada a objetos.

6.1 Fechos

Quando escrevemos uma função dentro de outra, a função interna tem acesso total às variáveis locais daquela que a contém; chamamos essa característica de *escopo léxico*. Embora essa regra de visibilidade possa parecer óbvia, ela não é. Escopo léxico, junto a funções de primeira classe, é um conceito poderoso em uma linguagem de programação, mas não é oferecido em muitas delas.

Comecemos com um exemplo simples. Suponha que você tenha uma lista de nomes de estudantes e uma tabela que os associe a notas; você quer ordenar a lista de nomes de acordo com suas notas, colocando as maiores em primeiro lugar. Você pode realizar essa tarefa como a seguir:

```
names = {"Peter", "Paul", "Mary"}
grades = {Mary = 10, Paul = 7, Peter = 8}
table.sort(names, function (n1, n2)
  return grades[n1] > grades[n2]    -- compara as notas
end)
```

Agora, suponha que você queira criar uma função para realizar essa tarefa:

```
function sortbygrade (names, grades)
  table.sort(names, function (n1, n2)
    return grades[n1] > grades[n2]    -- compara as notas
  end)
end
```

O ponto interessante desse exemplo é que a função anônima fornecida a `sort` acessa o parâmetro grades, que é local à função mais externa `sortbygrade`. Dentro dessa função anônima, grades não é nem uma variável global nem uma variável local, mas aquilo que chamamos de *variável não local* (por motivos históricos, variáveis não locais são também chamadas de *upvalues* em Lua).

Por que esse ponto é tão interessante? Porque funções são valores de primeira classe e, portanto, podem *escapar* do escopo original de suas variáveis. Considere o código a seguir:

```
function newCounter ()
  local i = 0
  return function ()       -- função anônima
           i = i + 1
           return i
         end
end

c1 = newCounter()
print(c1())   --> 1
print(c1())   --> 2
```

Nesse código, a função anônima referencia uma variável não local i para manter seu contador. No entanto, quando fizermos a chamada à função anônima, i já estará fora de escopo, pois a função que criou essa variável (`newCounter`) terá retornado. Apesar disso, Lua trata essa situação corretamente, usando o conceito de *fecho* (*closure*). Dito de maneira simples, um fecho é uma função somada a tudo aquilo de que ela precisa para acessar corretamente as variáveis não locais. Se chamarmos `newCounter` novamente, essa função criará uma nova variável local i, e obteremos um novo fecho, que atuará sobre essa nova variável:

```
c2 = newCounter()
print(c2())   --> 1
print(c1())   --> 3
print(c2())   --> 2
```

Portanto, c1 e c2 são fechos diferentes sobre a mesma função, e cada um atua sobre uma instância independente da variável local i.

Tecnicamente, o que é um valor em Lua é o fecho, não a função. A função em si é apenas um protótipo para fechos. Apesar disso, continuaremos usando o termo "função" para nos referir a um fecho sempre que não houver possibilidade de confusão.

Os fechos são uma ferramenta valiosa em muitos contextos. Como vimos, eles são úteis como argumentos para funções de ordem superior, tais como sort. Fechos também são valiosos para funções que constroem outras funções, como nosso exemplo newCounter e o exemplo da derivada; esse mecanismo permite que programas escritos em Lua incorporem técnicas sofisticadas de programação do mundo funcional. Os fechos são úteis também para funções de *callback*. Um exemplo típico ocorre quando você cria botões em uma ferramenta de interface gráfica convencional. Cada botão tem uma função de *callback* a ser chamada quando o usuário o pressiona; você quer que botões diferentes façam coisas ligeiramente diferentes quando pressionados. Por exemplo, uma calculadora digital precisa de dez botões semelhantes, um para cada dígito. Você pode criar cada um deles com uma função como esta:

```lua
function digitButton (digit)
  return Button{ label = tostring(digit),
                 action = function ()
                            add_to_display(digit)
                          end
               }
end
```

Nesse exemplo, assumimos que: Button é a função da ferramenta de interface que cria novos botões; label é o rótulo do botão; e action é o fecho de *callback* a ser chamado quando o botão for pressionado. A *callback* pode ser chamada muito tempo depois de digitButton ter realizado sua tarefa e após a variável local digit ter saído de escopo, mas ela ainda pode acessar esta variável.

Os fechos também são valiosos em um contexto bastante diferente. Como as funções são armazenadas em variáveis regulares, podemos facilmente redefinir funções em Lua, mesmo as predefinidas. Essa comodidade é uma das razões pelas quais Lua é tão flexível. Frequentemente, quando você redefine uma função, você precisa da função original na nova implementação. Por exemplo, suponha que você queira redefinir a função sin para operar em graus em vez de radianos. Essa nova função converte seu argumento e, depois, chama a função sin original para fazer o verdadeiro trabalho. Seu código poderia ser parecido com este:

```lua
oldSin = math.sin
math.sin = function (x)
  return oldSin(x*math.pi/180)
end
```

Uma forma um pouco mais limpa de fazer essa redefinição é a seguinte:

```
do
  local oldSin = math.sin
  local k = math.pi/180
  math.sin = function (x)
    return oldSin(x*k)
  end
end
```

Agora, nós guardamos a versão antiga em uma variável privada; a única forma de acessá-la é por meio da nova versão.

Você pode usar essa mesma técnica para criar ambientes seguros, também chamados de *caixas de areia* (*sandboxes*). Ambientes seguros são essenciais quando se executa um código não confiável, como aqueles recebidos por um servidor pela internet. Por exemplo, para restringir os arquivos que um programa pode acessar, podemos redefinir a função io.open usando fechos:

```
do
  local oldOpen = io.open
  local access_OK = function (filename, mode)
    <verifica acesso>
  end
  io.open = function (filename, mode)
    if access_OK(filename, mode) then
      return oldOpen(filename, mode)
    else
      return nil, "access denied"
    end
  end
end
```

O que torna esse exemplo interessante é que, após essa redefinição, não haverá nenhuma maneira de o programa chamar a função irrestrita open, a não ser por meio da nova versão restrita. Ela mantém a versão insegura como uma variável privada em um fecho, inacessível pelo lado de fora. Com essa técnica, você mesmo pode construir caixas de areia em Lua, com os benefícios usuais: simplicidade e flexibilidade. Em vez de uma solução genérica, Lua oferece um metamecanismo, e, assim, você pode adaptar o seu ambiente às suas necessidades de segurança específicas.

6.2 Funções Não Globais

Uma consequência óbvia de funções de primeira classe é que podemos armazenar funções não apenas em variáveis globais, mas também em campos de tabelas e em variáveis locais.

Já vimos vários exemplos de funções em campos de tabelas: a maioria das bibliotecas de Lua usa esse mecanismo (*e.g.*, io.read, math.sin). Para criar essas funções em Lua, precisamos apenas juntar a sintaxe regular de funções com a de tabelas:

```
Lib = {}
Lib.foo = function (x,y) return x + y end
Lib.goo = function (x,y) return x - y end

print(Lib.foo(2, 3), Lib.goo(2, 3))    --> 5    -1
```

Podemos também usar construtores, é claro:

```
Lib = {
  foo = function (x,y) return x + y end,
  goo = function (x,y) return x - y end
}
```

Além disso, Lua oferece outra sintaxe para definir essas funções:

```
Lib = {}
function Lib.foo (x,y) return x + y end
function Lib.goo (x,y) return x - y end
```

Quando armazenamos uma função em uma variável local, obtemos uma *função local*, isto é, uma função que está restrita a um determinado escopo. Essas definições são particularmente úteis para pacotes: como Lua trata cada trecho de código como uma função, um trecho pode declarar funções locais, visíveis somente dentro dele mesmo. O escopo léxico garante que outras funções no pacote possam usar essas funções locais:

```
local f = function (<params>)
  <corpo>
end

local g = function (<params>)
  <algum código>
  f()              -- 'f' é visível aqui
  <algum código>
end
```

Lua dá suporte a esses usos de funções locais com um açúcar sintático:

```
local function f (<params>)
  <corpo>
end
```

Um ponto sutil surge na definição de funções locais recursivas. A abordagem ingênua não funciona aqui. Considere a definição a seguir:

```
local fact = function (n)
  if n == 0 then return 1
  else return n*fact(n-1)   -- errado
  end
end
```

Quando Lua compilar a chamada `fact(n-1)` no corpo da função, a local `fact` ainda não estará definida; assim, essa expressão tentará chamar uma global `fact` em vez da local. Podemos resolver esse problema definindo, primeiramente, a variável local e, depois, a função:

```
local fact
fact = function (n)
  if n == 0 then return 1
  else return n*fact(n-1)
  end
end
```

Agora, a fact dentro da função se refere à variável local. Seu valor não importa quando a função é definida; quando ela for executada, fact já terá o valor correto.

Quando Lua expande seu açúcar sintático para funções locais, não usa a definição ingênua. Em vez disso, uma definição como

```
local function foo (<params>)  <corpo> end
```

se expande para

```
local foo; foo = function (<params>)  <corpo> end
```

Assim, podemos usar essa sintaxe para funções recursivas sem nos preocupar.

É claro que esse truque não funcionará se você tiver funções recursivas indiretas. Nesses casos, você deverá usar o equivalente a uma declaração antecipada (*forward declaration*) explícita:

```
local f, g    -- declarações 'antecipadas'

function g ()
  <algum código>  f()  <algum código>
end

function f ()
  <algum código>  g()  <algum código>
end
```

Tome cuidado para não escrever local function f na última definição. Nesse caso, Lua criaria uma nova variável local f, deixando a f original (a ligada a g) indefinida.

6.3 Chamadas Finais Próprias

Outra característica interessante das funções em Lua é que Lua faz eliminação de chamada final (*tail-call*). (Isso significa que Lua é *propriamente recursiva final*, embora o conceito não envolva recursão diretamente; veja o Exercício 6.3.)

Uma *chamada final* é um *goto* disfarçado de chamada. Ela ocorre quando uma função chama outra como sua última ação, e, assim, não há mais nada a fazer. No código a seguir, por exemplo, a chamada a g é uma chamada final:

```
function f (x)  return g(x)  end
```

Após f chamar g, f não tem mais nada a fazer. Em tais situações, o programa não precisa retornar para a função chamadora quando a função chamada terminar. Assim, após a chamada final, o programa não precisa manter nenhuma informação sobre a função chamadora na pilha. Quando g retornar, o controle pode voltar diretamente ao ponto que chamou f. Algumas implementações de linguagens, como o interpretador de Lua, tiram vantagem desse fato e realmente não usam nenhum espaço adicional da pilha ao fazer uma chamada final. Dizemos que essas implementações fazem *eliminação de chamada final*.

Como as chamadas finais não usam espaço na pilha, o número de chamadas finais aninhadas que um programa pode fazer é ilimitado. Por exemplo, podemos chamar a função a seguir passando qualquer número como argumento:

```
function foo (n)
  if n > 0 then return foo(n - 1) end
end
```

Nunca haverá um estouro da pilha.

Um ponto sutil quando assumimos eliminação de chamada final é o que uma chamada final é. Alguns candidatos aparentemente óbvios não passam no critério de a função chamadora não ter mais nada a fazer após a chamada. No código a seguir, por exemplo, a chamada a g não é uma chamada final:

```
function f (x)  g(x)  end
```

O problema nesse exemplo é que, após chamar g, f ainda precisa descartar possíveis resultados de g antes de retornar. Da mesma forma, todas as chamadas a seguir não passam no critério:

```
return g(x) + 1     -- deve fazer a soma
return x or g(x)    -- deve ajustar para 1 resultado
return (g(x))       -- deve ajustar para 1 resultado
```

Em Lua, apenas uma chamada da forma `return` *func(args)* é uma chamada final. Apesar disso, tanto *func* quanto seus argumentos podem ser expressões complexas, pois Lua as avalia antes de fazer a chamada. O que aparece a seguir, por exemplo, é uma chamada final:

```
return x[i].foo(x[j] + a*b, i + j)
```

Exercícios

6.1 Escreva uma função `integral` que receba uma função f e retorne uma função que calcula a integral definida de f. A função retornada, quando chamada com dois valores x e y, deve retornar uma aproximação da integral de f de x a y.

6.2 O Exercício 3.3 pediu a você para escrever uma função que recebesse um polinômio (representado por uma tabela) e um valor para a sua variável e que retornasse o valor desse polinômio. Escreva a versão *curried* dessa função. Ela deverá receber um polinômio e retornar uma função que, quando chamada com um valor para x, retorne o valor do polinômio para esse x. Veja o exemplo:

```
f = newpoly({3, 0, 1})
print(f(0))    --> 1
print(f(5))    --> 76
print(f(10))   --> 301
```

6.3 Algumas vezes, uma linguagem com chamadas finais próprias é denominada *propriamente recursiva final*, com o argumento de que essa propriedade é relevante apenas quando temos chamadas recursivas (sem elas, a profundidade máxima de chamadas de um programa poderia ser fixada estaticamente).

Mostre que esse argumento não é válido para uma linguagem dinâmica como Lua: escreva um programa que realize um encadeamento ilimitado de chamadas sem recursão (dica: veja a Seção 8.1).

6.4 Como vimos, uma chamada final é um *goto* disfarçado. Usando essa ideia, reimplemente o jogo de labirinto da Seção 4.4 usando chamadas finais. Cada bloco deve se tornar uma nova função, e cada *goto*, uma chamada final.

Iteradores e o *for* Genérico

Abordaremos, neste capítulo, como escrever iteradores para o **for** genérico. Começando com iteradores simples, aprenderemos como usar todo o poder do **for** genérico para escrever iteradores mais simples e mais eficientes.

7.1 Iteradores e Fechos

Um *iterador* é qualquer construção que permita que você itere sobre os elementos de uma coleção. Em Lua, representamos tipicamente iteradores por meio de funções. cada vez que chamarmos a função, ela retornará o "próximo" elemento da coleção.

Todo iterador precisa manter algum estado entre chamadas sucessivas, a fim de saber onde está e como prosseguir a partir daí. Os fechos proveem um mecanismo excelente para essa tarefa. Lembre-se de que um fecho é uma função que acessa uma ou mais variáveis locais do seu ambiente externo. Elas mantêm seus valores entre chamadas sucessivas ao fecho, permitindo que ele se lembre de onde está ao longo de um percurso. É claro que, ao criar um novo fecho, devemos criar também suas variáveis não locais. Assim, a construção de um fecho envolve tipicamente duas funções: o próprio fecho e uma *fábrica* (*factory*), a função que cria o fecho e suas variáveis.

Como exemplo, vamos escrever um iterador simples para uma lista. Diferentemente de ipairs, esse iterador não retorna o índice de cada elemento, apenas seu valor:

```
function values (t)
  local i = 0
  return function ()  i = i + 1; return t[i]  end
end
```

Nesse exemplo, values é a fábrica. A cada vez que a chamarmos, ela criará um novo fecho (o iterador propriamente dito), que manterá seu estado em suas variáveis externas t e i. A cada vez que chamarmos o iterador, ele retornará o próximo valor da lista t. Após o último elemento, o iterador retornará nil, o que sinalizará o fim da iteração.

Podemos usar esse iterador em um laço **while**:

```
t = {10, 20, 30}
iter = values(t)          -- cria o iterador
while true do
  local element = iter()    -- chama o iterador
  if element == nil then break end
  print(element)
end
```

No entanto, é mais facil usar o **for** genérico, já que ele foi projetado para esse tipo de iteração:

```
t = {10, 20, 30}
for element in values(t) do
  print(element)
end
```

O **for** genérico cuida de todos os detalhes em um laço de iteração: ele mantém internamente a função iteradora, e, portanto, não precisamos da variável iter; ele chama o iterador para cada nova iteração; e ele termina o laço quando o iterador retorna nil (na próxima seção, veremos que o **for** genérico faz até mais do que isso).

Como exemplo mais avançado, a Listagem 7.1 mostra um iterador que percorre todas as palavras do arquivo de entrada corrente. Para fazer esse percurso, mantemos dois valores: o conteúdo da linha corrente (variável line); e o ponto em que estamos nela (variável pos). Com esses dados, podemos sempre gerar a palavra seguinte. A parte principal da função iteradora é a chamada a string.find. Essa chamada procura uma palavra na linha corrente, começando na posição atual. Ela descreve uma "palavra" usando o padrão '%w+', que casa com um ou mais caracteres alfanuméricos. Se a função encontrar a palavra, ela atualizará a posição corrente para o primeiro

Listagem 7.1
Iterador para percorrer todas as palavras do arquivo de entrada

```
function allwords ()
    local line = io.read()     -- linha corrente
    local pos = 1              -- posição corrente na linha
    return function ()         -- função iteradora
        while line do          -- repete enquanto houver linhas
            local s, e = string.find(line, "%w+", pos)
            if s then          -- encontrou uma palavra?
                pos = e + 1    -- a próxima posição é após essa palavra
                return string.sub(line, s, e)    -- retorna a palavra
            else
                line = io.read()    -- não encontrou a palavra;
                                    --   tentar a próxima linha
                pos = 1             -- recomeça a partir da primeira posição
            end
        end
        return nil             -- não há mais linhas; fim do percurso
    end
end
```

caractere após a palavra e a retornará.[1] Caso contrário, o iterador lerá uma nova linha e repetirá a busca. Se não houver mais linhas, ele retornará nil para sinalizar o fim da iteração.

Apesar de sua complexidade, o uso de allwords é trivial:

```
for word in allwords() do
    print(word)
end
```

Essa é uma situação comum com iteradores: eles podem não ser fáceis de escrever, mas são fáceis de usar. Esse não é um grande problema; na maioria das vezes, usuários finais programando em Lua não definem iteradores, apenas usam aqueles providos pela aplicação.

---

1. A chamada string.sub extrai uma subcadeia de line entre as posições dadas; veremos isso com mais detalhes na Seção 21.2.

7.2 A Semântica do *for* Genérico

Um problema dos iteradores anteriores é que precisamos criar um novo fecho para inicializar cada novo laço. Na maioria das situações, esse não é um problema real. Por exemplo, no iterador allwords, o custo de criar um único fecho é desprezível se comparado ao de ler um arquivo inteiro. No entanto, em algumas situações, ele pode ser inconveniente. Nesses casos, podemos usar o próprio **for** genérico para manter o estado da iteração. Nesta seção, veremos as comodidades que o **for** genérico oferece para armazenar estado.

Vimos que o **for** genérico mantém internamente a função iteradora durante o laço. Na verdade, ele mantém três valores: a função iteradora; um *estado invariante*; e uma *variável de controle*. Vejamos agora os detalhes.

A sintaxe do **for** genérico é a seguinte:

```
for <var-list> in <exp-list> do
   <corpo>
end
```

Aqui, *<var-list>* é uma lista de um ou mais nomes de variáveis, separados por vírgulas, e *<exp-list>* é uma lista de uma ou mais expressões, também separadas por vírgulas. Na maior parte das vezes, a lista de expressões tem apenas um elemento, uma chamada a uma fábrica de iteradores. No código a seguir, por exemplo, a lista de variáveis é k,v, e a lista de expressões tem um único elemento pairs(t):

```
for k, v in pairs(t) do print(k, v) end
```

Frequentemente, a lista de variáveis tem também uma única variável, como no próximo laço:

```
for line in io.lines() do
   io.write(line, "\n")
end
```

Chamamos a primeira variável da lista de *variável de controle*. Seu valor nunca é nil durante o laço, pois, quando ele se tornar nil, o laço terminará.

A primeira coisa que o **for** faz é avaliar as expressões após o **in**. Elas devem resultar nos três valores mantidos pelo **for**: a função iteradora; o estado invariante; e o valor inicial da variável de controle. Como em uma atribuição múltipla, apenas o último (ou o único) elemento da lista pode resultar em mais do que um valor, e o número de valores é ajustado para três, com o descarte dos que forem extras ou a adição de nils, conforme necessário (quando usamos iteradores simples, a fábrica retorna apenas a função iteradora, e, assim, o estado invariante e a variável de controle recebem nil).

Após esse passo de inicialização, o **for** chama a função iteradora com dois argumentos: o estado invariante e a variável de controle (do ponto de vista da construção **for**, o estado invariante não tem significado algum. O **for** apenas passa o valor do estado obtido no passo de inicialização nas chamadas à função iteradora). Depois disso, o **for** atribui os valores retornados pela função iteradora às variáveis declaradas em sua lista de variáveis. Se o primeiro valor retornado (o atribuído à variável de controle) for nil, o laço terminará; caso contrário, o **for** executará seu corpo e chamará novamente a função de iteração, repetindo o processo.

Mais precisamente, uma construção como

```
for var_1, ..., var_n in <explist> do <corpo> end
```

é equivalente ao código a seguir:

```
do
  local _f, _s, _var = <explist>
  while true do
    local var_1, ... , var_n = _f(_s, _var)
    _var = var_1
    if _var == nil then break end
    <corpo>
  end
end
```

Assim, se nossa função iteradora for f, o estado invariante for s, e o valor inicial da variável de controle for a_0, a variável de controle iterará sobre os valores $a_1 = f(s, a_0)$, $a_2 = f(s, a_1)$ e assim por diante, até que a_i seja nil. Se o **for** tiver outras variáveis, elas simplesmente receberão os valores extras retornados por cada chamada a f.

7.3 Iteradores sem Estado

Como o nome sugere, um iterador sem estado é um iterador que não mantém qualquer estado por si só. Assim, podemos usar o mesmo iterador sem estado em múltiplos laços, evitando o custo de criar novos fechos.

Como acabamos de ver, o laço **for** chama a sua função iteradora com dois argumentos: o estado invariante e a variável de controle. Um iterador sem estado gera o próximo elemento da iteração usando apenas esses dois valores. Um exemplo característico desse tipo de iterador é ipairs, que itera sobre todos os elementos de um *array*:

```
a = {"one", "two", "three"}
for i, v in ipairs(a) do
  print(i, v)
end
```

O estado da iteração é a tabela sendo percorrida (esse é o estado invariante, que não muda durante o laço), mais o índice corrente (a variável de controle). Tanto ipairs (a fábrica) quanto o iterador são bastante simples; poderíamos escrevê-los em Lua como a seguir:

```
local function iter (a, i)
  i = i + 1
  local v = a[i]
  if v then
    return i, v
  end
end

function ipairs (a)
  return iter, a, 0
end
```

Quando Lua chama ipairs(a) em um laço **for**, recebe três valores: a função iter como o iterador; a como o estado invariante; e zero como o valor inicial da variável de controle. Lua, então, chamará iter(a, 0), que resultará em 1,a[1] (a menos que a[1] já seja nil). Na segunda iteração, Lua chamará iter(a, 1), que resultará em 2,a[2], e assim por diante, até o primeiro elemento nil.

A função pairs, que itera sobre todos os elementos de uma tabela, é semelhante à ipairs, exceto pelo fato de a função iteradora ser a função next, que é uma função primitiva em Lua:

```
function pairs (t)
  return next, t, nil
end
```

A chamada next(t, k), em que k é uma chave da tabela t, retornará a próxima chave na tabela, em uma ordem arbitrária, mais o valor associado a ela como um segundo valor de retorno. A chamada next(t, nil) retornará um primeiro par. Quando não houver mais pares, next retornará nil.

Algumas pessoas preferem usar next diretamente, sem chamar pairs:

```
for k, v in next, t do
  <loop body>
end
```

Lembre-se de que o laço **for** ajusta sua lista de expressões a três resultados e, assim, recebe next, t e nil; isso é exatamente o que ele recebe quando chama pairs(t).

Um iterador que percorra uma lista encadeada é outro exemplo interessante de um iterador sem estado (listas encadeadas não são comuns em Lua, mas, algumas vezes, precisamos delas).

```
local function getnext (list, node)
  if not node then
    return list
  else
    return node.next
  end
end
```

```
function traverse (list)
  return getnext, list, nil
end
```

O truque aqui é usar o nó principal da lista como o estado invariante (o segundo valor retornado por traverse) e o nó corrente como a variável de controle. Na primeira vez em que a função iteradora getnext for chamada, node será nil, e, então, a função retornará list como o primeiro nó. Em chamadas subsequentes, node não será nil, e, assim, o iterador retornará node.next, conforme esperado. Como sempre, é simples usar o iterador:

```
list = nil
for line in io.lines() do
  list = {val = line, next = list}
end

for node in traverse(list) do
  print(node.val)
end
```

7.4 Iteradores com Estado Complexo

Frequentemente, um iterador precisa manter mais estado do que o que cabe em um único estado invariante e uma variável de controle. A solução mais simples é usar fechos. Uma solução alternativa é empacotar tudo de que o iterador precisa em uma tabela e usá-la como o estado invariante para a iteração. Usando uma tabela, um iterador pode manter tantos dados quantos forem necessários durante o laço. Além disso, ele pode mudá-los enquanto progride. Embora o estado seja sempre a mesma tabela (e, portanto, invariável), o conteúdo da tabela muda durante o laço. Como tais iteradores têm todos os seus dados no estado, eles tipicamente ignoram o segundo argumento provido pelo **for** genérico (a variável de iteração).

Como exemplo dessa técnica, reescreveremos o iterador allwords, que percorre todas as palavras do arquivo de entrada corrente. Dessa vez, manteremos seu estado usando uma tabela com dois campos: line e pos.

A função que começa a iteração é simples. Ela deve retornar a função iteradora e o estado inicial:

```
local iterator    -- a ser definido depois

function allwords ()
  local state = {line = io.read(), pos = 1}
  return iterator, state
end
```

A função iterator faz o verdadeiro trabalho:

```
function iterator (state)
  while state.line do           -- repete enquanto há linhas
    -- procura a próxima palavra
    local s, e = string.find(state.line, "%w+", state.pos)
    if s then                   -- encontrou uma palavra?
      -- atualiza a próxima posição (depois dessa palavra)
      state.pos = e + 1
      return string.sub(state.line, s, e)
    else                        -- não encontrou a palavra
      state.line = io.read()    -- tenta a próxima linha ...
      state.pos = 1             -- ... a partir da primeira posição
    end
  end
  return nil                    -- não há mais linhas: termina o laço
end
```

Sempre que possível, você deve tentar escrever iteradores sem estado, aqueles que mantêm todo o seu estado nas variáveis do **for**. Com eles, você não cria novos objetos quando começa um laço. Se você não conseguir encaixar sua iteração nesse modelo, você deve tentar fechos. Além de mais elegante, um fecho é tipicamente mais eficiente do que um iterador que use tabelas: em primeiro lugar, é mais barato criar um fecho do que uma tabela; em segundo lugar, o acesso a variáveis não locais é mais rápido do que a campos de tabelas. Mais adiante, veremos ainda outra maneira de escrever iteradores, com corrotinas. Essa é a solução mais poderosa, embora um pouco mais cara.

7.5 Iteradores Verdadeiros

O nome "iterador" é um pouco enganoso, pois nossos iteradores não iteram: quem o faz é o laço **for**. Iteradores apenas proveem os valores sucessivos para a iteração. Talvez um nome melhor fosse "gerador", mas "iterador" já está bem estabelecido em outras linguagens, como Java.

No entanto, há outra maneira de construir iteradores, na qual eles, de fato, realizam a iteração. Quando os usamos, não escrevemos um laço; em vez disso, simplesmente chamamos o iterador com um argumento que descreve o que ele deve fazer a cada iteração. Mais especificamente, o iterador recebe como argumento uma função que ele chama dentro de seu laço.

Como exemplo concreto, vamos escrever, mais uma vez, o iterador allwords usando este estilo:

```
function allwords (f)
  for line in io.lines() do
    for word in string.gmatch(line, "%w+") do
      f(word)       -- chama a função
    end
  end
end
```

Para usar esse iterador, devemos fornecer o corpo do laço como uma função. Se quisermos apenas imprimir cada palavra, simplesmente usamos `print`:

```
allwords(print)
```

Frequentemente, usamos uma função anônima como corpo. Por exemplo, o próximo fragmento de código conta quantas vezes a palavra "hello" aparece no arquivo de entrada:

```
local count = 0
allwords(function (w)
  if w == "hello" then count = count + 1 end
end)
print(count)
```

A mesma tarefa, escrita com o estilo do iterador anterior, não é muito diferente:

```
local count = 0
for w in allwords() do
  if w == "hello" then count = count + 1 end
end
print(count)
```

Os iteradores verdadeiros eram populares em versões mais antigas de Lua, quando a linguagem não tinha o comando **for**. Como compará-los aos iteradores de estilo gerador? Os dois estilos têm, aproximadamente, o mesmo custo: uma chamada de função por iteração. Por um lado, é mais fácil escrever o iterador com iteradores verdadeiros (embora possamos recuperar essa facilidade com corrotinas). Por outro lado, o estilo gerador é mais flexível. Em primeiro lugar, ele permite duas ou mais iterações paralelas (considere, por exemplo, o problema de iterar sobre dois arquivos, comparando-os palavra por palavra). Em segundo lugar, ele permite o uso de **break** e **return** dentro do corpo do iterador. Com um iterador verdadeiro, um **return** retorna da função anônima, e não da que faz a iteração. Considerando tudo isso, eu, normalmente, prefiro geradores.

Exercícios

7.1 Escreva um iterador `fromto` de forma que os dois laços seguintes sejam equivalentes:
```
for i in fromto(n, m)
  <corpo>
end
for i = n, m
  <corpo>
end
```
Você consegue implementá-lo como um iterador sem estado?

7.2 Adicione um parâmetro de passo ao iterador do exercício anterior. Você ainda consegue implementá-lo como um iterador sem estado?

7.3 Escreva um iterador uniquewords que retorne todas as palavras de um dado arquivo sem repetições. (Dica: comece com o código allwords da Listagem 7.1; use uma tabela para guardar todas as palavras já reportadas.)

7.4 Escreva um iterador que retorne todas as subcadeias não vazias de uma dada cadeia (você vai precisar da função string.sub).

8

Compilação, Execução e Erros

Apesar de nos referirmos a Lua como uma linguagem interpretada, ela sempre précompila o código-fonte para um formato intermediário antes de executá-lo (isso não é novidade: muitas linguagens interpretadas fazem o mesmo). A presença de uma fase de compilação pode parecer sem sentido em uma linguagem interpretada como Lua. No entanto, a característica peculiar desse tipo de linguagem não é o fato de não ser compilada, mas a possibilidade (e a facilidade) de executar código gerado dinamicamente. Podemos dizer que a presença de uma função como dofile é o que nos permite chamar Lua de linguagem interpretada.

8.1 Compilação

Anteriormente, introduzimos dofile como uma espécie de operação primitiva para executar trechos de código Lua; mas dofile é, na verdade, uma função auxiliar: loadfile faz o trabalho pesado. Assim como dofile, loadfile carrega um trecho Lua de um arquivo, mas não o executa. Em vez disso, loadfile apenas compila o trecho e o retorna como uma função. Além disso, diferentemente de dofile, loadfile não lança erros, mas retorna códigos de erros; podemos, assim, tratá-los. Poderíamos definir dofile como a seguir:

```
function dofile (filename)
  local f = assert(loadfile(filename))
  return f()
end
```

Note o uso de assert para lançar um erro se loadfile falhar.

Para tarefas simples, dofile é conveniente, pois faz o trabalho completo em uma única chamada. Por outro lado, loadfile é mais flexível. Em caso de erro, loadfile retorna nil mais a mensagem de erro, o que nos permite tratá-lo de forma personalizada. Além disso, se precisarmos executar um arquivo diversas vezes, podemos chamar loadfile uma vez e chamar seu resultado diversas vezes. Isso é muito mais barato do que várias chamadas a dofile, pois o arquivo é compilado apenas uma vez.

A função load é similar à loadfile, exceto pelo fato de ler o seu trecho de uma cadeia e não de um arquivo.[1] Considere, por exemplo, a próxima linha:

```
f = load("i = i + 1")
```

Depois desse código, f será uma função que executa i = i + 1 quando chamada:

```
i = 0
f(); print(i)    --> 1
f(); print(i)    --> 2
```

A função load é poderosa; devemos usá-la com cuidado. Ela é também uma função cara (quando comparada a algumas alternativas) e pode resultar em um código incompreensível. Antes de usá-la, assegure-se de que não haja uma maneira mais simples de resolver o problema em questão.

Se você quiser um dostring rápido e rasteiro (isto é, carregar e executar um trecho), pode chamar diretamente o resultado de load:

```
load(s)()
```

No entanto, se houver qualquer erro de sintaxe, load retornará nil, e a mensagem de erro final será algo como *"attempt to call a nil value"* (tentativa de chamar um valor nil). Para mensagens de erro mais claras, use assert:

```
assert(load(s))()
```

Em geral, não faz sentido usar load para uma cadeia literal. As duas próximas linhas, por exemplo, são mais ou menos equivalentes:

```
f = load("i = i + 1")
f = function () i = i + 1 end
```

No entanto, a segunda linha é muito mais rápida, porque Lua compila a função junto ao trecho que a contém. Na primeira linha, a chamada a load envolve uma compilação separada.

---

1. Em Lua 5.1, a função loadstring fazia o mesmo papel de load.

Como `load` não compila com escopo léxico, as duas linhas do exemplo anterior podem não ser verdadeiramente equivalentes. Para mostrar a diferença, vamos mudar um pouco o exemplo:

```
i = 32
local i = 0
f = load("i = i + 1; print(i)")
g = function () i = i + 1; print(i) end
f()             --> 33
g()             --> 1
```

A função g manipula a local i como esperado, mas f manipula a global i porque `load` sempre compila seus trechos no ambiente global.

O uso mais típico de `load` é para executar código externo, isto é, pedaços de código que vêm de fora de seu programa. Você pode querer, por exemplo, exibir o gráfico de uma função definida pelo usuário; o usuário entra o código da função, e você, então, usa `load` para avaliá-lo. Note que `load` espera um trecho, isto é, comandos. Se você quiser avaliar uma expressão, pode prefixá-la com **return**, obtendo, assim, um comando que retorna o valor da expressão dada. Veja o exemplo:

```
print "enter your expression:"
local l = io.read()
local func = assert(load("return " .. l))
print("the value of your expression is " .. func())
```

Como a função retornada por `load` é uma função normal, você pode chamá-la diversas vezes:

```
print "enter function to be plotted (with variable 'x'):"
local l = io.read()
local f = assert(load("return " .. l))
for i = 1, 20 do
  x = i    -- global 'x' (para ser visível no trecho)
  print(string.rep("*", f()))
end
```

(A função `string.rep` replica uma cadeia por um determinado número de vezes.)

Podemos chamar também a função `load` com uma *função de leitura* como seu primeiro argumento. Uma função de leitura pode retornar o trecho em partes; `load` a chamará sucessivamente até que ela retorne nil, o que sinalizará o fim do trecho. Como exemplo, a chamada seguinte é equivalente a `loadfile`:

```
f = load(io.lines(filename, "*L"))
```

Como veremos em mais detalhes no Capítulo 22, a chamada `io.lines(filename, "*L")` produz uma função que, a cada chamada, retorna uma nova linha do arquivo dado.[2] Assim, load lerá o trecho do arquivo linha a linha. A versão a seguir é semelhante, porém mais eficiente:

```
f = load(io.lines(filename, 1024))
```

Aqui, o iterador retornado por io.lines lê o arquivo em blocos de 1024 *bytes*.

Lua trata qualquer trecho independente como o corpo de uma função anônima com um número variável de argumentos. Por exemplo, load("a = 1") retorna o equivalente à seguinte expressão:

```
function (...) a = 1 end
```

Como qualquer outra função, um trecho pode declarar variáveis locais:

```
f = load("local a = 10; print(a + 20)")
f()            --> 30
```

Usando essas comodidades, podemos reescrever nosso exemplo do gráfico evitando o uso de uma variável global x:

```
print "enter function to be plotted (with variable 'x'):"
local l = io.read()
local f = assert(load("local x = ...; return " .. l))
for i = 1, 20 do
   print(string.rep("*", f(i)))
end
```

Adicionamos a declaração "local x = ..." no início do trecho para declarar x como uma variável local. Chamamos, então, f com um argumento i, que se torna o valor da expressão *vararg* (...).

As funções de carregamento de trechos nunca lançam erros. Se um erro ocorrer, elas retornarão nil, mais uma mensagem de erro:

```
print(load("i i"))
   --> nil     [string "i i"]:1: '=' expected near 'i'
```

Além disso, essas funções nunca têm nenhum tipo de efeito colateral. Elas apenas compilam o trecho para uma representação interna e retornam o resultado como uma função anônima. Um erro comum é assumir que a carga de um trecho define funções. Em Lua, definir uma função significa atribuí-la a uma variável; dessa forma, ela só ocorre em tempo de execução, não em tempo de compilação. Suponha, por exemplo, que tenhamos um arquivo foo.lua como este:

```
-- file 'foo.lua'
function foo (x)
   print(x)
end
```

---

2. As opções para io.lines são uma novidade em Lua 5.2.

Executamos, então, o comando

```
f = loadfile("foo.lua")
```

Após esse comando, `foo` estará compilada, porém ainda não definida. Para fazer isso, você deverá executar o trecho:

```
print(foo)    --> nil
f()           -- define 'foo'
foo("ok")     --> ok
```

Em um programa com qualidade de produção que precise executar código externo, você deve tratar os erros reportados quando um trecho for carregado. Além disso, você talvez queira executar o novo trecho em um ambiente protegido, a fim de evitar efeitos colaterais indesejados. Discutiremos ambientes com detalhes no Capítulo 14.

8.2 Código Pré-Compilado

Como mencionei no início deste capítulo, Lua pré-compila o código-fonte antes de executá-lo. Lua também nos permite distribuir código pré-compilado.

A forma mais simples de produzir um arquivo pré-compilado — também chamado de *trecho binário* (*binary chunk*), em jargão Lua — é com o programa `luac`, que vem na distribuição-padrão. A próxima chamada, por exemplo, cria um novo arquivo `prog.lc` com uma versão pré-compilada de um arquivo `prog.lua`:

```
$ luac -o prog.lc prog.lua
```

O interpretador pode executar esse novo arquivo da mesma forma que código Lua normal, comportando-se exatamente como faz com fonte original:

```
$ lua prog.lc
```

Lua aceita código pré-compilado em quase todos os lugares em que aceita código-fonte. Em particular, tanto `loadfile` quanto `load` aceitam código pré-compilado.

Podemos escrever uma versão pobre de `luac` diretamente em Lua:

```
p = loadfile(arg[1])
f = io.open(arg[2], "wb")
f:write(string.dump(p))
f:close()
```

A função-chave aqui é `string.dump`: ela recebe uma função Lua e retorna seu código pré-compilado como uma cadeia, que é devidamente formatada para ser recarregada por Lua.

O programa `luac` oferece algumas outras opções interessantes. Em particular, a opção `-l` lista os *opcodes* que o compilador gera para um dado trecho. Como exemplo, a Listagem 8.1 mostra a saída de `luac` com a opção `-l` para o arquivo seguinte, composto por uma única linha:

```
a = x + y - z
```

(Não discutiremos detalhes internos de Lua neste livro; se você tiver interesse em mais detalhes sobre esses *opcodes*, uma busca na rede por "lua opcode" deverá indicar material relevante.)

O código na forma pré-compilada nem sempre é menor do que o original, porém é carregado mais rapidamente. Outra vantagem é que ele protege contra alterações acidentais nos códigos-fonte. No entanto, diferentemente do código-fonte, um código binário corrompido maliciosamente pode provocar uma falha no interpretador ou, até mesmo, executar o código de máquina fornecido pelo usuário. Se você estiver executando um código conhecido, não há com o que se preocupar. No entanto, você deve evitar executar código não confiável na forma pré-compilada. A função `load` tem uma opção especialmente para isso.

Além de seu primeiro argumento obrigatório, `load` tem três outros, todos opcionais. O segundo argumento é um nome para o trecho de código, usado apenas em mensagens de erro. O quarto é um ambiente, sobre o qual discutiremos no Capítulo 14. O terceiro argumento é o que nos interessa aqui; ele controla que tipos de trechos podem ser carregados. Se esse argumento estiver presente, ele deve ser uma cadeia: a cadeia `"t"` permite apenas trechos textuais (normais); `"b"` permite apenas trechos binários (pré-compilados); e `"bt"`, o padrão, permite ambos os formatos.

Listagem 8.1
Exemplo de saída de `luac -l`

```
main <stdin:0,0> (7 instructions, 28 bytes at 0x988cb30)
0+ params, 2 slots, 0 upvalues, 0 locals, 4 constants, 0 functions
        1       [1]     GETGLOBAL       0 -2 ; x
        2       [1]     GETGLOBAL       1 -3 ; y
        3       [1]     ADD             0 0 1
        4       [1]     GETGLOBAL       1 -4 ; z
        5       [1]     SUB             0 0 1
        6       [1]     SETGLOBAL       0 -1 ; a
        7       [1]     RETURN          0 1|
```

8.3 Código C

Diferentemente de código escrito em Lua, código C precisa ser ligado (*linked*) a uma aplicação antes de ser usado. Na maioria dos sistemas operacionais populares, a maneira mais fácil de fazer isso é com um mecanismo de ligação dinâmica. No entanto, esse mecanismo não é parte da especificação ANSI C, e, por isso, não há uma maneira portátil de implementá-lo.

Normalmente, Lua não inclui funcionalidades que não possam ser implementadas em ANSI C, mas a ligação dinâmica é diferente. Podemos vê-la como a mãe de todas as outras funcionalidades: uma vez que a tenhamos, poderemos carregar dinamicamente qualquer outra funcionalidade que não esteja em Lua. Assim, nesse caso particularmente, Lua quebra suas regras de portabilidade e implementa uma funcionalidade de ligação dinâmica para várias plataformas. A implementação-padrão oferece esse suporte para Windows, Mac OS X, Linux, FreeBSD, Solaris e a maioria das outras implementações de UNIX. Não deve ser difícil estender essa funcionalidade para outras plataformas; confira sua distribuição. (Para fazer isso, rode print(package.loadlib("a", "b")) a partir do *prompt* de Lua e veja o resultado. Se ele reclamar sobre um arquivo não existente, você tem a funcionalidade de ligação dinâmica. Caso contrário, a mensagem de erro deverá indicar que essa funcionalidade não está disponível ou não foi instalada.)

Lua provê toda a funcionalidade de ligação dinâmica por meio de uma única função, chamada package.loadlib. Ela tem duas cadeias como argumentos: o caminho completo de uma biblioteca; e o nome de uma função dessa biblioteca. Assim, uma chamada típica se parece com o próximo fragmento:

```
local path = "/usr/local/lib/lua/5.1/socket.so"
local f = package.loadlib(path, "luaopen_socket")
```

A função loadlib carrega uma dada biblioteca e a liga a Lua, mas não chama a função fornecida. Em vez disso, ela retorna a função C como uma função Lua. Se um erro ocorrer durante o carregamento da biblioteca ou a procura pela função de inicialização, loadlib retornará nil mais uma mensagem de erro.

A função loadlib é de muito baixo nível. Devemos fornecer o caminho completo da biblioteca e o nome correto para a função (incluindo caracteres de sublinhado à frente do nome, se eles forem inseridos pelo compilador). É muito mais comum carregarmos bibliotecas C usando require. Essa função procura a biblioteca e usa loadlib para carregar uma função de inicialização para ela. Quando chamada, essa função de inicialização constrói e retorna uma tabela com as funções da biblioteca, da mesma forma que uma biblioteca típica de Lua o faz. Discutiremos require na Seção 15.1 e mais detalhes sobre bibliotecas C na Seção 27.3.

8.4 Erros

Errare humanum est. Por isso, devemos tratar os erros da melhor maneira possível. Como Lua é uma linguagem de extensão, frequentemente embarcada em uma aplicação, não pode simplesmente voar ou terminar quando um erro acontece. Em vez disso, sempre que ocorre erro, Lua termina o trecho corrente e retorna para a aplicação.

Qualquer condição inesperada encontrada por Lua lança um erro. Os erros ocorrem quando você (isto é, seu programa) tenta somar valores que não são números, chama valores que não são funções, indexa valores que não são tabelas e assim por diante.[3] Você pode também lançar explicitamente um erro chamando a função error com uma mensagem de erro como argumento. Geralmente, essa função é a maneira apropriada de sinalizar erros no seu código:

```
print "enter a number:"
n = io.read("*n")
if not n then error("invalid input") end
```

Essa construção com uma chamada a error sujeita a alguma condição é tão comum que Lua tem uma função predefinida para essa tarefa; chama-se assert:

```
print "enter a number:"
n = assert(io.read("*n"), "invalid input")
```

A função assert verifica se o seu primeiro argumento não é falso e simplesmente o retorna; se for falso, assert lançará um erro. Seu segundo argumento, a mensagem, é opcional. Lembre-se, contudo, de que assert é uma função normal. Dessa forma, Lua sempre avaliará seus argumentos antes de chamar a função. Dessa forma, se você tiver algo como

```
n = io.read()
assert(tonumber(n), "invalid input: " .. n .. " is not a number")
```

Lua sempre fará a concatenação, mesmo quando n for um número. Talvez seja melhor usar um teste explícito nesses casos.

Quando uma função encontra uma circunstância inesperada (uma *exceção*), ela pode assumir dois comportamentos básicos: retornar um código de erro (tipicamente, nil) ou lançar um erro, chamando a função error. Não existem regras fixas para escolher entre essas duas opções, mas podemos prover uma orientação geral: uma exceção facilmente evitável deve lançar um erro; caso contrário, ela deve retornar um código de erro.

Consideremos, por exemplo, a função sin. Como ela deve se comportar quando chamada sobre uma tabela? Suponha que ela retorne um código de erro. Se precisássemos verificar erros, deveríamos escrever algo como:

```
local res = math.sin(x)
if not res then      -- erro?
   <código de tratamento de erros>
```

No entanto, também poderíamos facilmente verificar essa exceção *antes* de chamar a função:

---

3. Você pode modificar esse comportamento usando metatabelas, como veremos mais tarde.

```
if not tonumber(x) then    -- x não é um número?
  <código de tratamento de erros>
```

Frequentemente, não verificamos nem o argumento nem o resultado de uma chamada a `sin`; se o argumento não for um número, isso significa que, provavelmente, há alguma coisa errada em nosso programa. Em tal situação, parar a computação e emitir uma mensagem de erro é a maneira mais simples e prática de tratar a exceção.

Por outro lado, consideremos a função `io.open`, que abre um arquivo. Como ela deve se comportar quando chamada para ler um arquivo que não existe? Nesse caso, não há uma maneira simples de verificar a exceção antes de chamar a função. Em muitos sistemas, a única maneira de saber se um arquivo existe é tentar abri-lo. Dessa forma, se `io.open` não puder abrir um arquivo devido a uma razão externa (como "o arquivo não existe" ou "permissão negada"), ela retornará nil mais uma cadeia com a mensagem de erro. Dessa forma, você terá a chance de tratar a situação de uma maneira apropriada, como pedindo ao usuário o nome de outro arquivo:

```
local file, msg
repeat
  print "enter a file name:"
  local name = io.read()
  if not name then return end    -- nenhuma entrada
  file, msg = io.open(name, "r")
  if not file then print(msg) end
until file
```

Se você não quiser lidar com tais situações, mas quiser, mesmo assim, ficar garantido, você pode simplesmente usar `assert` para proteger a operação:

```
file = assert(io.open(name, "r"))
```

Essa é uma expressão idiomática típica de Lua: se `io.open` falhar, `assert` lançará um erro.

```
file = assert(io.open("no-file", "r"))
  --> stdin:1: no-file: No such file or directory
```

Note como a mensagem de erro, que é o segundo resultado de `io.open`, vai como o segundo argumento para `assert`.

8.5 Tratamento de Erros e Exceções

Para muitas aplicações, você não precisa fazer nenhum tratamento de erros em Lua; o programa aplicativo faz isso. Todas as atividades de Lua começam a partir de uma chamada da aplicação, geralmente pedindo a Lua para executar um trecho. Se algum erro ocorrer, essa chamada retornará um código de erro, a fim de que a aplicação possa tomar as medidas apropriadas. No caso do interpretador de linha de comando, seu laço principal apenas imprimirá a mensagem de erro e continuará mostrando o *prompt* e executando os comandos.

No entanto, se você precisar lidar com erros em Lua, deverá usar a função pcall (do inglês, *protected call*, ou seja, chamada protegida) para encapsular seu código.

Suponha que você queira executar um pedaço de código Lua e capturar qualquer erro lançado durante a execução dele. Seu primeiro passo será encapsular o pedaço de código em uma função; usaremos, frequentemente, uma função anônima para isso. Em seguida, você chama essa função com pcall:

```
local ok, msg = pcall(function ()
    <algum código>
    if unexpected_condition then error() end
    <algum código>
    print(a[i])    -- erro potencial: 'a' pode não ser uma tabela
    <algum código>
  end)

if ok then    -- sem erros ao executar código protegido
  <código normal>
else    -- código protegido lançou um erro: toma as ações apropriadas
  <código de tratamento de erros>
end
```

A função pcall chama seu primeiro argumento em *modo protegido*, capturando, assim, quaisquer erros que ocorram durante a execução da função. Se não houver erros, pcall retornará **true**, mais quaisquer valores retornados pela chamada; caso contrário, ela retornará **false**, mais a mensagem de erro.

Apesar do seu nome, a mensagem de erro não precisa ser uma cadeia de caracteres: pcall retornará qualquer valor Lua passado para error.

```
local status, err = pcall(function () error({code=121}) end)
print(err.code)   --> 121
```

Esses mecanismos proveem tudo de que precisamos para fazer o tratamento de exceções em Lua. Lançamos uma exceção com error e a capturamos com pcall. A mensagem de erro identificará o tipo de erro.

8.6 Mensagens de Erro e Traços

Embora você possa usar um valor de qualquer tipo como mensagem de erro, geralmente, esta é uma cadeia que descreve o que aconteceu de errado. Quando um erro interno ocorre (como uma tentativa de indexar um valor que não seja uma tabela), Lua gera a mensagem de erro; caso contrário, ela será o valor passado para a função error. Sempre que a mensagem for uma cadeia, Lua tentará adicionar alguma informação sobre o local em que o erro aconteceu:

```
local status, err = pcall(function () a = "a"+1 end)
print(err)
  --> stdin:1: attempt to perform arithmetic on a string value

local status, err = pcall(function () error("my error") end)
print(err)
  --> stdin:1: my error
```

A informação de localização fornece o nome do arquivo (stdin, no exemplo) mais o número da linha (1, no exemplo).

A função error tem um segundo parâmetro opcional, que fornece o *nível* em que ela deve reportar o erro; você pode usá-lo para responsabilizar outra pessoa pelo erro. Por exemplo, suponha que você tenha escrito uma função cuja primeira tarefa seja verificar se ela foi chamada corretamente:

```
function foo (str)
  if type(str) ~= "string" then
    error("string expected")
  end
  <código normal>
end
```

Alguém, então, chama a sua função com um argumento errado:

```
foo({x=1})
```

Do jeito que está, Lua aponta o dedo para a sua função — afinal, foi foo quem chamou error —, não para o verdadeiro culpado, a função chamadora. Para corrigir esse problema, você informa a error que o erro que você está reportando ocorreu no nível 2 da hierarquia de chamadas (o nível 1 é sua própria função):

```
function foo (str)
  if type(str) ~= "string" then
    error("string expected", 2)
  end
  <código normal>
end
```

Frequentemente, quando um erro acontece, queremos mais informações de depuração do que somente a localização do erro. No mínimo, queremos um traço (*traceback*) que mostre a pilha completa de chamadas que levou ao erro. Quando pcall retorna sua mensagem de erro, ela destrói parte da pilha (a que vai da função ao ponto do erro). Consequentemente, se quisermos um traço, precisamos construí-lo antes que pcall retorne. Para fazer isso, Lua provê a função xpcall. Além da função a ser chamada, ela recebe um segundo argumento, uma *função de tratamento de mensagens*. Em caso de erro, Lua chama esse tratador de mensagens antes que a pilha seja desfeita, a fim de que ele possa usar a biblioteca de depuração para coletar quaisquer informações extras sobre o erro. Dois tratadores de mensagens comuns são debug.debug, que fornece um *prompt* Lua para que você mesmo possa inspecionar o que estava acontecendo quando o erro aconteceu, e debug.traceback, que constrói uma mensagem de erro estendida com um traço.[4] A segunda função é a usada pelo interpretador de linha de comando para construir suas mensagens de erro.

Exercícios

8.1 Frequentemente, é útil adicionarmos um prefixo a um trecho de código quando o carregamos (vimos um exemplo anteriormente neste capítulo, quando prefixamos um **return** a uma expressão sendo carregada). Escreva uma função loadwithprefix que funcione como load, exceto por adicionar um primeiro argumento extra (uma cadeia) como um prefixo para o trecho sendo carregado.

Como a função load original, loadwithprefix deverá aceitar trechos representados tanto como cadeias quanto como funções de leitura. Ainda que o trecho original seja uma cadeia, loadwithprefix não deverá concatenar o prefixo a ele. Em vez disso, ela deverá chamar load com uma função de leitura apropriada, que primeiramente retorne o prefixo e, depois, o trecho original.

8.2 Escreva uma função multiload que generalize loadwithprefix recebendo uma lista de leitores, como no exemplo a seguir:

```
f = multiload("local x = 10;",
              io.lines("temp", "*L"),
              " print(x)")
```

Para o exemplo acima, multiload deverá carregar um trecho equivalente à concatenação da cadeia "local..." com o conteúdo do arquivo temp e com a cadeia "print(x)". Novamente, assim como a função loadwithprefix do exercício anterior, multiload não deverá concatenar nada realmente.

8.3 A função stringrep, na Listagem 8.2, usa um algoritmo de multiplicação binária para concatenar n cópias de uma dada cadeia s. Para qualquer n fixo, podemos criar uma versão especializada de stringrep desfazendo o laço em uma sequência de instruções r = r .. s e s = s .. s. Como exemplo, para n = 5, teríamos a seguinte função:

```
function stringrep_5 (s)
  local r = ""
  r = r .. s
  s = s .. s
  s = s .. s
  r = r .. s
  return r
end
```

---

[4]. No Capítulo 24, veremos mais sobre essas funções, quando discutirmos sobre a biblioteca de depuração.

Escreva uma função que, dado n, retorne uma função especializada stringrep_*n*. Em vez de usar um fecho, sua função deverá construir o texto de uma função Lua com a sequência apropriada de instruções (r = r .. s e s = s .. s) e, depois, usar load para produzir a função final. Compare o desempenho da função genérica stringrep (ou de um fecho que a esteja usando) com o das suas funções feitas sob medida.

8.4 Você pode encontrar algum valor para f tal que a chamada pcall(pcall, f) retorne **false** como primeiro resultado?

Listagem 8.2
Repetição de cadeia

```
function stringrep (s, n)
  local r = ""
  if n > 0 then
    while n > 1 do
      if n % 2 ~= 0 then  r = r .. s  end
      s = s .. s
      n = math.floor(n / 2)
    end
    r = r .. s
  end
  return r
end
```

9

Corrotinas

Uma *corrotina* é similar a uma *thread* (no sentido de *multithreading*): ela é uma linha de execução com sua própria pilha, suas próprias variáveis locais e seu próprio ponteiro de instruções, mas que compartilha variáveis globais e praticamente tudo o mais com outras corrotinas. A principal diferença entre *threads* e corrotinas é que, conceitualmente (ou de forma literal, em uma máquina multiprocessada), um programa com *threads* executa várias delas em paralelo. Corrotinas, por outro lado, são colaborativas: em determinado momento, um programa com corrotinas está executando apenas uma delas, e esta suspende sua execução apenas quando ela explicitamente pede para ser suspensa.

Corrotina é um conceito poderoso. Como tal, vários dos seus principais usos são complexos. Não se preocupe se você não entender alguns dos exemplos deste capítulo em sua primeira leitura. Você pode ler o restante do livro e voltar aqui depois, mas, por favor, volte mesmo; será um tempo bem gasto.

9.1 Conceitos Básicos de Corrotinas

Lua empacota todas as suas funções relacionadas com corrotinas na tabela coroutine. A função create cria novas corrotinas. Ela tem um único argumento, uma função com o código que a corrotina executará, e retorna um valor do tipo thread, que representa a nova corrotina. Frequentemente, o argumento para create é uma função anônima, como aqui:

```
co = coroutine.create(function () print("hi") end)

print(co)    --> thread: 0x8071d98
```

Uma corrotina pode estar em um dos quatro estados seguintes: suspenso (*suspended*); executando (*running*); morto (*dead*); e normal (*normal*). Podemos verificar o estado de uma corrotina com a função status:

```
print(coroutine.status(co))    --> suspended
```

Quando criamos uma corrotina, ela fica, inicialmente, no estado suspenso; ela não executa o seu corpo automaticamente quando criada. A função coroutine.resume inicia ou retoma a execução de uma corrotina, mudando o seu estado de suspenso para executando:

```
coroutine.resume(co)    --> hi
```

Nesse primeiro exemplo, o corpo da corrotina simplesmente imprime "hi" e termina, deixando-a no estado morto, do qual ela não retorna:

```
print(coroutine.status(co))    --> dead
```

Até agora, corrotinas não parecem nada além de uma maneira complicada de chamar funções. Seu verdadeiro poder decorre da função yield, que permite que uma corrotina suspenda sua própria execução, podendo, assim, ser retomada mais tarde. Vejamos um exemplo simples:

```
co = coroutine.create(function ()
      for i = 1, 10 do
        print("co", i)
        coroutine.yield()
      end
    end)
```

Agora, quando iniciarmos essa corrotina, ela começará sua execução e seguirá até o primeiro yield:

```
coroutine.resume(co)    --> co    1
```

Se verificarmos o seu estado, poderemos ver que a corrotina está suspensa e, portanto, pode ser retomada:

```
print(coroutine.status(co))    --> suspended
```

Do ponto de vista da corrotina, toda atividade que ocorre enquanto ela está suspensa se dá dentro de sua chamada a yield. Quando retomarmos a corrotina, essa chamada retornará finalmente, e a corrotina continuará sua execução até o próximo yield ou até o seu fim:

```
coroutine.resume(co)     --> co   2
coroutine.resume(co)     --> co   3
  ...
coroutine.resume(co)     --> co   10
coroutine.resume(co)     -- não imprime nada
```

Durante a última chamada a resume, o corpo da corrotina terminará o laço e, então, retornará, sem nada imprimir. Se tentarmos retomá-la novamente, resume retornará **false** mais uma mensagem de erro:

```
print(coroutine.resume(co))
   --> false    cannot resume dead coroutine
```

Note que resume executa em modo protegido. Assim, se qualquer erro ocorrer dentro de uma corrotina, Lua não mostrará a mensagem de erro; em vez disso, irá retorná-la para a chamada a resume.

Quando uma corrotina retoma outra, ela não se torna suspensa; afinal, não a podemos retomar. No entanto, ela também não está executando, pois a corrotina em execução é a outra. Assim, seu estado é o que chamamos de *normal*.

Uma comodidade em Lua é que um par *resume–yield* pode trocar dados. O primeiro resume, que não tem um yield correspondente aguardando, passa os seus argumentos extras como argumentos para a função principal da corrotina:

```
co = coroutine.create(function (a, b, c)
       print("co", a, b, c + 2)
     end)
coroutine.resume(co, 1, 2, 3)    --> co   1  2  5
```

Uma chamada a resume retorna, depois do **true** que sinaliza a ausência de erros, quaisquer argumentos passados ao yield correspondente:

```
co = coroutine.create(function (a,b)
       coroutine.yield(a + b, a - b)
     end)
print(coroutine.resume(co, 20, 10))   --> true   30   10
```

Simetricamente, yield retorna quaisquer argumentos extras passados ao resume correspondente:

```
co = coroutine.create (function (x)
       print("co1", x)
       print("co2", coroutine.yield())
     end)
coroutine.resume(co, "hi")     --> co1  hi
coroutine.resume(co, 4, 5)     --> co2  4  5
```

Por fim, quando uma corrotina termina, quaisquer valores retornados por sua função principal vão para o `resume` correspondente:

```
co = coroutine.create(function ()
      return 6, 7
    end)
print(coroutine.resume(co))   --> true  6  7
```

Dificilmente, usamos todas essas comodidades na mesma corrotina, mas todas têm os seus usos.

Para aqueles que já sabem algo sobre corrotinas, é importante tornar claros alguns conceitos antes de prosseguir. Lua oferece o que chamamos de *corrotinas assimétricas*. Isso significa que há uma função para suspender a execução de uma corrotina e uma função diferente para retomar uma corrotina suspensa. Algumas outras linguagens oferecem *corrotinas simétricas*, com apenas uma função para transferir o controle de uma corrotina para outra.

Algumas pessoas chamam corrotinas assimétricas de *semicorrotinas* (não sendo simétricas, elas não são realmente *co*). No entanto, outras pessoas usam o mesmo termo, *semicorrotina*, para denotar uma implementação restrita de corrotinas, em que uma delas pode suspender sua execução somente quando não estiver chamando uma função, ou seja, quando não tiver chamadas pendentes em sua pilha de controle. Em outras palavras, apenas o corpo principal de tais semicorrotinas pode ceder o controle. Um *gerador* em Python é um exemplo desse significado de semicorrotinas.

Ao contrário da diferença entre corrotinas simétricas e assimétricas, a que existe entre corrotinas e geradores (como implementados em Python) é uma diferença profunda; geradores simplesmente não são poderosos o suficiente para implementar diversas construções interessantes que podemos escrever com as corrotinas completas. Lua oferece corrotinas assimétricas completas. Aqueles que preferem as simétricas podem implementá-las sobre as comodidades assimétricas de Lua. Não é uma tarefa difícil (basicamente, cada transferência faz um `yield` seguido por um `resume`).

9.2 *Pipes* e Filtros

Um dos exemplos mais paradigmáticos de corrotinas é o problema do produtor–consumidor. Suponhamos que haja uma função que produza valores continuamente (*e.g.*, lendo-os de um arquivo) e outra que consuma continuamente esses valores (*e.g.*, escrevendo-os em outro arquivo). Tipicamente, essas duas funções se parecem com isto:

```
function producer ()
  while true do
    local x = io.read()     -- produz um novo valor
    send(x)                 -- envia para o consumidor
  end
end
```

```
function consumer ()
  while true do
    local x = receive()        -- recebe valor do produtor
    io.write(x, "\n")          -- consome valor
  end
end
```

(Nessa implementação, tanto o produtor quanto o consumidor executam para sempre. É fácil modificá-los a fim de que parem quando não houver mais dados a tratar.) O problema aqui é como casar `send` com `receive`, uma instância típica do problema de "quem controla o laço principal". Tanto o produtor quanto o consumidor são ativos, ambos têm os seus próprios laços principais e assumem que o outro é um serviço que pode ser chamado. Para esse exemplo em particular, é fácil modificar a estrutura de uma das funções, desfazendo seu laço e transformando-a em um agente passivo. Essa mudança de estrutura, contudo, pode não ser nada fácil em outros cenários reais.

Corrotinas proveem uma ferramenta ideal para casar produtores com consumidores, pois um par *resume–yield* vira do avesso o relacionamento entre o chamador e o chamado. Quando uma corrotina chama `yield`, ela não entra em uma nova função; em vez disso, ela retorna uma chamada pendente (a `resume`). Da mesma forma, uma chamada a `resume` não inicia uma nova função, mas retorna uma chamada a `yield`. Essa propriedade é exatamente o que precisamos para casar um `send` com um `receive`, de forma que um deles atue como mestre, e o outro, como escravo. Assim, `receive` retoma o produtor a fim de que ele possa produzir um novo valor, e `send` envia o novo valor de volta ao consumidor.

```
function receive ()
  local status, value = coroutine.resume(producer)
  return value
end
function send (x)
  coroutine.yield(x)
end
```

Obviamente, o produtor deve ser agora uma corrotina:

```
producer = coroutine.create(
  function ()
    while true do
      local x = io.read()      -- produz um novo valor
      send(x)
    end
  end)
```

Nesse modelo, o programa começa chamando o consumidor. Quando este precisa de um item, ele retoma o produtor, que executa até ter um item para enviar ao consumidor, e, então, fica parado até que o consumidor o retome novamente. Temos, assim, o que chamamos de um modelo *dirigido pelo consumidor*. Outra forma de escrever o programa é usando um modelo *dirigido pelo produtor*, no qual o consumidor é a corrotina.

Podemos estender esse modelo com filtros, que são tarefas situadas entre o produtor e o consumidor que fazem algum tipo de transformação dos dados. Um *filtro* é, ao mesmo tempo, um consumidor e um produtor e, assim, ele retoma um produtor para obter novos valores, enviando os valores transformados para um consumidor. Como exemplo trivial, podemos adicionar ao nosso código anterior um filtro que insira um número de linha no início de cada linha. O código está na Listagem 9.1.

Listagem 9.1
Produtor–consumidor com filtros

```
function receive (prod)
  local status, value = coroutine.resume(prod)
  return value
end

function send (x)
  coroutine.yield(x)
end

function producer ()
  return coroutine.create(function ()
    while true do
      local x = io.read()    -- produz um novo valor
      send(x)
    end
  end)
end

function filter (prod)
  return coroutine.create(function ()
    for line = 1, math.huge do
      local x = receive(prod)    -- obtem um novo valor
      x = string.format("%5d %s", line, x)
      send(x)       -- envia valor para consumidor
    end
  end)
end

function consumer (prod)
  while true do
    local x = receive(prod)    -- obtém um novo valor
    io.write(x, "\n")          -- consome o novo valor
  end
end
```

A parte final simplesmente cria os componentes necessários, conecta-os, e inicia o consumidor final:

```
p = producer()
f = filter(p)
consumer(f)
```

ou melhor ainda:

```
consumer(filter(producer()))
```

Se você pensou em *pipes* do UNIX depois de ler o exemplo anterior, você não está sozinho; afinal, corrotinas são uma espécie de multitarefa (não preemptiva). Com *pipes*, cada tarefa executa em um processo separado; com corrotinas, cada tarefa executa em uma corrotina separada. Os *pipes* proveem um *buffer* entre o escritor (produtor) e o leitor (consumidor), e, assim, há alguma liberdade quanto às suas velocidades relativas. Isso é importante no contexto de *pipes*, porque o custo de chaveamento entre processos é alto. Com corrotinas, esse custo entre tarefas é muito menor (mais ou menos, o equivalente a uma chamada de função), e, assim, o escritor e o leitor podem executar lado a lado.

9.3 Corrotinas como Iteradores

Podemos ver iteradores em laço como exemplo particular do padrão produtor–consumidor: um iterador produz itens que serão consumidos pelo corpo do laço. Dessa forma, parece apropriado usar corrotinas para escrever iteradores. De fato, corrotinas proveem uma ferramenta poderosa para essa tarefa. Novamente, a característica-chave é a sua habilidade de virar do avesso o relacionamento entre o chamador e o chamado. Com ela, podemos escrever iteradores sem nos preocupar com como manter estado entre chamadas sucessivas ao iterador.

Para ilustrar esse tipo de uso, vamos escrever um iterador que percorra todas as permutações de um dado *array*. Não é uma tarefa fácil escrever tal iterador diretamente, mas não é tão difícil escrever uma função recursiva que gere todas essas permutações. A ideia é simples: ponha cada elemento na última posição, um de cada vez, e gere recursivamente todas as permutações dos elementos restantes. O código está na Listagem 9.2. Para colocá-lo para trabalhar, devemos definir uma função printResult apropriada e chamar permgen com argumentos adequados:

```
function printResult (a)
  for i = 1, #a do
    io.write(a[i], " ")
  end
  io.write("\n")
end
```

```
permgen ({1,2,3,4})
  --> 2 3 4 1
  --> 3 2 4 1
  --> 3 4 2 1
    ...
  --> 2 1 3 4
  --> 1 2 3 4
```

Com o gerador pronto, convertê-lo em um iterador é uma tarefa automática. Primeiramente, alteramos `printResult` para `yield`:

```
function permgen (a, n)
  n = n or #a
  if n <= 1 then
    coroutine.yield(a)
  else
    <como antes>
```

Em seguida, definimos uma fábrica que prepara o gerador a fim de que execute dentro de uma corrotina, criando, depois, a função iteradora. O iterador simplesmente retoma a corrotina para produzir a próxima permutação:

```
function permutations (a)
  local co = coroutine.create(function () permgen(a) end)
  return function ()   -- iterador
    local code, res = coroutine.resume(co)
    return res
  end
end
```

Com esse maquinário pronto, é trivial iterar sobre todas as permutações de um *array* com um comando **for**:

```
for p in permutations{"a", "b", "c"} do
  printResult(p)
end
  --> b c a
  --> c b a
  --> c a b
  --> a c b
  --> b a c
  --> a b c
```

A função `permutations` usa um padrão comum em Lua, que empacota dentro de uma função uma chamada a `resume` e a corrotina correspondente. Esse padrão é tão comum que Lua provê uma função especial para ele: `coroutine.wrap`. Assim como `create`, `wrap` cria uma nova corrotina, porém não retorna a corrotina criada em vez disso, ela retorna uma função que, quando chamada, retoma a corrotina.

Diferentemente da função resume original, essa função não retorna um código de erro como seu primeiro resultado; em vez disso, em caso de erro, ela o lança. Usando wrap, podemos escrever permutations como a seguir:

```
function permutations (a)
   return coroutine.wrap(function () permgen(a) end)
end
```

Geralmente, coroutine.wrap é mais simples de usar do que coroutine.create. Ela nos dá exatamente o que precisamos de uma corrotina: uma função para retomá-la. Por outro lado, ela é também menos flexível. Não há como verificar o estado de uma corrotina criada com wrap. Além disso, não podemos verificar erros de execução.

Listagem 9.2
Função para gerar todas as permutações dos n *primeiros elementos de* a

```
function permgen (a, n)
   n = n or #a           -- o valor-padrão para 'n' é o tamanho de 'a'
   if n <= 1 then        -- nada a alterar?
     printResult(a)
   else
     for i = 1, n do
       -- põe o i-ésimo elemento como último
       a[n], a[i] = a[i], a[n]
       -- gera todas as permutações dos outros elementos
       permgen(a, n - 1)
       -- restaura o i-ésimo elemento
       a[n], a[i] = a[i], a[n]
     end
   end
end
```

9.4 Multitarefa Não Preemptiva

Como vimos antes, as corrotinas permitem um tipo de multitarefa colaborativa. Cada corrotina é equivalente a uma *thread*. Um par *yield–resume* transfere o controle de uma *thread* para outra. No entanto, diferentemente de multitarefa convencional, as corrotinas são não preemptivas. Enquanto uma corrotina está executando, ela não pode ser suspensa de maneira involuntária, apenas quando pedir explicitamente por isso (por meio de uma chamada a yield). Em várias aplicações, isso não é um problema, muito pelo contrário. Programar é muito mais fácil na ausência de preempção. Você não precisa ficar paranoico com erros de sincronização, porque toda sincronização entre *threads* está explícita no programa. Você precisa apenas garantir que a corrotina ceda o controle somente quando estiver fora de uma região crítica.

Apesar disso, com multitarefa não preemptiva, sempre que uma *thread* chama uma operação bloqueante, o programa inteiro permanece bloqueado até que a operação se complete. Para a maioria das aplicações, esse comportamento é inaceitável, levando muitos programadores a não considerar corrotinas como uma alternativa real à multitarefa convencional. Como veremos aqui, esse problema tem uma solução interessante (e óbvia, em retrospecto).

Vamos assumir uma situação típica envolvendo multitarefa: queremos baixar vários arquivos remotos por meio de HTTP. Para fazer isso, devemos, inicialmente, aprender como baixar um arquivo remoto. Neste exemplo, usaremos a biblioteca *LuaSocket*, desenvolvida por Diego Nehab. Para baixar um arquivo, devemos abrir uma conexão com o seu *site*, enviar uma requisição para o arquivo, recebê-lo (em blocos) e fechar a conexão. Em Lua, podemos escrever essa tarefa como a seguir. Primeiramente, carregamos a biblioteca LuaSocket:

```
local socket = require "socket"
```

Em seguida, definimos o servidor e o arquivo que queremos baixar. Neste exemplo, baixaremos a Especificação de Referência de HTML 3.2, do *site* do World Wide Web Consortium:

```
host = "www.w3.org"
file = "/TR/REC-html32.html"
```

Abriremos, então, uma conexão TCP com a porta 80 (a porta-padrão para conexões HTTP) desse site:

```
c = assert(socket.connect(host, 80))
```

Essa operação retorna um objeto de conexão, que usaremos para enviar a requisição do arquivo:

```
c:send("GET " .. file .. " HTTP/1.0\r\n\r\n")
```

A seguir, lemos o arquivo em blocos de 1 kB, escrevendo cada um deles na saída-padrão:

```
while true do
  local s, status, partial = c:receive(2^10)
  io.write(s or partial)
  if status == "closed" then break end
end
```

A função `receive` retorna ou uma cadeia com o que foi lido ou nil, se ocorrer um erro; no último caso, ela também retorna um código de erro (`status`) e o que foi lido até que ele ocorresse (`partial`). Quando o servidor fecha a conexão, imprimimos essa entrada restante e terminamos o laço de leitura.

Após baixar o arquivo, fechamos a conexão:

```
c:close()
```

Agora que sabemos como baixar um arquivo, retornemos ao problema de baixar vários deles. A abordagem trivial é baixar um arquivo de cada vez; contudo, ela é sequencial, pois começamos a ler um arquivo somente após terminar o anterior, e é lenta demais. Ao ler um arquivo remoto, um programa gasta a maior parte do tempo esperando os dados chegarem. Mais especificamente, ele passa a maior parte do tempo bloqueado na chamada a receive. Sendo assim, o programa poderia executar muito mais rapidamente se baixasse todos os arquivos ao mesmo tempo. Dessa forma, enquanto uma conexão aguarda a disponibilização de dados, o programa pode ler de outra conexão. Claramente, corrotinas oferecem uma forma conveniente de estruturar essas leituras simultâneas. Criamos uma nova *thread* para cada arquivo a ser baixado. Quando uma delas não tiver dados disponíveis, ela cederá o controle para um despachante (*dispatcher*) simples, que invocará outra.

Para reescrever o programa com corrotinas, primeiramente, reescrevemos o código anterior como uma função. O resultado está na Listagem 9.3. Como não estamos interessados no conteúdo do arquivo remoto, essa função computa e imprime o tamanho do arquivo, em vez de escrevê-lo na saída-padrão (com várias *threads* lendo vários arquivos, a saída iria misturar todos).

Listagem 9.3
Função para baixar uma página web

```
function download (host, file)
  local c = assert(socket.connect(host, 80))
  local count = 0    -- conta o número de bytes lidos
  c:send("GET " .. file .. " HTTP/1.0\r\n\r\n")
  while true do
    local s, status = receive(c)
    count = count + #s
    if status == "closed" then break end
  end
  c:close()
  print(file, count)
end
```

Nesse novo código, usamos uma função auxiliar (receive) para receber os dados da conexão. Na abordagem sequencial, o código dessa função seria como este:

```
function receive (connection)
  local s, status, partial = connection:receive(2^10)
  return s or partial, status
end
```

Para a implementação concorrente, essa função deve receber dados sem bloquear. Em vez disso, se não houver dados disponíveis, ela cederá o controle. O novo código é como este:

```
function receive (connection)
  connection:settimeout(0)     -- não bloqueia
  local s, status, partial = connection:receive(2^10)
  if status == "timeout" then
    coroutine.yield(connection)
  end
  return s or partial, status
end
```

A chamada a `settimeout(0)` transforma qualquer operação sobre a conexão em não bloqueante. Quando o *status* da operação for "timeout" (tempo esgotado), significa que a operação retornou sem completar. Nesse caso, a *thread* cederá o controle. O argumento não falso passado a `yield` sinalizará ao despachante que a *thread* ainda está realizando sua tarefa. Note que, mesmo no caso de um estouro de tempo, a conexão retornará o conteúdo já lido até aquele momento, o qual está armazenado na variável `partial`.

A Listagem 9.4 mostra o despachante mais algum código auxiliar. A tabela `threads` mantém uma lista de todas as *threads* vivas para o despachante. A função get garante que cada arquivo seja baixado em uma *thread* individual. O despachante em si é essencialmente um laço que passa por todas as *threads*, retomando-as uma a uma. Ele também deve remover da lista as *threads* que finalizarem suas tarefas, terminando o laço quando não houver mais *threads* para executar.

Finalmente, o programa principal cria as *threads* de que precisa e chama o despachante. Para baixar quatro documentos do *site* do W3C, por exemplo, o programa principal seria como este:

```
host = "www.w3.org"

get(host, "/TR/html401/html40.txt")
get(host, "/TR/2002/REC-xhtml1-20020801/xhtml1.pdf")
get(host, "/TR/REC-html32.html")
get(host, "/TR/2000/REC-DOM-Level-2-Core-20001113/DOM2-Core.txt")

dispatch()    -- laço principal
```

Minha máquina leva seis segundos para baixar esses quatro arquivos usando corrotinas. Com a implementação sequencial, ela demora mais do que o dobro desse tempo (15 segundos).

Apesar do ganho de velocidade, essa última implementação está longe de ser ótima. Tudo vai bem enquanto pelo menos uma *thread* tem algo para ler. No entanto, quando nenhuma *thread* tiver dados para ler, o despachante fará uma espera ocupada (*busy wait*), indo de *thread* em *thread* apenas para verificar se elas ainda não têm dados.

Listagem 9.4
O despachante

```
threads = {}      -- lista de todas as threads vivas
function get (host, file)
  -- cria corrotina
  local co = coroutine.create(function ()
    download(host, file)
  end)
  -- insere na lista
  table.insert(threads, co)
end

function dispatch ()
  local i = 1
  while true do
    if threads[i] == nil then   -- não há mais threads?
      if threads[1] == nil then break end   -- lista vazia?
      i = 1                     -- reinicia o laço
    end
    local status, res = coroutine.resume(threads[i])
    if not res then    -- a thread terminou a sua tarefa?
      table.remove(threads, i)
    else
      i = i + 1    -- vai para próxima thread
    end
  end
end
```

Como resultado, essa implementação com corrotinas usa quase 30 vezes mais CPU do que a solução sequencial.

Para evitar esse comportamento, podemos usar a função `select` de LuaSocket: ela permite que um programa se bloqueie enquanto espera por uma mudança de estado em um grupo de soquetes (*sockets*). As modificações em nossa implementação são pequenas: precisamos mudar somente o despachante, como mostra a Listagem 9.5.

Durante o laço, esse novo despachante coleta as conexões com tempo esgotado na tabela `timedout` (lembre-se de que `receive` passa essas conexões para `yield`, e, assim, `resume` as retorna). Se todas as conexões esgotarem seus tempos, o despachante chamará `select` para esperar que alguma delas mude de estado. Essa implementação final executa tão rápido quanto a implementação com corrotinas anterior. Além disso, como ela não faz espera ocupada, usa apenas um pouco mais de CPU do que a implementação sequencial.

Listagem 9.5
Despachante usando `select`

```
function dispatch ()
  local i = 1
  local timedout = {}
  while true do
    if threads[i] == nil then    -- não há mais threads?
      if threads[1] == nil then break end
      i = 1                      -- reinicia o laço
      timedout = {}
    end
    local status, res = coroutine.resume(threads[i])
    if not res then    -- a thread terminou a sua tarefa?
      table.remove(threads, i)
    else               -- tempo esgotado
      i = i + 1
      timedout[#timedout + 1] = res
      if #timedout == #threads then   -- todas as threads bloqueadas?
        socket.select(timedout)
      end
    end
  end
end
```

Exercícios

9.1 Use corrotinas a fim de transformar a função do Exercício 5.4 em um gerador de combinações para ser usado como aqui:
```
for c in combinations({"a", "b", "c"}, 2) do
   printResult(c)
end
```

9.2 Implemente e execute o código da seção anterior (multitarefa não preemptiva).

9.3 Implemente uma função `transfer` em Lua. Se você pensar em um *resume-yield* como semelhante a um *call-return*, um *transfer* seria como um *goto*: ele suspende a corrotina em execução e retoma uma outra, dada como argumento. (Dica: use um tipo de despachante para controlar suas corrotinas. Assim, um *transfer* cederá o controle para o despachante, sinalizando a próxima corrotina a executar, e o despachante retomará essa próxima corrotina.)

Exemplos Completos

Para finalizar esta introdução sobre a linguagem, mostraremos três programas simples, mas completos. O primeiro exemplo é o problema das oito rainhas. O segundo é um programa de frequência de palavras, que imprime as palavras mais frequentes de um texto. O último exemplo é uma implementação do algoritmo de cadeias de Markov, descrito por Kernighan & Pike em seu livro *A Prática da Programação* (Campus, 2000).

10.1 O Problema das Oito Rainhas

Nosso primeiro exemplo é um programa bastante simples que resolve o *problema das oito rainhas*: o objetivo é posicionar oito rainhas em um tabuleiro de xadrez de forma que nenhuma possa atacar qualquer outra.

O primeiro passo para resolver esse problema é notar que qualquer solução válida deve ter exatamente uma rainha em cada linha. Podemos, então, representar soluções com um *array* simples de oito números, um para cada linha; cada número indica em qual coluna da linha correspondente está a rainha. O *array* {3, 7, 2, 1, 8, 6, 5, 4}, por exemplo, indica que há uma rainha na linha 1–coluna 3, outra na linha 2–coluna 7 etc. (a propósito, essa não é uma solução válida; por exemplo, a rainha na linha 3–coluna 2 pode atacar a que está na linha 4–coluna 1). Note que qualquer solução válida deve ser uma permutação dos inteiros de 1 a 8, pois ela também deve ter exatamente uma rainha em cada coluna.

O programa completo está na Listagem 10.1. A primeira função, isplaceok, verifica se uma dada posição no tabuleiro está livre de ataques das rainhas já posi-

Listagem 10.1
O programa das oito rainhas

```
local N = 8      -- tamanho do tabuleiro

-- verifica se a posição (n,c) está livre de ataques
local function isplaceok (a, n, c)
  for i = 1, n - 1 do    -- para cada rainha já posicionada
    if (a[i] == c) or                    -- mesma coluna?
       (a[i] - i == c - n) or            -- mesma diagonal?
       (a[i] + i == c + n) then          -- mesma diagonal?
      return false        -- o local pode ser atacado
    end
  end
  return true    -- sem ataques; o local está OK
end

-- imprime um tabuleiro
local function printsolution (a)
  for i = 1, N do
    for j = 1, N do
      io.write(a[i] == j and "X" or "-", " ")
    end
    io.write("\n")
  end
  io.write("\n")
end

-- adiciona ao tabuleiro 'a' todas as rainhas de 'n' a 'N'
local function addqueen (a, n)
  if n > N then    -- todas as rainhas foram posicionadas?
    printsolution(a)
  else   -- tenta posicionar a n-ésima rainha
    for c = 1, N do
      if isplaceok(a, n, c) then
        a[n] = c     -- posiciona a n-ésima rainha na coluna 'c'
        addqueen(a, n + 1)
      end
    end
  end
end

-- executa o programa
addqueen({}, 1)
```

cionadas. Lembre-se de que, pela representação, duas rainhas não podem estar na mesma linha, e, assim, a função `isplaceok` verifica se não há mais de uma na mesma coluna ou nas mesmas diagonais da nova posição.

A seguir, temos a função `printsolution`, que imprime um tabuleiro. Ela simplesmente percorre todo o tabuleiro, imprimindo um `'X'` nas posições com uma rainha e um `'-'` nas outras. Cada resultado parece com isto:

```
X - - - - - - -
- - - - X - - -
- - - - - - - X
- - - - - X - -
- - X - - - - -
- - - - - - X -
- X - - - - - -
- - - X - - - -
```

A última função, `addqueen`, é o núcleo do programa. Ela usa *backtracking* para procurar soluções válidas. Primeiramente, ela verifica se a solução está completa e, se estiver, a imprime. Se não estiver, ela percorre todas as colunas; o programa posiciona a rainha em cada coluna que estiver livre de ataques e, recursivamente, tenta posicionar as outras rainhas.

Por fim, o corpo principal simplesmente chama `addqueen` para uma solução vazia.

10.2 Palavras Mais Frequentes

Nosso próximo exemplo é um programa simples que lê um texto e imprime as palavras mais frequentes nesse texto.

A principal estrutura de dados desse programa é uma tabela simples, que associa cada palavra no texto ao seu contador de frequência. Com essa estrutura de dados, o programa tem três tarefas principais:

- Ler o texto, contando o número de ocorrências de cada palavra;
- Ordenar a lista de palavras em ordem decrescente de frequências;
- Imprimir as *n* primeiras entradas da lista ordenada.

Para ler o texto, podemos usar o iterador `allwords` que desenvolvemos na Seção 7.1. Para cada palavra lida, incrementamos o contador respectivo:

```
local counter = {}
for w in allwords do
   counter[w] = (counter[w] or 0) + 1
end
```

Note o truque do **or** para lidar com contadores não inicializados.

O próximo passo é ordenar a lista de palavras. No entanto, como o leitor atento já deve ter notado, não temos uma lista de palavras para ordenar! De qualquer forma, é fácil criá-la usando as palavras que aparecem como chaves na tabela `counter`:

```
local words = {}
for w in pairs(counter) do
  words[#words + 1] = w
end
```

Quando a lista já estiver criada, podemos ordená-la usando a função predefinida `table.sort`, que discutimos brevemente no Capítulo 6:

```
table.sort(words, function (w1, w2)
  return counter[w1] > counter[w2] or
         counter[w1] == counter[w2] and w1 < w2
end)
```

As palavras com contadores maiores vêm antes; palavras com contadores iguais vêm em ordem alfabética.

A Listagem 10.2 apresenta o programa completo. Note o uso de uma corrotina para virar do avesso o iterador `auxwords`, usado no laço seguinte. No último laço, que imprime os resultados, o programa assume que o seu primeiro argumento é o número de palavras a serem impressas, usando um valor-padrão de 10 palavras caso não seja dado nenhum argumento.

10.3 Algoritmo de Cadeias de Markov

Nosso último exemplo é uma implementação do *algoritmo de cadeias de Markov*. O programa gera um texto pseudorrandômico baseado em quais palavras podem seguir uma sequência de *n* palavras anteriores em um texto-base. Para esta implementação, assumiremos que *n* é dois.

A primeira parte do programa lê o texto-base e constrói uma tabela que fornece, para cada prefixo de duas palavras, uma lista das palavras que o seguem no texto. Essa tabela é usada, então, para gerar um texto randômico, no qual cada palavra segue as duas anteriores com a mesma probabilidade que no texto-base. Como resultado, temos um texto que é muito, mas não totalmente, randômico. Por exemplo, quando o programa é aplicado a este livro, sua saída tem pedaços como: *Construtores também podem percorrer um construtor de tabelas, assim, os parênteses na linha a seguir fazem o arquivo completo em um campo* n *armazenar o conteúdo de cada função, mas para mostrar o seu único argumento. Se você quiser encontrar o elemento máximo de um* array*, pode retornar tanto o valor máximo quanto continuar mostrando o* prompt *e executando o código. As palavras seguintes são reservadas e não podem ser usadas para fazer a conversão entre graus e radianos.*

Codificaremos cada prefixo como a concatenação das duas palavras que o compõem, com um espaço entre elas:

Listagem 10.2
Programa de frequência de palavras

```
local function allwords ()
  local auxwords = function ()
    for line in io.lines() do
      for word in string.gmatch(line, "%w+") do
        coroutine.yield(word)
      end
    end
  end
  return coroutine.wrap(auxwords)
end

local counter = {}
for w in allwords() do
  counter[w] = (counter[w] or 0) + 1
end

local words = {}
for w in pairs(counter) do
  words[#words + 1] = w
end

table.sort(words, function (w1, w2)
  return counter[w1] > counter[w2] or
         counter[w1] == counter[w2] and w1 < w2
end)

for i = 1, (tonumber(arg[1]) or 10) do
  print(words[i], counter[words[i]])
end
```

```
    function prefix (w1, w2)
      return w1 .. " " .. w2
    end
```

Para inicializar os prefixos ou marcar o fim do texto, usamos a cadeia NOWORD (uma quebra de linha). Para o texto "the more we try the more we do", por exemplo, a tabela de palavras que seguem prefixos seria

```
    { ["\n \n"] = {"the"},
      ["\n the"] = {"more"},
      ["the more"] = {"we", "we"},
      ["more we"] = {"try", "do"},
      ["we try"] = {"the"},
      ["try the"] = {"more"},
      ["we do"] = {"\n"},
    }
```

O programa mantém a sua tabela na variável statetab. Para inserir uma nova palavra em uma lista dessa tabela, usamos a seguinte função:

```
function insert (index, value)
  local list = statetab[index]
  if list == nil then
    statetab[index] = {value}
  else
    list[#list + 1] = value
  end
end
```

Listagem 10.3
Definições auxiliares para o programa de Markov

```
function allwords ()
  local line = io.read()       -- linha corrente
  local pos = 1                -- posição corrente na linha
  return function ()           -- função iteradora
    while line do              -- repete enquanto há linhas
      local s, e = string.find(line, "%w+", pos)
      if s then                          -- encontrou uma palavra?
        pos = e + 1                      -- atualiza a próxima posição
        return string.sub(line, s, e)    -- retorna a palavra
      else
        line = io.read()       -- não encontrou a palavra;
                               --   tenta a próxima linha
        pos = 1                -- reinicia na primeira posição
      end
    end
    return nil                 -- não há mais linhas: fim do percurso
  end
end

function prefix (w1, w2)
  return w1 .. " " .. w2
end

local statetab = {}

function insert (index, value)
  local list = statetab[index]
  if list == nil then
    statetab[index] = {value}
  else
    list[#list + 1] = value
  end
end
```

Essa função verifica, primeiramente, se o prefixo dado já tem uma lista; se não tiver, ela criará uma nova lista com o novo valor. Caso contrário, a função inserirá o novo valor no final da lista associada ao prefixo.

Para construir a tabela `statetab`, mantemos duas variáveis, `w1` e `w2`, com as duas últimas palavras lidas. Adicionamos cada nova palavra lida à lista associada a `w1-w2` e, depois, atualizamos `w1` e `w2`.

Depois de construir a tabela, o programa começa a gerar um texto com `MAXGEN` palavras. Primeiramente, ele reinicializa as variáveis `w1` e `w2`. Depois, para cada prefixo, ele escolhe randomicamente uma próxima palavra da lista associada a esse prefixo, imprime-a e atualiza `w1` e `w2`. A Listagem 10.3 e a Listagem 10.4 mostram o programa completo. Diferentemente do nosso exemplo para as palavras mais frequentes, usamos aqui uma implementação de `allwords` baseada em fechos.

Listagem 10.4
O programa Markov

```
local N   = 2
local MAXGEN = 10000
local NOWORD = "\n"

-- constrói a tabela
local w1, w2 = NOWORD, NOWORD
for w in allwords() do
  insert(prefix(w1, w2), w)
  w1 = w2; w2 = w;
end
insert(prefix(w1, w2), NOWORD)

-- gera o texto
w1 = NOWORD; w2 = NOWORD    -- reinicializa
for i = 1, MAXGEN do
  local list = statetab[prefix(w1, w2)]
  -- escolhe um item randômico na lista
  local r = math.random(#list)
  local nextword = list[r]
  if nextword == NOWORD then return end
  io.write(nextword, " ")
  w1 = w2; w2 = nextword
end
```

Exercícios

10.1 Modifique o programa das oito rainhas a fim de que ele pare depois de imprimir a primeira solução.

10.2 Uma implementação alternativa para o problema das oito rainhas seria gerar todas as possíveis permutações de 1 a 8 e, a cada uma, verificar se ela é válida. Mude o programa para usar essa abordagem. Compare o desempenho do novo programa com o do original. (Dica: compare o número total de permutações com o número de vezes que o programa original chama a função `isplaceok`.)

10.3 Quando aplicamos o programa de frequência de palavras a um texto, geralmente, as palavras que mais aparecem são as pequenas, sem muito interesse, como artigos e preposições. Modifique o programa de forma que ele ignore as palavras com menos de três letras.

10.4 Generalize o algoritmo de cadeias de Markov para que ele use qualquer tamanho para a sequência de palavras anteriores usada na escolha da próxima palavra.

Parte II
Tabelas e Objetos

11
Estruturas de Dados

Tabelas em Lua não são nenhumas estruturas de dados: elas são *a* estrutura de dados. Todas as estruturas que outras linguagens oferecem — *arrays*, registros, listas, filas, conjuntos — podem ser representadas por tabelas em Lua. Mais exatamente, tabelas Lua implementam todas essas estruturas eficientemente.

Em linguagens tradicionais, como C e Pascal, implementamos a maioria das estruturas de dados com *arrays* e listas (onde listas = registros + ponteiros). Embora possamos implementar *arrays* e listas usando tabelas Lua (e, algumas vezes, fazemos isso), tabelas são mais poderosas do que *arrays* e listas; com o uso delas, muitos algoritmos são tão simplificados que se tornam triviais. Por exemplo, dificilmente escrevemos uma busca em Lua, porque as tabelas oferecem acesso direto a qualquer tipo de dado.

Aprender a usar tabelas de forma eficiente demora um pouco. Aqui, eu mostrarei como implementar estruturas típicas com tabelas e alguns exemplos de seus usos. Começaremos com *arrays* e listas, não porque precisemos deles para as outras estruturas, mas porque a maioria dos programadores já está familiarizada com eles. Já vimos o básico desse material nos capítulos sobre a linguagem, mas, para efeitos de completude, repetirei-o aqui.

11.1 *Arrays*
Implementamos *arrays* em Lua simplesmente indexando tabelas com inteiros. *Arrays*, portanto, não têm um tamanho fixo, mas crescem conforme necessário. Em geral,

quando inicializamos um *array*, definimos seu tamanho indiretamente. Após o código a seguir, por exemplo, qualquer tentativa de acessar um campo fora do intervalo 1–1.000 retornará nil, em vez de zero:

```
a = {}      -- novo array
for i = 1, 1000 do
  a[i] = 0
end
```

O operador de comprimento ('#') usa esse fato para encontrar o tamanho de um *array*:

```
print(#a)        --> 1000
```

Você pode começar um *array* no índice 0, no 1 ou qualquer outro valor:

```
-- cria um array com índices de -5 a 5
a = {}
for i = -5, 5 do
  a[i] = 0
end
```

No entanto, é costume em Lua começar *arrays* com o índice 1. As bibliotecas de Lua aderem a essa convenção, assim como o operador de comprimento. Se seus *arrays* não começarem com 1, você não poderá usar essas comodidades.

Podemos usar um construtor para criar e inicializar *arrays* em uma única expressão:

```
squares = {1, 4, 9, 16, 25, 36, 49, 64, 81}
```

Esses construtores poderão ser tão grandes quanto você precisar (bem, até uns poucos milhões de elementos).

11.2 Matrizes e *Arrays* Multidimensionais

Há duas maneiras de representar matrizes em Lua. A primeira é usando um *array* de *arrays*, isto é, uma tabela em que cada elemento é outra tabela. Por exemplo, você pode criar uma matriz de zeros de dimensões N por M com o seguinte código:

```
mt = {}            -- cria a matriz
for i = 1, N do
  mt[i] = {}       -- cria uma nova linha
  for j = 1, M do
    mt[i][j] = 0
  end
end
```

Como tabelas são objetos em Lua, para criar uma matriz, você deve criar cada linha explicitamente. Por um lado, isso é certamente mais verboso do que simplesmente declarar uma matriz, como você faz em C ou Pascal; por outro, dá mais flexibilidade. Por exemplo, você pode criar uma matriz triangular modificando o laço `for j=1,M do ... end` do exemplo anterior para `for j=1,i do ... end`. Com esse código, a matriz triangular usará apenas metade da memória da matriz original.

A segunda maneira de representar uma matriz em Lua é combinando os dois índices em um único. Se os dois índices forem inteiros, você pode multiplicar o primeiro por uma constante apropriada e, depois, somar o segundo. Com essa abordagem, o código a seguir criaria nossa matriz de zeros com dimensões N por M:

```
mt = {}            -- cria a matriz
for i = 1, N do
  for j = 1, M do
    mt[(i - 1)*M + j] = 0
  end
end
```

Se os índices forem cadeias, você pode criar um único índice concatenando os dois índices, com um caractere entre eles para separá-los. Por exemplo, você pode indexar uma matriz m com as cadeias s e t usando o código `m[s..":"..t]`, desde que tanto s quanto t não contenham dois-pontos; caso contrário, pares como `("a:","b")` e `("a",":b")` seriam combinados como um único índice `"a::b"`. Quando estiver em dúvida, você pode usar um caractere de controle, como `'\0'`, para separar os índices.

Muito frequentemente, aplicações usam uma *matriz esparsa*, na qual a maioria dos elementos é zero ou nil. Por exemplo, você pode representar um grafo por meio de sua matriz de adjacências, que terá o valor x na posição m,n, quando houver uma conexão com custo x entre os nós m e n. Quando esses nós não estiverem conectados, o valor na posição m,n será nil. Para representar um grafo com dez mil nós, no qual cada nó tem cerca de cinco vizinhos, você precisará de uma matriz com cem milhões de entradas (uma matriz quadrada com 10.000 colunas e 10.000 linhas), mas aproximadamente apenas cinquenta mil delas não serão nil (cinco colunas diferentes de nil para cada linha, correspondentes aos cinco vizinhos de cada nó). Muitos livros de estruturas de dados discutem de forma exaustiva como implementar tais matrizes esparsas sem gastar 400 MB de memória, mas você dificilmente precisará dessas técnicas quando estiver programando em Lua. Como *arrays* são representados por tabelas, eles são naturalmente esparsos. Com nossa primeira representação (tabelas de tabelas), você precisará de dez mil tabelas, cada uma com cerca de cinco elementos, em um total geral de cinquenta mil entradas. Com a segunda, você terá uma única tabela, com cinquenta mil entradas. Qualquer que seja a representação, você precisará de espaço apenas para os elementos diferentes de nil.

Nós não podemos usar o operador de comprimento sobre matrizes esparsas por causa dos buracos (valores nil) entre as entradas ativas. Isso não é uma grande perda; ainda que pudéssemos usá-lo, não deveríamos fazê-lo. Na maioria das operações, seria bastante ineficiente percorrer todas essas entradas vazias. Em vez disso, podemos usar pairs para percorrer somente os elementos não vazios. Por exemplo, para multiplicar uma linha por uma constante, podemos usar o seguinte código:

```
function mult (a, rowindex, k)
  local row = a[rowindex]
  for i, v in pairs(row) do
    row[i] = v * k
  end
end
```

Lembre-se, contudo, de que as chaves não têm uma ordem intrínseca em uma tabela, e, por isso, a iteração com pairs não garante que visitemos as colunas em ordem crescente. Para algumas tarefas (como no nosso exemplo anterior), isso não é um problema. Em outras, você talvez precise de uma abordagem alternativa, como listas encadeadas.

11.3 Listas Encadeadas

Como tabelas são entidades dinâmicas, é fácil implementar listas encadeadas em Lua. Cada nó é representado por uma tabela, e as ligações são simplesmente campos de tabelas que contêm referências para outras tabelas. Vamos implementar, por exemplo, uma lista básica, na qual cada nó tem dois campos, next e value. Uma simples variável é a raiz da lista:

```
list = nil
```

Para inserir um elemento com valor v no início da lista, fazemos:

```
list = {next = list, value = v}
```

Para percorrer a lista, escrevemos:

```
local l = list
while l do
  <visita l.value>
  l = l.next
end
```

Outros tipos de listas, como as duplamente encadeadas ou as circulares, são também facilmente implementados. No entanto, você dificilmente precisará dessas estruturas em Lua, porque, em geral, há uma maneira mais simples de representar seus dados sem usar listas encadeadas. Por exemplo, podemos representar uma pilha com um *array* (ilimitado).

11.4 Filas e Filas Duplamente Encadeadas

Uma maneira simples de implementar filas em Lua é com as funções insert e remove da biblioteca table. Essas funções inserem e removem elementos de qualquer posição de um *array*, movendo os outros elementos para acomodar a operação. No entanto, esses deslocamentos podem ser caros para estruturas grandes. Uma implementação mais eficiente usa dois índices, um para o primeiro elemento e outro para o último:

```
function ListNew ()
  return {first = 0, last = -1}
end
```

Para não poluir o espaço global, definiremos todas as operações de lista em uma tabela, adequadamente chamada List (ou seja, criaremos um *módulo*). Assim, reescrevemos nosso último exemplo como a seguir:

```
List = {}
function List.new ()
  return {first = 0, last = -1}
end
```

Agora, podemos inserir ou remover um elemento de ambas as extremidades com tempo constante:

```
function List.pushfirst (list, value)
  local first = list.first - 1
  list.first = first
  list[first] = value
end

function List.pushlast (list, value)
  local last = list.last + 1
  list.last = last
  list[last] = value
end

function List.popfirst (list)
  local first = list.first
  if first > list.last then error("list is empty") end
  local value = list[first]
  list[first] = nil        -- para permitir coleta de lixo
  list.first = first + 1
  return value
end

function List.poplast (list)
  local last = list.last
  if list.first > last then error("list is empty") end
  local value = list[last]
  list[last] = nil         -- para permitir coleta de lixo
  list.last = last - 1
  return value
end
```

Se você usar essa estrutura com uma disciplina estrita de fila, chamando apenas pushlast e popfirst, tanto first quanto last crescerão continuamente. Apesar disso, como representamos *arrays* em Lua com tabelas, você pode indexá-los tanto de 1 a 20 quanto de 16.777.216 a 16.777.236. Como Lua usa precisão dupla para representar números, seu programa pode executar por duzentos anos, fazendo um milhão de inserções por segundo, antes de ter problemas com *overflows*.

11.5 Conjuntos e Multiconjuntos

Suponha que você queira listar todos os identificadores usados em um programa-fonte; ao gerar sua listagem, você vai precisar filtrar, de alguma forma, as palavras reservadas. Alguns programadores de C poderiam ficar tentados a representar o conjunto de palavras reservadas como um *array* de cadeias, fazendo uma busca nele para saber se uma dada palavra está no conjunto. Para acelerar a busca, eles poderiam, até mesmo, usar uma árvore binária para representar o conjunto.

Em Lua, uma maneira simples e eficiente de representar tais conjuntos é colocar os elementos como *índices* de uma tabela. Assim, em vez de buscar um dado elemento na tabela, você apenas a indexa e testa se o resultado é nil ou não. Em nosso exemplo, poderíamos escrever o seguinte código:

```
reserved = {
  ["while"] = true,     ["end"] = true,
  ["function"] = true,  ["local"] = true,
}

for w in allwords() do
  if not reserved[w] then
    <faz algo com 'w'>   -- 'w' não é uma palavra reservada
  end
end
```

(Como essas palavras são reservadas em Lua, não podem ser usadas como identificadores; por exemplo, não podemos escrever while = true. Em vez disso, usamos a notação ["while"] = true.)

Você pode obter uma inicialização mais clara usando uma função auxiliar para construir o conjunto:

```
function Set (list)
  local set = {}
  for _, l in ipairs(list) do set[l] = true end
  return set
end

reserved = Set{"while", "end", "function", "local", }
```

Os *multiconjuntos* (*bags*) diferem dos conjuntos regulares (*sets*) pelo fato de que cada elemento pode aparecer múltiplas vezes. Uma representação fácil de multiconjuntos em Lua é semelhante à representação anterior para conjuntos, mas com um contador associado a cada chave. Para inserir um elemento, incrementamos seu contador:

```
function insert (bag, element)
  bag[element] = (bag[element] or 0) + 1
end
```

Para remover um elemento, decrementamos o seu contador:

```
function remove (bag, element)
  local count = bag[element]
  bag[element] = (count and count > 1) and count - 1 or nil
end
```

Somente manteremos o contador se ele já existir e se ainda for maior do que zero.

11.6 *Buffers* de Cadeias

Suponha que você esteja construindo uma cadeia pedaço a pedaço, lendo, por exemplo, um arquivo linha a linha. Seu código típico se pareceria com:

```
local buff = ""
for line in io.lines() do
  buff = buff .. line .. "\n"
end
```

Apesar de sua aparência inocente, esse código em Lua pode causar enormes problemas de desempenho para arquivos grandes: por exemplo, ele demora um minuto e meio para ler um arquivo de 1 MB na minha velha máquina Pentium.[1]

Por que isso? Para entender o que acontece, vamos assumir que estejamos no meio do laço de leitura; cada linha tem 20 *bytes*, e já lemos umas 2.500 delas, de modo que buff é uma cadeia com 50 *Kbytes*. Quando concatenar buff .. line .. "\n", Lua criará uma nova cadeia com 50.020 *bytes* e copiará 50.000 *bytes* de buff para ela; ou seja, para cada nova linha, Lua moverá cerca de 50 kB de memória e cada vez mais. Após ler 100 novas linhas (apenas 2 kB), Lua já terá movido mais do que 5 MB de memória; quando terminar de ler 350 kB, terá movido mais do que 50 GB (esse problema não é específico de Lua: outras linguagens nas quais cadeias são valores imutáveis apresentam comportamento similar, sendo Java o exemplo mais famoso).

---

[1]. A minha "velha máquina Pentium" é um Pentium 3GHz *single-core* de 32 bits. Eu fiz todas as medidas de desempenho deste livro nela.

Antes de continuar, devemos lembrar que, apesar de tudo o que eu expliquei, essa situação não é um problema comum. Para cadeias pequenas, o laço descrito é adequado. Para ler um arquivo inteiro, Lua provê a opção `io.read("*a")`, que lê o arquivo de uma só vez. No entanto, algumas vezes, temos de enfrentar essa situação. Java oferece a estrutura `StringBuffer` para amenizar o problema. Em Lua, podemos usar uma tabela como *buffer* de cadeias. A chave para essa abordagem é a função `table.concat`, que retorna a concatenação de todas as cadeias de uma lista dada. Usando `concat`, poderemos escrever nosso laço anterior como a seguir:

```
local t = {}
for line in io.lines() do
  t[#t + 1] = line .. "\n"
end
local s = table.concat(t)
```

Esse algoritmo leva menos de 0,5 segundo para ler o mesmo arquivo que o código original leu em mais de um minuto (mesmo assim, para ler um arquivo inteiro, ainda é melhor usar `io.read` com a opção `"*a"`).

Podemos fazer ainda melhor. A função `concat` aceita um segundo argumento opcional, que é um separador a ser inserido entre as cadeias. Usando-o, não precisaremos inserir uma quebra de linha após cada linha:

```
local t = {}
for line in io.lines() do
  t[#t + 1] = line
end
s = table.concat(t, "\n") .. "\n"
```

A função `concat` insere o separador entre as cadeias, mas ainda precisamos adicionar a quebra de linha final. Essa última concatenação duplica a cadeia resultante, que pode ser bastante longa. Não há uma opção para fazer `concat` inserir esse separador extra, mas poderemos enganá-la, inserindo uma cadeia vazia a mais em `t`:

```
t[#t + 1] = ""
s = table.concat(t, "\n")
```

A quebra de linha extra que `concat` adiciona antes dessa cadeia vazia ficará no final da cadeia resultante, como queríamos.

11.7 Grafos

Como qualquer linguagem razoável, Lua permite múltiplas implementações para grafos, cada uma melhor adaptada a alguns algoritmos particulares. Aqui, veremos uma implementação simples orientada a objetos, na qual representaremos os nós como objetos (na verdade, tabelas, é claro) e os arcos como referências entre nós.

Representaremos cada nó como uma tabela com dois campos: name com o nome do nó e adj com o conjunto de nós adjacentes a ele. Como leremos o grafo de um arquivo de texto, precisaremos de uma maneira de encontrar um nó, dado seu nome. Sendo assim, usaremos uma tabela extra para mapear nomes para nós. Dado um nome, a função name2node retornará o nó correspondente:

```
local function name2node (graph, name)
  local node = graph[name]
  if not node then
    -- nó não existe; cria um novo nó
    node = {name = name, adj = {}}
    graph[name] = node
  end
  return node
end
```

A Listagem 11.1 mostra a função que constrói um grafo. Ela lê um arquivo no qual cada linha tem dois nomes de nós, indicando que há um arco do primeiro nó para o segundo. Para cada linha, ela usa string.match para quebrá-la em dois nomes, encontra os nós correspondentes a eles (criando os nós, se necessário) e conecta os nós.

Listagem 11.1
Lendo um grafo de um arquivo

```
function readgraph ()
  local graph = {}
  for line in io.lines() do
    -- quebra a linha em dois nomes
    local namefrom, nameto = string.match(line, "(%S+)%s+(%S+)")
    -- encontra os nós correspondentes
    local from = name2node(graph, namefrom)
    local to = name2node(graph, nameto)
    -- adiciona 'to' ao conjunto adjacente de 'from'
    from.adj[to] = true
  end
  return graph
end
```

A Listagem 11.2 ilustra um algoritmo que usa esses grafos. A função findpath procura um caminho entre dois nós usando uma busca em profundidade. Seu primeiro parâmetro é o nó corrente, o segundo é o seu objetivo, o terceiro guarda o caminho da origem até o nó corrente, e o último parâmetro é um conjunto com todos os nós já visitados (para evitar ciclos). Note como o algoritmo manipula os nós

Listagem 11.2
Encontrando um caminho entre dois nós

```
function findpath (curr, to, path, visited)
  path = path or {}
  visited = visited or {}
  if visited[curr] then     -- o nó já foi visitado?
    return nil              -- nenhum caminho aqui
  end
  visited[curr] = true      -- marca o nó como visitado
  path[#path + 1] = curr    -- adiciona-o ao caminho
  if curr == to then        -- é o nó final?
    return path
  end
  -- tenta todos os nós adjacentes
  for node in pairs(curr.adj) do
    local p = findpath(node, to, path, visited)
    if p then return p end
  end
  path[#path] = nil         -- remove o nó do caminho
end
```

diretamente, sem usar os seus nomes. Por exemplo, `visited` é um conjunto de nós, não um conjunto de nomes. Da mesma forma, `path` é uma lista de nós.

Para testar esse código, adicionamos uma função para imprimir um caminho e algum código para colocar tudo para funcionar:

```
function printpath (path)
  for i = 1, #path do
    print(path[i].name)
  end
end

g = readgraph()
a = name2node(g, "a")
b = name2node(g, "b")
p = findpath(a, b)
if p then printpath(p) end
```

Exercícios

11.1 Modifique a implementação de fila de forma que os dois índices voltem a zero quando ela ficar vazia.

11.2 Repita o Exercício 10.3, mas, em vez de usar o tamanho como critério para ignorar uma palavra, o programa deverá ler de um arquivo de texto uma lista de palavras a serem ignoradas.

11.3 Modifique a estrutura de um grafo para que ele possa guardar um rótulo para cada arco. A estrutura deverá representar cada arco também por um objeto, com dois campos: o seu rótulo e o nó para o qual ele aponta. Em vez de um conjunto de adjacências, cada nó deverá manter um conjunto de incidências, contendo os arcos que se originam naquele nó.

Adapte a função `readgraph` para que ela leia, de cada linha do arquivo de entrada, dois nomes de nós mais um rótulo (assuma que o rótulo seja um número).

11.4 Assuma a representação de grafo do exercício anterior, com o rótulo de cada arco representando a distância entre as suas pontas. Escreva uma função para encontrar o menor caminho entre dois nós dados (dica: use o algoritmo de Dijkstra).

12
Arquivos de Dados e Persistência

Quando lidamos com arquivos de dados, é geralmente muito mais fácil escrever os dados do que lê-los de volta. Quando escrevemos um arquivo, temos total controle sobre o que está acontecendo. Por outro lado, quando o lemos, não sabemos o que esperar. Além de todos os tipos de dados que um arquivo correto pode conter, um programa robusto também deve tratar arquivos inválidos elegantemente. Dessa forma, codificar rotinas de entrada robustas é sempre difícil.

Neste capítulo, veremos como usar Lua para eliminar todo o código para leitura de dados de nossos programas, simplesmente escrevendo os dados em um formato apropriado.

12.1 Arquivos de Dados

Os construtores de tabela proveem uma alternativa interessante para formatos de arquivos. Com um pouco de trabalho extra ao escrever os dados, a leitura torna-se trivial. A técnica é escrever nosso arquivo de dados como um código Lua que, quando executado, constrói os dados dentro do programa. Com construtores de tabela, esses trechos podem se parecer notavelmente com um arquivo de texto comum.

Como sempre, vejamos um exemplo para tornar as coisas claras. Se o nosso arquivo de dados estiver em um formato predefinido, como CSV (do inglês *comma-separated values*, valores separados por vírgulas) ou XML, teremos poucas escolhas.

No entanto, se formos criar o arquivo para nosso próprio uso, poderemos usar construtores Lua como nosso formato. Nele, representamos cada registro de dados como um construtor Lua. Em vez de escrever em nosso arquivo de dados algo como

```
Donald E. Knuth,Literate Programming,CSLI,1992
Jon Bentley,More Programming Pearls,Addison-Wesley,1990
```

escrevemos

```
Entry{"Donald E. Knuth",
      "Literate Programming",
      "CSLI",
      1992}

Entry{"Jon Bentley",
      "More Programming Pearls",
      "Addison-Wesley",
      1990}
```

Lembre-se de que Entry{*código*} é o mesmo que Entry({*código*}), isto é, uma chamada a alguma função Entry com uma tabela como seu único argumento. Assim, o trecho de código anterior será um programa Lua. Para ler esse arquivo, precisamos apenas executá-lo, com uma definição razoável para Entry. O programa seguinte, por exemplo, conta o número de entradas em um arquivo de dados:

```
local count = 0
function Entry () count = count + 1 end
dofile("data")
print("number of entries: " .. count)
```

O próximo programa coleta, em um conjunto, os nomes de todos os autores encontrados no arquivo e, depois, os imprime (não necessariamente na mesma ordem do arquivo):

```
local authors = {}       -- um conjunto para os autores
function Entry (b) authors[b[1]] = true end
dofile("data")
for name in pairs(authors) do print(name) end
```

Note a abordagem orientada a eventos nesses fragmentos de programa: Entry atua como uma função de *callback*, que é chamada durante o dofile para cada entrada no arquivo de dados.

Quando o tamanho do arquivo não for um problema, poderemos usar pares nome-valor para a nossa representação.[1]

---

1. Se esse formato lembra o BibTeX, não é uma coincidência. BibTeX foi uma das inspirações para a sintaxe de construtores em Lua.

```
Entry{
  author = "Donald E. Knuth",
  title = "Literate Programming",
  publisher = "CSLI",
  year = 1992
}
Entry{
  author = "Jon Bentley",
  title = "More Programming Pearls",
  year = 1990,
  publisher = "Addison-Wesley",
}
```

Esse formato é o que chamamos de formato de *dados autodescritivos*, pois cada pedaço de dados tem, junto dele, uma descrição curta de seu significado. Dados autodescritivos são mais legíveis (por humanos, pelo menos) do que CSV ou outras notações compactas; eles são fáceis de editar à mão quando necessário e nos permitem fazer modificações pequenas no formato básico, sem que precisemos alterar o arquivo de dados. Por exemplo, se adicionarmos um novo campo, precisaremos apenas de uma mudança pequena no programa de leitura para que ele forneça um valor-padrão quando o campo estiver ausente.

Com o formato nome-valor, nosso programa para coletar autores fica assim:

```
local authors = {}      -- um conjunto para autores
function Entry (b) authors[b.author] = true end
dofile("data")
for name in pairs(authors) do print(name) end
```

Agora, a ordem dos campos é irrelevante. Mesmo se algumas entradas não tiverem um autor, precisaremos adaptar apenas a função Entry:

```
function Entry (b)
   if b.author then authors[b.author] = true end
end
```

Lua não apenas executa rapidamente, mas também compila dessa forma. Por exemplo, o programa descrito para listar autores processa 1 MB de dados em um décimo de segundo.[2] Isso não é por acaso. A descrição de dados tem sido uma das aplicações principais de Lua desde a sua criação e, tomamos muito cuidado para fazer o seu compilador rápido para programas grandes.

---

2. Isso foi o que ocorreu na minha velha máquina Pentium.

12.2 Serialização

Frequentemente, precisamos serializar alguns dados, isto é, convertê-los em uma cadeia de *bytes* ou caracteres, para que possamos salvá-los em um arquivo ou enviá-los através de uma conexão de rede. Podemos representar dados serializados como código Lua, de modo que, quando executarmos o código, ele reconstrua os valores salvos no programa de leitura.

Geralmente, se quisermos restaurar o valor de uma variável global, nosso trecho de código será algo como varname = *exp*, onde *exp* é o código Lua para criar o valor. O varname é a parte fácil, então, vejamos como escrever o código que cria um valor. Para um valor numérico, a tarefa é fácil:

```
function serialize (o)
  if type(o) == "number" then
    io.write(o)
  else <outros casos>
  end
end
```

No entanto, ao escrever um número no formato decimal, você corre o risco de perder alguma precisão. Em Lua 5.2, você pode usar o formato hexadecimal para evitar esse problema:

```
if type(o) == "number" then
  io.write(string.format("%a", o))
```

Com esse formato ("%a"), o número lido terá exatamente os mesmos *bits* do número original.

Para uma cadeia (um valor do tipo *string*), uma abordagem ingênua seria algo assim:

```
if type(o) == "string" then
  io.write("'", o, "'")
```

No entanto, se a cadeia tiver caracteres especiais (como aspas ou quebras de linha), o código resultante não será um programa Lua válido.

Você pode ficar tentado a resolver esse problema sem usar aspas:

```
if type(o) == "string" then
  io.write("[[", o, "]]")
```

Cuidado! Se um usuário malicioso conseguir fazer com que o seu programa salve algo como "]]..os.execute('rm *')..[[" (por exemplo, ele pode fornecer essa cadeia como seu endereço), seu trecho de código final será

```
varname = [[ ]]..os.execute('rm *')..[[ ]]
```

Você terá uma péssima surpresa ao tentar carregar esses "dados".

Uma maneira simples e segura de delimitar uma cadeia é com a opção "%q" da função `string.format`. Ela coloca aspas duplas ao redor da cadeia e escapes adequados em aspas duplas, quebras de linha e alguns outros caracteres dentro da cadeia:

```
a = 'a "problematic" \\string'
print(string.format("%q", a))     --> "a \"problematic\" \\string"
```

Com essa comodidade, nossa função `serialize` agora terá essa cara:

```
function serialize (o)
  if type(o) == "number" then
    io.write(o)
  elseif type(o) == "string" then
    io.write(string.format("%q", o))
  else <outros casos>
  end
end
```

Desde a versão 5.1, Lua oferece outra opção para delimitar cadeias arbitrárias de forma segura, com a notação [=[...]=] para cadeias longas. Apesar disso, essa nova notação tem como alvo o código escrito à mão, no qual não queremos modificar uma cadeia literal de forma alguma. Em código gerado automaticamente, é mais fácil escapar caracteres problemáticos, como a opção "%q" de `string.format` faz.

Se você realmente quiser usar a notação de cadeias longas para código gerado automaticamente, deve tomar cuidado com alguns detalhes. O primeiro é que você deverá escolher um número adequado de sinais de igual. Um bom número é um a mais do que o máximo que aparece na cadeia original. Como as cadeias que contêm sequências longas de sinais de igual não são incomuns (*e.g.*, comentários que delimitam partes de um código-fonte), podemos limitar nossa atenção a sequências de sinais de igual delimitadas pelo fecha colchete; outras sequências não podem produzir uma marcação errada de fim de cadeia. O segundo detalhe é que Lua sempre ignora uma quebra de linha no começo de uma cadeia longa; uma maneira simples de evitar esse problema é adicionar uma quebra de linha a ser ignorada.

A função `quote` na Listagem 12.1 é o resultado de nossas observações anteriores. Ela recebe uma cadeia arbitrária e a retorna formatada como uma cadeia longa. A chamada a `string.gmatch` cria um iterador para percorrer todas as ocorrências do padrão ']=*]' (isto é, um fecha colchete seguido por uma sequência de zero ou mais sinais de igual, seguindo-se a isso um outro fecha colchete) na cadeia s.[3] Para cada ocorrência, o laço atualiza n com o número máximo de sinais de igual até então. Após o laço, usamos `string.rep` para replicar um sinal de igual n + 1 vezes, o que representa um a mais do que o máximo que ocorre na cadeia. Finalmente,

---

3. Discutiremos casamento de padrões no Capítulo 21.

`string.format` delimita s com pares de colchetes, tendo o número correto de sinais de igual entre eles, e adiciona espaços extras ao redor da cadeia delimitada, mais uma quebra de linha no começo dela.

Listagem 12.1
Delimitando cadeias literais arbitrárias

```
function quote (s)
  -- encontra o comprimento máximo de sequências com sinais de igual
  local n = -1
  for w in string.gmatch(s, "]=*]") do
    n = math.max(n, #w - 2)    -- -2 para remover os ']'s
  end

  -- produz uma cadeia com 'n' mais um sinais de igual
  local eq = string.rep("=", n + 1)

  -- constrói a cadeia delimitada
  return string.format(" [%s[\n%s]%s] ", eq, s, eq)
end
```

12.2.1 Salvando tabelas sem ciclos

Nossa próxima (e mais difícil) tarefa será salvar tabelas. Há várias maneiras de fazer isso, a depender de quais restrições assumiremos a respeito da estrutura delas. Nenhum algoritmo é adequado a todos os casos. As tabelas simples não apenas precisam de algoritmos mais simples, como os arquivos resultantes também podem ser mais estéticos.

Nossa primeira tentativa está na Listagem 12.2. Apesar de sua simplicidade, essa função faz um trabalho razoável. Ela trata inclusive tabelas aninhadas (isto é, tabelas que estão dentro de outras), desde que a estrutura da tabela seja uma árvore (isto é, que não haja subtabelas compartilhadas nem ciclos). Um pequeno melhoramento estético seria indentar possíveis tabelas aninhadas; veja o Exercício 12.1.

A função anterior assume que todas as chaves em uma tabela são identificadores válidos. Se uma tabela tiver chaves numéricas ou cadeias que não sejam identificadores Lua sintaticamente válidos, estaremos em apuros. Uma maneira simples de resolver essa dificuldade é usar o código a seguir para escrever cada chave:

```
io.write("  ["); serialize(k); io.write("] = ")
```

Com essa mudança, melhoramos a robustez de nossa função, ao custo da estética do arquivo resultante. Considere a próxima chamada:

```
serialize{a=12, b='Lua', key='another "one"'}
```

Listagem 12.2
Serializando tabelas sem ciclos

```
function serialize (o)
  if type(o) == "number" then
    io.write(o)
  elseif type(o) == "string" then
    io.write(string.format("%q", o))
  elseif type(o) == "table" then
    io.write("{\n")
    for k,v in pairs(o) do
      io.write("  ", k, " = ")
      serialize(v)
      io.write(",\n")
    end
    io.write("}\n")
  else
    error("cannot serialize a " .. type(o))
  end
end
```

Usando a primeira versão de `serialize`, o resultado dessa chamada é este:

```
{
  a = 12,
  b = "Lua",
  key = "another \"one\"",
}
```

Compare-o com o resultado usando a segunda versão:

```
{
  ["a"] = 12,
  ["b"] = "Lua",
  ["key"] = "another \"one\"",
}
```

Podemos ter tanto robustez quanto estética testando, para cada caso, se é necessário o uso dos colchetes; novamente, deixaremos essa melhoria como um exercício.

12.2.2 Salvando tabelas com ciclos

Para tratar tabelas com topologia genérica (*i.e.*, com ciclos e subtabelas compartilhadas), precisamos de uma abordagem diferente. Construtores não podem representar tais tabelas, e, por isso, não os usaremos. Para representar ciclos, precisamos de nomes; assim, nossa próxima função receberá como argumentos o valor a ser salvo mais o seu nome. Além disso, devemos manter um registro dos nomes das tabelas já salvas para reusá-los quando detectarmos um ciclo. Usaremos uma tabela extra para esse registro. Ela terá tabelas como índices e seus nomes como valores associados.

O código resultante está na Listagem 12.3. Mantemos a restrição de que as tabelas que queremos salvar tenham apenas cadeias e números como chaves. A função basicSerialize serializa esses tipos básicos, retornando o resultado. A próxima função, save, faz o trabalho pesado. O parâmetro saved é a tabela que mantém o registro das tabelas já salvas. Como exemplo, se construirmos uma tabela como

```
a = {x=1, y=2; {3,4,5}}
a[2] = a        -- ciclo
a.z = a[1]      -- subtabela compartilhada
```

Listagem 12.3
Salvando tabelas com ciclos

```
function basicSerialize (o)
  if type(o) == "number" then
    return tostring(o)
  else    -- assume que é uma cadeia
    return string.format("%q", o)
  end
end

function save (name, value, saved)
  saved = saved or {}                   -- valor inicial
  io.write(name, " = ")
  if type(value) == "number" or type(value) == "string" then
    io.write(basicSerialize(value), "\n")
  elseif type(value) == "table" then
    if saved[value] then                -- valor já foi salvo?
      io.write(saved[value], "\n")      -- usa seu nome anterior
    else
      saved[value] = name               -- salva o nome para a próxima vez
      io.write("{}\n")                  -- cria uma nova tabela
      for k,v in pairs(value) do        -- salva seus campos
        k = basicSerialize(k)
        local fname = string.format("%s[%s]", name, k)
        save(fname, v, saved)
      end
    end
  else
    error("cannot save a " .. type(value))
  end
end
```

a chamada save("a", a) irá salvá-la como a seguir:

```
a = {}
a[1] = {}
a[1][1] = 3
a[1][2] = 4
a[1][3] = 5
a[2] = a
a["y"] = 2
a["x"] = 1
a["z"] = a[1]
```

A ordem real dessas atribuições pode variar, pois ela depende de uma travessia da tabela. De qualquer modo, o algoritmo garante que qualquer nó anterior necessário em uma nova atribuição já esteja definido.

Se quisermos salvar diversos valores com partes compartilhadas, podemos fazer as chamadas a save usando a mesma tabela saved. Assuma, por exemplo, as duas tabelas seguintes:

```
a = {{"one", "two"}, 3}
b = {k = a[1]}
```

Se as salvarmos de forma independente, o resultado não terá as partes comuns:

```
save("a", a)
save("b", b)

--> a = {}
--> a[1] = {}
--> a[1][1] = "one"
--> a[1][2] = "two"
--> a[2] = 3
--> b = {}
--> b["k"] = {}
--> b["k"][1] = "one"
--> b["k"][2] = "two"
```

No entanto, se usarmos a mesma tabela saved para ambas as chamadas a save, o resultado compartilhará as partes comuns:

```
local t = {}
save("a", a, t)
save("b", b, t)

--> a = {}
--> a[1] = {}
--> a[1][1] = "one"
--> a[1][2] = "two"
--> a[2] = 3
--> b = {}
--> b["k"] = a[1]
```

Como é usual em Lua, há várias outras alternativas. Entre elas, podemos salvar um valor sem dar a ele um nome global (em vez disso, o trecho de código constrói um valor local e o retorna), podemos tratar funções (construindo uma tabela auxiliar que associa cada função ao seu nome) e assim por diante. Lua lhe dá o poder, você constrói os mecanismos.

Exercícios

12.1 Modifique o código da Listagem 12.2 para que ele indente tabelas aninhadas (dica: adicione um parâmetro extra a `serialize` com a cadeia de indentação).

12.2 Modifique o código da Listagem 12.2 para que ele use a sintaxe `["key"]`=*value*, como sugerido na Seção 12.2.1.

12.3 Modifique o código do exercício anterior para que ele use a sintaxe `["key"]`=*value* apenas quando necessário (isto é, quando a chave for uma cadeia, mas não um identificador válido).

12.4 Modifique o código do exercício anterior para que ele use, sempre que possível, a sintaxe de construtores para listas. Por exemplo, ele deverá serializar a tabela {14, 15, 19} como {14, 15, 19}, não como {[1] = 14, [2] = 15, [3] = 19} (dica: comece salvando os valores das chaves 1,2,... enquanto eles não forem nil; tome cuidado para não salvá-los novamente quando você percorrer o restante da tabela).

12.5 A abordagem de evitar construtores ao salvar tabelas com ciclos é muito radical. É possível salvar a tabela em um formato mais agradável usando construtores para o caso geral e, depois, atribuições, apenas para corrigir compartilhamentos e laços.

Reimplemente a função `save` usando essa estratégia. Adicione todas as comodidades que você implementou nos exercícios anteriores (indentação, sintaxe de registros e sintaxe de listas).

13
Metatabelas e Metamétodos

Geralmente, cada valor em Lua tem um conjunto bastante previsível de operações. Podemos somar números, concatenar cadeias, inserir pares chave–valor em tabelas e assim por diante. No entanto, não podemos somar tabelas, comparar funções e chamar uma cadeia — a menos que usemos metatabelas.

As metatabelas nos permitem mudar o comportamento de um valor quando ele é confrontado com uma operação indefinida. Por exemplo, usando metatabelas, podemos definir como Lua computa a expressão a+b, onde a e b são tabelas. Sempre que tenta somar duas tabelas, Lua verifica se alguma delas tem uma *metatabela* e se esta tem um campo __add. Se o encontrar, Lua chamará o valor correspondente — o *metamétodo*, que deverá ser uma função — para computar a soma.

Cada valor em Lua pode ter uma metatabela associada. Tabelas e *userdata* têm metatabelas individuais; valores de outros tipos compartilham uma única metatabela para todos os valores daquele tipo. Lua sempre cria novas tabelas sem metatabelas:

```
t = {}
print(getmetatable(t))    --> nil
```

Podemos usar setmetatable para atribuir ou alterar a metatabela de qualquer tabela:

```
t1 = {}
setmetatable(t, t1)
print(getmetatable(t) == t1)    --> true
```

A partir de Lua, podemos atribuir metatabelas somente a tabelas; para manipular as metatabelas de valores de outros tipos, devemos usar código C.[1] Como veremos mais adiante, no Capítulo 21, a biblioteca de cadeias atribui uma metatabela a cadeias. Todos os outros tipos não têm, por padrão, uma metatabela:

```
print(getmetatable("hi"))      --> table: 0x80772e0
print(getmetatable("xuxu"))    --> table: 0x80772e0
print(getmetatable(10))        --> nil
print(getmetatable(print))     --> nil
```

Qualquer tabela pode ser a metatabela de qualquer valor; um grupo de tabelas relacionadas pode compartilhar uma mesma metatabela, que descreve o seu comportamento comum; uma tabela pode ser a sua própria metatabela, descrevendo, assim, o seu comportamento individual. Qualquer configuração é válida.

13.1 Metamétodos Aritméticos

Nesta seção, introduziremos um exemplo simples para explicar como usar metatabelas. Suponha que estejamos usando tabelas para representar conjuntos, com funções para computar as operações de união, interseção e coisas do tipo, como mostra a Listagem 13.1. Para manter limpo o nosso espaço de nomes, armazenamos essas funções em uma tabela chamada Set.

Queremos, agora, usar o operador de adição ('+') para computar a união de dois conjuntos. Para isso, cuidaremos para que todas as tabelas que representam conjuntos compartilhem uma metatabela, que definirá como as tabelas reagirão ao operador de adição. Nosso primeiro passo será criar uma tabela regular, que usaremos como a metatabela para conjuntos:

```
local mt = {}    -- metatabela para conjuntos
```

O próximo passo será modificar a função Set.new, que cria conjuntos. A nova versão tem apenas uma linha extra, que atribui mt como metatabela para as tabelas que a função cria:

```
function Set.new (l)   -- segunda versão
  local set = {}
  setmetatable(set, mt)
  for _, v in ipairs(l) do set[v] = true end
  return set
end
```

---

[1]. A razão principal para essa restrição é limitar o uso excessivo de metatabelas compartilhadas por todos os valores de um tipo. A experiência com versões mais antigas de Lua mostrou que esses usos globais frequentemente levam a um código não reutilizável.

Listagem 13.1
Uma implementação simples de conjuntos

```
Set = {}

-- cria um novo conjunto com os valores de uma dada lista
function Set.new (l)
  local set = {}
  for _, v in ipairs(l) do set[v] = true end
  return set
end

function Set.union (a, b)
  local res = Set.new{}
  for k in pairs(a) do res[k] = true end
  for k in pairs(b) do res[k] = true end
  return res
end

function Set.intersection (a, b)
  local res = Set.new{}
  for k in pairs(a) do
    res[k] = b[k]
  end
  return res
end

-- apresenta o conjunto como uma cadeia
function Set.tostring (set)
  local l = {}      -- lista para os elementos do conjunto
  for e in pairs(set) do
    l[#l + 1] = e
  end
  return "{" .. table.concat(l, ", ") .. "}"
end

-- imprime um conjunto
function Set.print (s)
  print(Set.tostring(s))
end
```

Depois disso, cada conjunto que criarmos com Set.new terá essa mesma tabela como sua metatabela:

```
s1 = Set.new{10, 20, 30, 50}
s2 = Set.new{30, 1}
print(getmetatable(s1))        --> table: 00672B60
print(getmetatable(s2))        --> table: 00672B60
```

Finalmente, adicionamos à metatabela o metamétodo, um campo `__add` que descreve como efetuar a soma:

```
mt.__add = Set.union
```

Depois disso, sempre que tentar somar dois conjuntos, Lua chamará a função `Set.union`, com os dois operandos como argumentos.

Com o metamétodo pronto, podemos usar o operador de adição para fazer uniões de conjuntos:

```
s3 = s1 + s2
Set.print(s3)    --> {1, 10, 20, 30, 50}
```

Da mesma forma, podemos usar o operador de multiplicação para efetuar a interseção de conjuntos:

```
mt.__mul = Set.intersection

Set.print((s1 + s2)*s1)    --> {10, 20, 30, 50}
```

Para cada operador aritmético, há um nome de campo correspondente em uma metatabela. Além de `__add` e `__mul`, há `__sub` (para subtração), `__div` (para divisão), `__unm` (para negação), `__mod` (para módulo) e `__pow` (para exponenciação). Podemos definir também o campo `__concat` para descrever o comportamento do operador de concatenação.

Quando somamos dois conjuntos, não há dúvida quanto à metatabela a usar. No entanto, podemos escrever uma expressão que mistura dois valores com metatabelas diferentes, como esta, por exemplo:

```
s = Set.new{1,2,3}
s = s + 8
```

Ao procurar um metamétodo, Lua segue estes passos: se o primeiro valor tiver uma metatabela com um campo `__add`, Lua usará esse campo como o metamétodo, independentemente do segundo valor; por outro lado, se o segundo valor tiver uma metatabela com um campo `__add`, Lua usará esse campo como o metamétodo; caso contrário, Lua lançará um erro. Dessa forma, o último exemplo chamará `Set.union`, assim como as expressões 10 + s e "hello" + s.

Lua não se preocupa com essa mistura de tipos, mas a nossa implementação sim. Se executarmos o exemplo s = s + 8, o erro que obteremos estará dentro de `Set.union`:

```
bad argument #1 to 'pairs' (table expected, got number)
```

Se quisermos mensagens de erro mais claras, devemos verificar explicitamente os tipos dos operandos antes de tentar efetuar a operação:

```
function Set.union (a, b)
  if getmetatable(a) ~= mt or getmetatable(b) ~= mt then
    error("attempt to 'add' a set with a non-set value", 2)
  end
  <como antes>
```

Lembre-se de que o segundo argumento para error (2, nesse exemplo) direciona a mensagem de erro para o local em que a operação foi chamada.

13.2 Metamétodos Relacionais

Metatabelas também nos permitem dar significado aos operadores relacionais, por meio dos metamétodos __eq (do inglês *equal*, igual), __lt (*less than*, menor do que) e __le (*less equal*, menor ou igual). Não há metamétodos separados para os outros três operadores relacionais: Lua traduz a ~= b para not (a == b), a > b para b < a, e a >= b para b <= a.

Até a versão 4.0, Lua traduzia todos os operadores de ordem para um único operador, traduzindo a <= b para not(b < a). No entanto, essa tradução é incorreta quando temos uma *ordem parcial*, ou seja, quando nem todos os elementos em nosso tipo estão propriamente ordenados. Por exemplo, números de ponto flutuante não são totalmente ordenados na maioria das máquinas, por causa do valor *Not a Number* (*NaN*). De acordo com o padrão IEEE 754, hoje em dia adotado por, virtualmente, todo *hardware* de ponto flutuante, NaN representa valores indefinidos, como o resultado de *0/0*. O padrão especifica que qualquer comparação envolvendo NaN deve resultar em falso. Isso significa que NaN <= x é sempre falso, mas x < NaN também o é. Implica também que a tradução de a <= b para not (b < a) não é válida neste caso.

Em nosso exemplo com conjuntos, temos um problema semelhante. Um significado óbvio (e útil) para <= em conjuntos é a inclusão de outros conjuntos: a <= b significa que a é um subconjunto de b. Com esse significado, é novamente possível que tanto a <= b quanto b < a sejam falsos; assim, precisamos de implementações separadas para __le (*menor ou igual*) e __lt (*menor do que*):

```
mt.__le = function (a, b)   -- inclusão de conjuntos
  for k in pairs(a) do
    if not b[k] then return false end
  end
  return true
end

mt.__lt = function (a, b)
  return a <= b and not (b <= a)
end
```

Finalmente, podemos definir a igualdade de conjuntos por meio da inclusão de conjuntos:

```
mt.__eq = function (a, b)
  return a <= b and b <= a
end
```

Após essas definições, estamos prontos para comparar conjuntos:

```
s1 = Set.new{2, 4}
s2 = Set.new{4, 10, 2}
print(s1 <= s2)       --> true
print(s1 < s2)        --> true
print(s1 >= s1)       --> true
print(s1 > s1)        --> false
print(s1 == s2 * s1)  --> true
```

Para os tipos que têm uma ordem completa, não precisamos definir um metamétodo __le. Em sua ausência, Lua usará a entrada __lt.

A operação de igualdade tem algumas restrições. Se dois objetos têm tipos básicos diferentes ou metamétodos diferentes, a operação de igualdade resultará em **false**, sem nem mesmo chamar um metamétodo. Assim, um conjunto será sempre diferente de um número, não importa o que o seu metamétodo diga.

13.3 Metamétodos Definidos por Bibliotecas

Até agora, todos os metamétodos que vimos são para o núcleo de Lua. É a máquina virtual que detecta que os valores envolvidos em uma operação têm metatabelas com metamétodos para a operação em questão. No entanto, como metatabelas são tabelas normais, qualquer um pode usá-las. Assim, é uma prática comum bibliotecas definirem seus próprios campos em metatabelas.

A função `tostring` provê um exemplo típico. Como vimos antes, ela representa tabelas em um formato bastante simples:

```
print({})    --> table: 0x8062ac0
```

A função `print` sempre chama `tostring` para formatar sua saída. Apesar disso, ao formatar qualquer valor, `tostring` primeiramente verifica se o valor tem um metamétodo `__tostring`. Nesse caso, `tostring` chamará o metamétodo para fazer o seu trabalho, passando o objeto como argumento. O que esse método retornar será o resultado de `tostring`.

Em nosso exemplo com conjuntos, já definimos uma função para apresentar um conjunto como uma cadeia. Assim, precisamos apenas especificar o campo `__tostring` na metatabela:

```
mt.__tostring = Set.tostring
```

Depois disso, sempre que chamarmos print com um conjunto como argumento, print chamará tostring, que, por sua vez, chamará Set.tostring:

```
s1 = Set.new{10, 4, 5}
print(s1)     --> {4, 5, 10}
```

As funções setmetatable e getmetatable também usam um metacampo, para proteger metatabelas, nesse caso. Suponha que você queira proteger os seus conjuntos para que os usuários não possam ver nem modificar suas metatabelas. Se você especificar um campo __metatable na metatabela, getmetatable retornará o valor desse campo, ao passo que setmetatable lançará um erro:

```
mt.__metatable = "not your business"
s1 = Set.new{}
print(getmetatable(s1))     --> not your business
setmetatable(s1, {})
  stdin:1: cannot change protected metatable
```

Em Lua 5.2, pairs e ipairs também ganharam metamétodos para que uma tabela possa modificar a forma como é percorrida (e para que os objetos que não são tabelas possam ser percorridos).

13.4 Metamétodos de Acesso a Tabelas

Todos os metamétodos para operadores aritméticos e relacionais definem comportamentos para situações que, de outro modo, seriam erros. Eles não mudam o comportamento normal da linguagem, mas Lua também oferece uma maneira de mudar o comportamento de tabelas para duas situações normais: a consulta e a modificação de campos ausentes em uma tabela.

13.4.1 O metamétodo __index

Eu expliquei anteriormente que, quando acessamos um campo ausente em uma tabela, o resultado é nil. Isso é verdade, mas não toda ela. Na realidade, tais acessos fazem com que o interpretador procure um metamétodo __index: se ele não existir, como geralmente acontece, o acesso resultará em nil; caso contrário, o metamétodo fornecerá o resultado.

O exemplo arquetípico aqui é herança. Suponha que queiramos criar diversas tabelas descrevendo janelas. Cada tabela deve descrever vários parâmetros de janelas, tais como posição, tamanho, esquema de cores e coisas do tipo. Todos eles têm valores-padrão e, assim, queremos construir objetos janela fornecendo somente os parâmetros diferentes do padrão. Uma primeira alternativa é prover um construtor que preencha os campos ausentes. Uma segunda alternativa é cuidar para que as novas janelas *herdem* qualquer campo ausente de uma janela protótipo. Em primeiro lugar, declaramos o protótipo e uma função construtora, que cria novas janelas que compartilham uma metatabela:

```
-- cria o protótipo com valores-padrão
prototype = {x = 0, y = 0, width = 100, height = 100}
mt = {}    -- cria uma metatabela
-- declara a função construtora
function new (o)
  setmetatable(o, mt)
  return o
end
```

Definimos, agora, o metamétodo __index:

```
mt.__index = function (_, key)
  return prototype[key]
end
```

Após esse código, criamos uma nova janela e a consultamos para um campo ausente:

```
w = new{x=10, y=20}
print(w.width)    --> 100
```

Lua detectará que w não tem o campo requisitado, mas que tem uma metatabela com um campo __index. Assim, Lua chamará esse metamétodo __index, com argumentos w (a tabela) e "width" (a chave ausente). O metamétodo indexará, então, o protótipo com a chave dada e retornará o resultado.

O uso do metamétodo __index para herança é tão comum que Lua provê um atalho. Apesar de ser chamado de *método*, o metamétodo __index não precisa ser uma função: ele pode ser uma tabela. Quando ele for função, Lua o chamará com a tabela e a chave ausente como argumentos, conforme acabamos de explicar. Quando ele for uma tabela, Lua repetirá o acesso nela. Assim, em nosso exemplo anterior, poderíamos declarar __index simplesmente assim:

```
mt.__index = prototype
```

Agora, quando procurar o campo __index da metatabela, Lua encontrará o valor de prototype, que é uma tabela. Consequentemente, Lua repetirá o acesso nela, isto é, Lua executará o equivalente a prototype["width"]. Esse acesso dará, então, o resultado desejado.

O uso de uma tabela como um metamétodo __index provê uma maneira rápida e fácil de implementar herança simples. Uma função, embora mais cara, provê mais flexibilidade: podemos implementar herança múltipla, *caching* e muitas outras variações. Discutiremos essas formas de herança no Capítulo 16.

Quando queremos acessar uma tabela sem invocar seu metamétodo __index, usamos a função rawget. A chamada rawget(t, i) faz um acesso *bruto* (*raw*) à tabela t, isto é, um acesso primitivo sem considerar metatabelas. Um acesso bruto não acelerará o seu código (o custo de uma chamada de função acaba com qualquer ganho que você possa ter), mas, algumas vezes, você precisará dele, como veremos mais adiante.

13.4.2 O metamétodo __newindex

O metamétodo __newindex faz para as atualizações de tabelas o que o metamétodo __index faz para os acessos a tabelas. Quando você atribuir um valor a um índice ausente em uma tabela, o interpretador procurará um metamétodo __newindex: se houver um, o interpretador o chamará em vez de fazer a atribuição. Assim como com __index, se o metamétodo for uma tabela, o interpretador fará a atribuição nela em vez de fazê-la na tabela original. Além disso, há uma função bruta que permite que você evite o uso do metamétodo: a chamada rawset(t, k, v) associa o valor v à chave k na tabela t sem invocar nenhum metamétodo.

O uso combinado dos metamétodos __index e __newindex permite várias construções poderosas em Lua, como tabelas somente de leitura, tabelas com valores-padrão e herança para programação orientada a objetos. Neste capítulo, veremos alguns desses usos. A programação orientada a objetos tem o seu próprio capítulo.

13.4.3 Tabelas com valores-padrão

O valor-padrão de qualquer campo de uma tabela normal é nil. É fácil mudá-lo com metatabelas:

```
function setDefault (t, d)
  local mt = {__index = function () return d end}
  setmetatable(t, mt)
end

tab = {x=10, y=20}
print(tab.x, tab.z)      --> 10    nil
setDefault(tab, 0)
print(tab.x, tab.z)      --> 10    0
```

Depois da chamada a setDefault, qualquer acesso a um campo ausente em tab chamará o seu metamétodo __index, que retornará zero (o valor de d para esse metamétodo).

A função setDefault cria um novo fecho mais uma nova metatabela para cada tabela que precise de um valor-padrão. Isso pode ser caro se tivermos muitas dessas tabelas. No entanto, a metatabela tem o valor-padrão d amarrado ao seu metamétodo, e, assim, a função não pode usar uma única metatabela para todas as tabelas. Para permitir o uso de uma única metatabela para tabelas com valores-padrão diferentes, podemos armazenar o valor-padrão de cada uma nela própria, usando um campo exclusivo. Se não estivermos preocupados com colisões de nomes, poderemos usar uma chave como "`___`" para o nosso campo exclusivo:

```
local mt = {__index = function (t) return t.___ end}
function setDefault (t, d)
  t.___ = d
  setmetatable(t, mt)
end
```

Note que, agora, criamos a tabela `mt` apenas uma vez, fora da função `setDefault`.

Se estivermos preocupados com colisões de nomes, será fácil garantir a unicidade dessa chave especial. Tudo o que precisamos fazer é criar uma nova tabela e usá-la como chave:

```
local key = {}      -- chave única
local mt = {__index = function (t) return t[key] end}
function setDefault (t, d)
  t[key] = d
  setmetatable(t, mt)
end
```

Uma abordagem alternativa para associar cada tabela ao seu valor-padrão é usar uma tabela separada, na qual os índices serão as tabelas e os valores serão os seus valores-padrão. No entanto, para implementar corretamente essa abordagem, precisamos de um tipo especial de tabelas, chamado *tabelas fracas*, e, por isso, não a usaremos aqui; retornaremos a esse assunto no Capítulo 17.

Outra alternativa é *memorizar* metatabelas, de modo a reutilizar a mesma metatabela para as tabelas com o mesmo padrão. Essa alternativa, contudo, também precisa de tabelas fracas, e, assim, novamente, precisaremos esperar até o Capítulo 17.

13.4.4 Rastreando acessos a tabelas

Tanto `__index` quanto `__newindex` são relevantes apenas quando o índice não existe na tabela. A única maneira de capturar todos os acessos a uma tabela é mantê-la vazia. Assim, se quisermos monitorar todos esses acessos, devemos criar um *representante (proxy)* para a tabela real. Ele é uma tabela vazia, com metamétodos `__index` e `__newindex` apropriados, que rastreiam todos os acessos, redirecionando-os à tabela original. Suponha que `t` seja a tabela original que queremos rastrear. Podemos escrever algo como isto:

```
t = {}    -- tabela original (criada em algum lugar)

-- mantém um acesso privado à tabela original
local _t = t

-- cria representante
t = {}
```

```
    -- cria metatabela
    local mt = {
      __index = function (t, k)
        print("*access to element " .. tostring(k))
        return _t[k]   -- acessa a tabela original
      end,

      __newindex = function (t, k, v)
        print("*update of element " .. tostring(k) ..
              " to " .. tostring(v))
        _t[k] = v   -- atualiza a tabela original
      end
    }
    setmetatable(t, mt)
```

O código a seguir rastreia todos os acessos a t:

```
> t[2] = "hello"
*update of element 2 to hello
> print(t[2])
*access to element 2
hello
```

Se quisermos percorrer a tabela, precisamos definir uma entrada __pairs no representante:

```
mt.__pairs = function ()
  return function (_, k)
           return next(_t, k)
         end
end
```

Podemos querer algo semelhante para __ipairs.

Se quisermos monitorar diversas tabelas, não precisamos de uma metatabela diferente para cada uma. Em vez disso, podemos associar, de alguma forma, cada representante à sua tabela original e compartilhar uma metatabela comum para todos os representantes. Esse problema é semelhante ao de associar tabelas aos seus valores-padrão, o que discutimos na seção anterior. Por exemplo, podemos manter a tabela original em um campo do representante usando uma chave exclusiva:

```
    local index = {}              -- cria índice privado

    local mt = {                  -- cria metatabela
      __index = function (t, k)
        print("*access to element " .. tostring(k))
        return t[index][k]   -- acessa a tabela original
      end,
```

```lua
    __newindex = function (t, k, v)
      print("*update of element " .. tostring(k) ..
                      " to " .. tostring(v))
      t[index][k] = v   -- atualiza a tabela original
    end,

    __pairs = function (t)
             return function (t, k)
               return next(t[index], k)
             end, t
           end
  }
  function track (t)
    local proxy = {}
    proxy[index] = t
    setmetatable(proxy, mt)
    return proxy
  end
```

Agora, sempre que quisermos monitorar uma tabela t, tudo o que precisaremos fazer será executar t = track(t).

13.4.5 Tabelas somente de leitura

É fácil adaptar o conceito de representantes para implementar tabelas somente de leitura (*read-only*). Tudo o que temos de fazer é lançar um erro sempre que rastrearmos qualquer tentativa de atualizar a tabela. Para o metamétodo __index, podemos usar uma tabela — a própria tabela original — em vez de uma função, pois não precisamos rastrear consultas; é mais simples e bem mais eficiente redirecionar todas as consultas à tabela original. Esse uso, contudo, demanda uma nova metatabela para cada representante somente de leitura, com __index apontando para a tabela original:

```lua
  function readOnly (t)
    local proxy = {}
    local mt = {       -- cria metatabela
      __index = t,
      __newindex = function (t, k, v)
        error("attempt to update a read-only table", 2)
      end
    }
    setmetatable(proxy, mt)
    return proxy
  end
```

Como exemplo de uso, podemos criar uma tabela somente de leitura para os dias da semana:

```
days = readOnly{"Sunday", "Monday", "Tuesday", "Wednesday",
        "Thursday", "Friday", "Saturday"}
print(days[1])      --> Sunday
days[2] = "Noday"
stdin:1: attempt to update a read-only table
```

Exercícios

13.1 Defina um metamétodo `__sub` que retorne a diferença entre dois conjuntos (o conjunto $a - b$ é o conjunto dos elementos de a que não estão em b).

13.2 Defina um metamétodo `__len` para conjuntos tal que `#s` retorne o número de elementos do conjunto s.

13.3 Complete a implementação de representantes da Seção 13.4.4 com um metamétodo `__ipairs`.

13.4 Uma maneira alternativa de implementar tabelas somente de leitura seria usar uma função como o metamétodo `__index`. Essa alternativa torna os acessos mais caros, mas a criação de tabelas somente de leitura é mais barata, pois todas elas podem compartilhar uma única metatabela. Reescreva a função `readOnly` usando essa abordagem.

14

O Ambiente

Lua mantém todas as suas variáveis globais em uma tabela normal, chamada de *ambiente global* (para ser mais preciso, Lua mantém as suas variáveis "globais" em vários ambientes, mas ignoraremos essa multiplicidade por enquanto). Uma vantagem dessa estrutura é que ela simplifica a implementação interna de Lua, pois não há necessidade de uma estrutura de dados diferente para variáveis globais. Outra vantagem é que podemos manipular essa tabela como qualquer outra. Para facilitar isso, Lua armazena o próprio ambiente em uma variável global _G (sim, _G._G é igual a _G). Por exemplo, o código a seguir imprime os nomes de todas as variáveis globais definidas no ambiente global:

```
for n in pairs(_G) do print(n) end
```

Neste capítulo, veremos diversas técnicas úteis para manipular o ambiente.

14.1 Variáveis Globais com Nomes Dinâmicos

Em geral, atribuições são suficientes para acessar e atribuir valores a variáveis globais. No entanto, frequentemente, precisamos de alguma forma de metaprogramação, como quando há a necessidade de manipular uma variável global cujo nome é armazenado em outra variável ou computado de alguma forma em tempo de execução.

Para obter o valor dessa variável, muitos programadores ficam tentados a escrever algo como isto:

```
value = load("return " .. varname)()
```

Se, por exemplo, `varname` for `x`, a concatenação resultará em `"return x"`, que, quando executado, alcançará o resultado que se deseja. No entanto, esse código envolve a criação e a compilação de um novo trecho, o que é um pouco caro. Você pode conseguir o mesmo efeito com o código a seguir, que é mais do que uma ordem de magnitude mais eficiente do que o anterior:

```
value = _G[varname]
```

Como o ambiente é uma tabela normal, você pode indexá-la com a chave desejada (o nome da variável) simplesmente.

Da mesma forma, você pode atribuir um valor a uma variável global cujo nome é computado dinamicamente escrevendo `_G[varname] = value`. No entanto, tenha cuidado: alguns programadores ficam um pouco animados com essas comodidades e terminam escrevendo código como `_G["a"] = _G["var1"]`, que é apenas uma maneira complicada de escrever `a = var1`.

Uma generalização do problema anterior é permitir campos no nome dinâmico, como `"io.read"` ou `"a.b.c.d"`. Se escrevermos `_G["io.read"]`, não obteremos, obviamente, o campo `read` da tabela `io`; mas podemos escrever uma função `getfield` tal que `getfield("io.read")` retorne o resultado esperado. Essa função é fundamentalmente um laço, que começa em `_G` e evolui campo a campo:

```
function getfield (f)
  local v = _G    -- começa com a tabela de globais
  for w in string.gmatch(f, "[%w_]+") do
    v = v[w]
  end
  return v
end
```

Contamos com `gmatch`, da biblioteca `string`, para iterar sobre todas as palavras em `f` (onde "palavra" é uma sequência de um ou mais caracteres alfanuméricos ou de sublinhado).

A função correspondente para atribuir valores a campos é um pouco mais complexa. Uma atribuição como `a.b.c.d = v` é equivalente ao seguinte código:

```
local temp = a.b.c
temp.d = v
```

Isto é, devemos recuperar até o último nome e, então, tratá-lo separadamente. A função `setfield` a seguir realiza essa tarefa, criando tabelas intermediárias em um caminho quando elas não existirem:

```
function setfield (f, v)
  local t = _G            -- começa com a tabela de globais
  for w, d in string.gmatch(f, "([%w_]+)(%.?)") do
    if d == "." then      -- não é o último nome?
      t[w] = t[w] or {}   -- cria tabela se ela estiver ausente
      t = t[w]            -- obtém a tabela
    else                  -- último nome
      t[w] = v            -- faz a atribuição
    end
  end
end
```

Esse novo padrão captura o nome do campo na variável w e um ponto opcional que o segue na variável d.[1] Se um nome de campo não for seguido por um ponto, então, ele será o último.

Com as funções anteriores à sua disposição, a chamada a seguir cria uma tabela global t, cria outra tabela t.x e atribui 10 a t.x.y:

```
setfield("t.x.y", 10)

print(t.x.y)            --> 10
print(getfield("t.x.y"))    --> 10
```

14.2 Declarações de Variáveis Globais

Variáveis globais em Lua não precisam de declarações. Embora isso seja conveniente para programas pequenos, em programas maiores, um simples erro de digitação pode causar erros difíceis de encontrar. Apesar disso, podemos alterar esse comportamento, se assim o desejarmos. Como Lua mantém as suas variáveis globais em uma tabela normal, podemos usar metatabelas para mudar o seu comportamento quando as variáveis globais forem acessadas.

Uma primeira abordagem simplesmente detecta qualquer acesso a chaves ausentes na tabela global:

```
setmotatable(_G, {
  __newindex = function (_, n)
    error("attempt to write to undeclared variable " .. n, 2)
  end,
  __index = function (_, n)
    error("attempt to read undeclared variable " .. n, 2)
  end,
})
```

---
1. Discutiremos casamento de padrões com mais detalhes no Capítulo 21.

Após esse código, qualquer tentativa de acessar uma variável global não existente lançará um erro:

```
> print(a)
stdin:1: attempt to read undeclared variable a
```

Mas como declaramos novas variáveis? Uma opção é usar `rawset`, que evita o uso do metamétodo:

```
function declare (name, initval)
  rawset(_G, name, initval or false)
end
```

(O `or` com **false** garante que a nova global sempre obtenha um valor diferente de nil.)

Uma opção mais simples é restringir atribuições a novas variáveis globais apenas dentro de funções, permitindo atribuições livres no nível externo de um trecho.

Para verificar se a atribuição está no trecho principal, devemos usar a biblioteca de depuração. A chamada `debug.getinfo(2, "S")` retorna uma tabela cujo campo what indica se a função que chamou o metamétodo é um trecho principal, uma função Lua normal ou uma função C (veremos `debug.getinfo` com mais detalhes no Capítulo 24). Usando essa função, podemos reescrever o metamétodo `__newindex` como

```
__newindex = function (t, n, v)
  local w = debug.getinfo(2, "S").what
  if w ~= "main" and w ~= "C" then
    error("attempt to write to undeclared variable " .. n, 2)
  end
  rawset(t, n, v)
end
```

Essa nova versão também aceita atribuições a partir de código C, pois esse tipo de código geralmente sabe o que está fazendo.

Para testar se uma variável existe, não podemos simplesmente compará-la a nil, pois, se ela for nil, o acesso lançará um erro. Em vez disso, usamos `rawget`, que evita o metamétodo:

```
if rawget(_G, var) == nil then
  -- 'var' não foi declarada
  ...
end
```

Assim como está, nosso esquema não permite variáveis globais com valores nil, pois elas seriam automaticamente consideradas como não declaradas, mas não é difícil corrigir esse problema: só precisamos de uma tabela auxiliar que mantenha os nomes das variáveis declaradas. Sempre que um metamétodo for chamado, ele verificará nessa tabela se a variável foi declarada ou não. O código pode ser como o da Listagem 14.1. Agora, mesmo uma atribuição como x = nil será suficiente para declarar uma variável global.

O custo adicional de ambas as soluções é desprezível. Com a primeira delas, os metamétodos nunca são chamados durante a operação normal. Na segunda, eles podem ser chamados, mas apenas se o programa acessar uma variável que armazena um nil.

A distribuição de Lua vem com um módulo strict.lua, que implementa uma verificação de variáveis globais que usa essencialmente o código que acabei de mostrar. É um bom hábito usá-lo ao desenvolver código Lua.

Listagem 14.1
Verificando a declaração de variável global

```
local declaredNames = {}
setmetatable(_G, {
  __newindex = function (t, n, v)
    if not declaredNames[n] then
      local w = debug.getinfo(2, "S").what
      if w ~= "main" and w ~= "C" then
        error("attempt to write to undeclared variable "..n, 2)
      end
      declaredNames[n] = true
    end
    rawset(t, n, v)   -- faz a atribuição de fato
  end,
  __index = function (_, n)
    if not declaredNames[n] then
      error("attempt to read undeclared variable "..n, 2)
    else
      return nil
    end
  end,
})
```

14.3 Ambientes Não Globais

Um dos problemas com o ambiente é que ele é global. Qualquer modificação que você fizer sobre ele afetará todas as partes do seu programa. Por exemplo, quando você instala uma metatabela para controlar o acesso a globais, seu programa inteiro deve seguir essa diretriz. Se você quiser usar uma biblioteca que use variáveis globais sem declará-las, você estará em maus lençóis.

Em Lua, variáveis globais não precisam ser realmente globais. Podemos, até mesmo, dizer que Lua não as tem. Isso pode soar estranho a princípio, pois temos usado variáveis globais ao longo de todo este texto. Claramente, Lua se esforça bastante para dar ao programador uma ilusão de variáveis globais. Vejamos como Lua constrói essa ilusão.[2]

Comecemos com o conceito de nomes livres. Um *nome livre* é um nome que não está amarrado a uma declaração explícita, isto é, que não ocorre dentro do escopo de uma variável local (ou de uma variável de um **for** ou de um parâmetro) com este nome. Por exemplo, tanto var1 quanto var2 são nomes livres no trecho a seguir:

```
var1 = var2 + 3
```

Diferentemente do que explicamos antes, um nome livre não se refere a uma variável global (pelo menos, não de forma direta). Em vez disso, o compilador de Lua traduz qualquer nome livre var para _ENV.var. Assim, o trecho anterior é equivalente a este:

```
_ENV.var1 = _ENV.var2 + 3
```

Mas o que é essa nova variável _ENV? Ela não pode ser uma variável global; caso contrário, estaríamos de volta ao problema original. Novamente, o compilador faz o truque. Eu já mencionei que Lua trata qualquer trecho como uma função anônima. Na verdade, Lua compila nosso trecho original como o código a seguir:

```
local _ENV = <algum valor>
return function (...)
   _ENV.var1 = _ENV.var2 + 3
end
```

Isto é, Lua compila qualquer trecho com a presença de um *upvalue* predefinido chamado _ENV.

Geralmente, quando carregamos um trecho, a função load inicializa esse *upvalue* predefinido com o ambiente global. Assim, nosso trecho original torna-se equivalente a este:

```
local _ENV = <o ambiente global>
return function (...)
   _ENV.var1 = _ENV.var2 + 3
end
```

O resultado de todos esses arranjos é que o campo var1 do ambiente global recebe o valor do campo var2 mais 3.

---

[2]. Note que esse mecanismo foi uma das partes de Lua que mais mudaram da versão 5.1 para a 5.2. A discussão a seguir se refere a Lua 5.2, e muito pouco se aplica às versões anteriores.

À primeira vista, isso pode parecer uma maneira um tanto complicada de manipular variáveis globais. Eu não vou argumentar que esta é a forma mais fácil, mas ela oferece uma flexibilidade difícil de alcançar com uma implementação mais simples.

Antes de ir em frente, vamos resumir o tratamento de variáveis globais em Lua 5.2:

- Lua compila qualquer trecho no escopo de um *upvalue* chamado _ENV.
- O compilador traduz qualquer nome livre var para _ENV.var.
- A função load (ou loadfile) inicializa o primeiro *upvalue* de um trecho com o ambiente global.

No fim das contas, não é tão complicado.

Algumas pessoas ficam confusas porque tentam inferir dessas regras alguma mágica extra. Não há mágica extra. Em particular, as duas primeiras regras são inteiramente realizadas pelo compilador. À exceção de ser predefinida pelo compilador, _ENV é uma mera variável normal. Fora da compilação, o nome _ENV não tem nenhum significado especial para Lua.[3] Da mesma forma, a tradução de var para _ENV.var é meramente sintática, sem significados ocultos. Em particular, após essa tradução, _ENV se referirá a qualquer variável _ENV que esteja visível no ponto do código em questão, seguindo as regras usuais de visibilidade.

14.4 Usando _ENV

Nesta seção, veremos algumas formas de explorar a flexibilidade trazida por _ENV. Tenha em mente que a maioria dos exemplos aqui deve ser executada como um único trecho de código. Se você digitar o código linha a linha no modo interativo, cada uma delas será um trecho diferente e, portanto, terá uma variável _ENV distinta. Se quiser executar um pedaço de código como um único trecho, você pode executá-lo a partir de um arquivo ou delimitá-lo com um par **do–end** no modo interativo.

Como _ENV é uma variável normal, podemos atribuir-lhe valores e acessá-la como qualquer outra variável. A atribuição _ENV = nil invalidará qualquer acesso direto a variáveis globais no restante do trecho. Isso pode ser útil para controlar quais variáveis o seu código usa:

```
local print, sin = print, math.sin
_ENV = nil
print(13)                --> 13
print(sin(13))           --> 0.42016703682664
print(math.cos(13))      -- erro!
```

---

[3]. Para ser completamente honesto, Lua usa esse nome em mensagens de erro para que possa reportar um erro que envolva a variável _ENV.x como sobre a global x.

Qualquer atribuição a um nome livre lançará um erro semelhante.

Podemos escrever _ENV explicitamente para ignorar uma declaração local:

```
a = 13              -- global
local a = 12
print(a)            --> 12   (local)
print(_ENV.a)       --> 13   (global)
```

Obviamente, um dos principais usos de _ENV é mudar o ambiente usado por um pedaço de código. Fazendo essa mudança, todos os acessos usarão a nova tabela:

```
-- muda o ambiente corrente para uma nova tabela vazia
_ENV = {}
a = 1         -- cria um campo em _ENV
print(a)
  --> stdin:4: attempt to call global 'print' (a nil value)
```

Se o novo ambiente for vazio, você terá perdido todas as suas variáveis globais, incluindo print. Assim, primeiramente, você deve preenchê-lo com alguns valores úteis, como o antigo ambiente:

```
a = 15                  -- cria a variável global
_ENV = {g = _G}         -- muda o ambiente corrente
a = 1                   -- cria um campo em _ENV
g.print(a)              --> 1
g.print(g.a)            --> 15
```

Agora, quando você acessar a "global" g, obterá o ambiente antigo, no qual encontrará a função print.

Podemos reescrever o exemplo anterior usando o nome _G em vez de g:

```
a = 15                  -- cria uma variável global
_ENV = {_G = _G}        -- muda o ambiente corrente
a = 1                   -- cria um campo em _ENV
_G.print(a)             --> 1
_G.print(_G.a)          --> 15
```

Para Lua, _G é um nome como qualquer outro. Sua única condição especial ocorre quando Lua cria a tabela global inicial e a atribui à variável global _G. Lua não se preocupa com o valor corrente dessa variável, mas é comum usar esse mesmo nome sempre que tivermos uma referência ao ambiente global, como fizemos no exemplo revisto.

Outra forma de preencher o seu novo ambiente é com herança:

```
a = 1
local newgt = {}                        -- cria novo ambiente
setmetatable(newgt, {__index = _G})
_ENV = newgt                            -- atribui este novo ambiente
print(a)                                --> 1
```

Nesse código, o novo ambiente herda tanto print quanto a do ambiente antigo. Ainda assim, qualquer nova atribuição irá para a nova tabela. Não há o perigo de se alterar uma variável no ambiente global por engano, embora você ainda possa alterá-la por meio de _G:

```
-- continuando o código anterior
a = 10
print(a)                --> 10
print(_G.a)             --> 1
_G.a = 20
print(_G.a)             --> 20
```

Por ser uma variável normal, _ENV segue as regras de escopo usuais. Em particular, funções definidas dentro de um trecho acessam _ENV da mesma forma que acessam qualquer outra variável externa:

```
_ENV = {_G = _G}
local function foo ()
   _G.print(a)    -- compilado como '_ENV._G.print(_ENV.a)'
end
a = 10             -- _ENV.a
foo()              --> 10
_ENV = {_G = _G, a = 20}
foo()              --> 20
```

Se definirmos uma nova variável local chamada _ENV, as referências para nomes livres serão associadas a essa nova variável:

```
a = 2
do
   local _ENV = {print = print, a = 14}
   print(a)    --> 14
end
print(a)       --> 2   (de volta à _ENV original)
```

Assim, não é difícil definir uma função com um ambiente privado:

```
function factory (_ENV)
   return function ()
          return a        -- "global" a
          end
end

f1 = factory{a = 6}
f2 = factory{a = 7}
print(f1())    --> 6
print(f2())    --> 7
```

A função factory cria fechos simples que retornam o valor de sua global a. Quando o fecho for criado, a variável _ENV visível será o parâmetro _ENV da função externa factory; dessa forma, o fecho usará essa variável externa (como um *upvalue*) para acessar seus nomes livres.

Usando as regras usuais de escopo, podemos manipular os ambientes de diversas outras maneiras. Por exemplo, podemos ter várias funções compartilhando um ambiente comum ou uma função que altere o ambiente compartilhado por outras.

14.5 _ENV e load

Como mencionei anteriormente, load, em geral, inicializa o *upvalue* _ENV de um trecho por ela carregado com o ambiente global. No entanto, load tem um quarto parâmetro opcional que dá o valor para _ENV (a função loadfile tem um parâmetro semelhante).

Como exemplo inicial, considere um arquivo de configuração típico que defina diversas constantes e funções a serem usadas por um programa; ele pode ser algo como

```
-- arquivo 'config.lua'
width = 200
height = 300
...
```

Podemos carregá-lo com o seguinte código:

```
env = {}
f = loadfile("config.lua", "t", env)
f()
```

Todo o código do arquivo de configuração será executado no ambiente vazio env. Mais importante do que isso, todas as suas definições irão para esse ambiente. O arquivo de configuração não terá como afetar nada mais, ainda que por engano. Mesmo um código malicioso não poderá causar muito estrago. Ele poderá fazer um ataque do tipo DoS (do inglês *denial of service*, negação de serviço), gastando tempo de CPU e memória, mas nada além disso.

Você pode, de vez em quando, querer executar um trecho de código diversas vezes, cada uma com uma tabela de ambiente diferente. Nesse caso, o argumento extra para load não será muito útil. Em vez dele, temos duas outras opções.

A primeira é usar a função debug.setupvalue, da biblioteca de depuração. Como o seu nome sugere, setupvalue nos permite alterar qualquer *upvalue* de uma dada função. O próximo fragmento ilustra o seu uso:

```
f = loadfile(filename)
...
env = {}
debug.setupvalue(f, 1, env)
```

O primeiro argumento da chamada a setupvalue é a função, o segundo é o índice do *upvalue*, e o terceiro é o novo valor para o *upvalue*. Para esse tipo de uso, o segundo argumento é sempre um: quando a função é o resultado de load ou loadfile, Lua garante que ela tenha apenas um *upvalue* e que este seja _ENV.

Um pequeno problema dessa opção é a sua dependência da biblioteca de depuração, a qual quebra algumas das suposições usuais sobre programas. Por exemplo, debug.setupvalue quebra as regras de visibilidade de Lua, que garantem que uma variável local não possa ser acessada fora de seu escopo léxico.

Outra opção para executar um trecho com diversos ambientes diferentes é alterá-lo um pouco durante o seu carregamento. Imagine que adicionemos a linha seguinte imediatamente antes do trecho sendo carregado:

```
_ENV = ...;
```

Lembre-se de que vimos na Seção 8.1 que Lua compila qualquer trecho como uma função variádica. Dessa forma, a linha extra de código atribuirá à variável _ENV o primeiro argumento para o trecho, definindo, assim, esse argumento como ambiente. Após carregar o trecho, chamamos a função resultante, passando o ambiente-alvo como primeiro argumento. O próximo fragmento de código ilustra essa ideia, usando a função loadwithprefix do Exercício 8.1:

```
f = loadwithprefix("local _ENV = ...;", io.lines(filename, "*L"))
...
env = {}
f(env)
```

Exercícios

14.1 A função getfield que definimos no início deste capítulo é muito permissiva, pois aceita "campos" como math?sin ou string!!!gsub. Reescreva essa função para que ela aceite apenas pontos simples como separadores de nomes (você pode precisar de algum conhecimento do Capítulo 21 para fazer esse exercício).

14.2 Explique com detalhes o que acontecerá no programa seguinte e qual será a sua saída.
```
local foo
do
  local _ENV = _ENV
  function foo ()  print(X) end
end
X = 13
_ENV = nil
foo()
X = 0
```

14.3 Explique com detalhes o que acontecerá no programa seguinte e qual será a sua saída.

```
local print = print
function foo (_ENV, a)
   print(a + b)
end
foo({b = 14}, 12)
foo({b = 10}, 1)
```

15
Módulos e Pacotes

Geralmente, Lua não determina políticas. Em vez disso, Lua provê mecanismos poderosos o suficiente para que grupos de desenvolvedores possam implementar as políticas que melhor os atendam. No entanto, essa abordagem não funciona bem para módulos. Um dos objetivos principais de um sistema de módulos é permitir que diferentes grupos compartilhem código. A falta de uma política comum impede esse compartilhamento.

A partir da versão 5.1, Lua define um conjunto de políticas para módulos e pacotes (estes sendo coleções de módulos). Essas políticas não requerem nenhuma característica extra da linguagem; os programadores podem implementá-las usando o que vimos até agora: tabelas, funções, metatabelas e ambientes. Os programadores são livres para usar políticas diferentes. É claro, porém, que implementações alternativas podem levar a programas que não possam usar módulos externos e a módulos que não possam ser usados por programas externos.

Do ponto de vista do usuário, um *módulo* é um código (em Lua ou em C) que pode ser carregado por meio de require e que cria e retorna uma tabela. Tudo o que o módulo exporta, como funções e constantes, é definido dentro dessa tabela, que atua como um espaço de nomes.

Como exemplo, todas as bibliotecas-padrão são módulos. Você pode usar a biblioteca matemática como a seguir:

```
local m = require "math"
print(m.sin(3.14))
```

No entanto, o interpretador de linha de comando pré-carrega todas as bibliotecas-padrão com um código equivalente a este:

```
math = require "math"
string = require "string"
...
```

Esse pré-carregamento nos permite usar a notação usual math.sin.

Um benefício óbvio do uso de tabelas para implementar módulos é que podemos manipulá-los como qualquer outra tabela e usar todo o poder de Lua para criar comodidades adicionais. Na maioria das linguagens, os módulos não são valores de primeira classe (isto é, não podem ser armazenados em variáveis, passados como argumentos para funções etc.), e, por isso, essas linguagens precisam de mecanismos especiais para cada comodidade adicional que desejem oferecer para módulos. Em Lua, comodidades adicionais saem de graça.

Por exemplo, há diversas maneiras de o usuário chamar uma função de um módulo. A forma usual é:

```
local mod = require "mod"
mod.foo()
```

O usuário pode atribuir um nome local qualquer para um módulo:

```
local m = require "mod"
m.foo()
```

Ele pode também prover nomes alternativos para funções individuais:

```
local m = require "mod"
local f = mod.foo
f()
```

O aspecto interessante dessas comodidades é que elas não envolvem nenhum suporte especial da linguagem, mas usam o que ela já oferece.

Uma reclamação comum contra require é que ele não pode passar argumentos ao módulo sendo carregado. Por exemplo, o módulo matemático poderia ter uma opção para escolher entre graus e radianos:

```
-- código errado
local math = require("math", "degree")
```

O problema aqui é que um dos principais objetivos de require é evitar o carregamento de um módulo múltiplas vezes. Uma vez carregado, ele será reusado por qualquer parte do programa que o requisite. Haveria um conflito se o mesmo módulo fosse carregado com parâmetros diferentes:

```
-- código errado
local math = require("math", "degree")

-- em algum outro lugar no mesmo programa
local math = require("math", "radians")
```

Caso você realmente queira que o seu módulo tenha parâmetros, é melhor criar uma função explícita para defini-los, como aqui:

```
local mod = require"mod"
mod.init(0, 0)
```

Se a função de inicialização retornar o próprio módulo, podemos escrever esse código como

```
local mod = require"mod".init(0, 0)
```

Outra opção é fazer com que o módulo retorne a sua função de inicialização, e apenas essa função retorna a tabela do módulo:

```
local mod = require"mod"(0, 0)
```

De qualquer forma, lembre-se de que o módulo é carregado apenas uma vez; é responsabilidade dele tratar inicializações conflitantes.

15.1 A Função require

A função require tenta manter o mínimo de suposições sobre o que é um módulo. Para ela, um módulo é apenas qualquer código que defina alguns valores (como funções ou tabelas contendo funções). Tipicamente, esse código retorna uma tabela com as funções do módulo. No entanto, como essa ação é realizada pelo código do módulo, e não por require, alguns módulos podem escolher retornar outros valores ou mesmo ter efeitos colaterais.

Para carregar um módulo, simplesmente chamamos require *"modname"*. O primeiro passo de require é verificar na tabela package.loaded se o módulo já está carregado. Se estiver, require retornará o seu valor correspondente. Dessa forma, uma vez que o módulo tenha sido carregado, outras chamadas requisitando o mesmo módulo simplesmente retornarão o mesmo valor, sem que nenhum código seja novamente executado.

Se o módulo ainda não estiver carregado, require procurará um arquivo Lua com o nome dele. Se encontrar, require o carregará com loadfile. O resultado será uma função que chamamos de *carregador* (essa função, quando chamada, carrega o módulo).

Se require não encontrar um arquivo Lua com o nome do módulo, procurará, então, uma biblioteca C com esse nome. Se encontrar, ela a carregará com package.loadlib (que discutimos na Seção 8.3), procurando uma função chamada luaopen_*modname*.[1] O carregador, nesse caso, será o resultado de loadlib, isto é, a função luaopen_*modname*, representada como uma função Lua.

Não importa como o módulo foi encontrado, se foi em um arquivo Lua ou em uma biblioteca C, require terá agora um carregador para ele. Para finalmente o carregar, require chamará o carregador com dois argumentos: o nome do módulo e o nome do arquivo do qual obteve o carregador (a maioria dos módulos apenas ignora esses argumentos). Se o carregador retornar algum valor, require o retornará e o armazenará na tabela package.loaded, para retorná-lo em chamadas futuras ao mesmo módulo. Se o carregador não retornar um valor, require se comportará como se o módulo tivesse retornado **true**. Sem essa correção, uma chamada subsequente a require executaria o módulo novamente.

Para forçar require a recarregar um mesmo módulo, simplesmente apagamos a entrada correspondente em package.loaded:

```
package.loaded.<modname> = nil
```

Da próxima vez em que o módulo for requisitado, require repetirá todo o seu trabalho.

15.1.1 Renomeando um módulo

Geralmente, usamos os módulos com os seus nomes originais, mas, algumas vezes, devemos renomear um deles para evitar colisões de nomes. Uma situação típica é quando precisamos carregar versões diferentes de um mesmo módulo (por exemplo, para testes). Os módulos Lua não têm os seus nomes fixados internamente, portanto, em geral, é suficiente renomear o arquivo .lua. No entanto, não podemos editar uma biblioteca binária para corrigir o nome de sua função luaopen_*. Para permitir tais renomeações, require usa um pequeno truque: se o nome do módulo contiver um hífen, require removerá dele o seu prefixo até o hífen quando criar o nome da função luaopen_*. Por exemplo, se um módulo se chamar a-b, require esperará que a sua função de abertura se chame luaopen_b em vez de luaopen_a-b (que, de qualquer forma, não seria um nome C válido). Assim, se precisarmos usar dois módulos chamados mod, podemos, por exemplo, renomear um deles para v1-mod. Quando chamarmos m1 = require "v1-mod", require encontrará o arquivo renomeado v1-mod e, dentro dele, a função com o nome original luaopen_mod.

15.1.2 Procura em caminhos

Para procurar um arquivo Lua, require usa um caminho (*path*) um pouco diferente. O caminho típico é uma lista de diretórios na qual um dado arquivo deve ser procurado. No entanto, ANSI C (a plataforma abstrata em que Lua executa)

---

1. Na Seção 27.3, discutiremos como escrever bibliotecas C.

não tem o conceito de diretórios. Assim, o caminho usado por require é uma lista de *modelos* (*templates*), cada um especificando uma forma alternativa de transformar um nome de módulo (o argumento para require) em um nome de arquivo. Mais especificamente, cada modelo no caminho é um nome de arquivo contendo pontos de interrogação opcionais. Para cada modelo, require substituirá todos os '?' pelo nome do módulo e verificará se há um arquivo com o nome resultante; se não houver, irá para o próximo modelo. Os modelos em um caminho são separados por ponto e vírgula (um caractere raramente usado para nomes de arquivos na maioria dos sistemas operacionais). Por exemplo, se o caminho for

```
?;?.lua;c:\windows\?;/usr/local/lua/?/?.lua
```

a chamada require "sql" tentará abrir os seguintes arquivos Lua:

```
sql
sql.lua
c:\windows\sql
/usr/local/lua/sql/sql.lua
```

A função require assume apenas o ponto e vírgula (como um separador de componentes) e o ponto de interrogação; todo o resto, incluindo separadores de diretórios e extensões de arquivos, é definido pelo próprio caminho.

O caminho que require usa para procurar arquivos Lua é sempre o valor corrente da variável package.path. Quando começa a executar, Lua inicializa essa variável com o valor da variável de ambiente LUA_PATH_5_2. Se essa variável de ambiente não estiver definida, Lua tentará usar LUA_PATH. Se nenhuma delas estiver definida, Lua usará um caminho-padrão definido em tempo de compilação.[2] Quando usa o valor de uma variável de ambiente, Lua substitui qualquer subcadeia ";;" pelo caminho-padrão. Por exemplo, se você atribuir "mydir/?.lua;;" a LUA_PATH_5_2, o caminho final será "mydir/?.lua", seguido pelo caminho-padrão.

O caminho usado para procurar uma biblioteca C é semelhante, porém o seu valor vem da variável package.cpath (em vez de package.path). Essa variável obtém o seu valor inicial das variáveis de ambiente LUA_CPATH_5_2 ou LUA_CPATH. Um valor típico para esse caminho no UNIX é algo como

```
./?.so;/usr/local/lib/lua/5.2/?.so
```

Note que o caminho define a extensão do arquivo. O exemplo anterior usa .so para todos os modelos; no Windows, um caminho típico seria mais parecido com este:

```
.\?.dll;C:\Program Files\Lua502\dll\?.dll
```

---

[2]. Em Lua 5.2, a opção de linha de comando -E evita o uso dessas variáveis de ambiente e força o uso do caminho-padrão.

A função `package.searchpath` codifica todas as regras para a procura de bibliotecas. Ela recebe o nome de um módulo e um caminho e, então, procura um arquivo seguindo as regras descritas aqui. Ela retorna o nome do primeiro arquivo encontrado ou nil mais uma mensagem de erro que descreve todos os arquivos que tentou abrir sem sucesso, como no exemplo a seguir:

```
> path = ".\\?.dll;C:\\Program Files\\Lua502\\dll\\?.dll"
> print(package.searchpath("X", path))
nil
    no file '.\X.dll'
    no file 'C:\Program Files\Lua502\dll\X.dll'
```

15.1.3 Buscadores

Na verdade, `require` é um pouco mais complexa do que descrevemos. A procura por um arquivo Lua e a procura por uma biblioteca C são apenas duas instâncias de um conceito mais geral de *buscadores* (*searchers*). Um buscador é simplesmente uma função que recebe o nome do módulo e retorna um carregador para esse módulo ou nil, se não conseguir encontrá-lo.

O *array* `package.searchers` lista os buscadores que `require` usa. Ao procurar um módulo, `require` chamará cada buscador da lista, passando o nome do módulo, até que um deles encontre um carregador para o módulo. Se a lista terminar sem que haja uma resposta positiva, `require` lançará um erro.

O uso de uma lista para orientar a procura por um módulo oferece grande flexibilidade a `require`. Por exemplo, se você quiser armazenar módulos comprimidos em arquivos zip, você precisará apenas fornecer uma função de busca adequada para isso e adicioná-la à lista. No entanto, é mais comum que os programas não alterem o conteúdo-padrão de `package.searchers`. Nessa configuração-padrão, o buscador de arquivos Lua e o de bibliotecas C descritos anteriormente são, respectivamente, o segundo e o terceiro elementos da lista. Antes deles, há o buscador de pré-carga.

O buscador de *pré-carga* permite definir uma função arbitrária para carregar um módulo. Ele usa uma tabela, chamada `package.preload`, para mapear nomes de módulos para funções de carga. Ao procurar um nome de módulo, esse buscador simplesmente procura o nome dado na tabela. Se lá encontrar uma função, ele a retornará como o carregador do módulo. Se não a encontrar, retornará nil. Esse buscador provê um método genérico para tratar de algumas situações não convencionais. Por exemplo, uma biblioteca C ligada estaticamente a Lua pode registrar sua função `luaopen_` na tabela `preload` para que ela seja chamada apenas quando (e se) o usuário requisitar o módulo. Dessa forma, o programa não precisa gastar tempo abrindo o módulo se ele não for usado.

O conteúdo-padrão de `package.searchers` inclui uma quarta função que é relevante apenas para submódulos. Discutiremos essa função na Seção 15.4.

15.2 A Abordagem Básica para a Escrita de Módulos em Lua

A forma mais fácil de criar um módulo em Lua é realmente simples: criamos uma tabela, colocamos todas as funções que queremos exportar dentro dela e a retornamos. A Listagem 15.1 ilustra essa abordagem. Note como definimos inv como uma função privada simplesmente a declarando como local ao trecho de código.

Listagem 15.1
Um módulo simples para números complexos

```lua
local M = {}

function M.new (r, i) return {r=r, i=i} end

-- define uma constante 'i'
M.i = M.new(0, 1)

function M.add (c1, c2)
   return M.new(c1.r + c2.r, c1.i + c2.i)
end

function M.sub (c1, c2)
   return M.new(c1.r - c2.r, c1.i - c2.i)
end

function M.mul (c1, c2)
   return M.new(c1.r*c2.r - c1.i*c2.i, c1.r*c2.i + c1.i*c2.r)
end

local function inv (c)
   local n = c.r^2 + c.i^2
   return M.new(c.r/n, -c.i/n)
end

function M.div (c1, c2)
   return M.mul(c1, inv(c2))
end

function M.tostring (c)
   return "(" .. c.r .. "," .. c.i .. ")"
end

return M
```

Algumas pessoas não gostam do comando return final. Uma forma de eliminá-lo é atribuir diretamente a tabela do módulo a package.loaded:

```lua
local M = {}
package.loaded[...] = M
   <como antes>
```

Lembre-se de que require chama o carregador passando o nome do módulo como primeiro argumento. Assim, a expressão *vararg* ... no índice resulta nesse nome. Depois dessa atribuição, não precisaremos retornar M no final do módulo: se ele não retornar um valor, require retornará o valor corrente de package.loaded[modname] (se não for nil). De qualquer forma, eu aindo prefiro escrever o comando return final, porque ele parece mais claro.

Outra alternativa para escrever um módulo é definir todas as funções como locais, construindo a tabela de retorno ao final, como na Listagem 15.2. Quais são as vantagens dessa abordagem? Você não precisa prefixar cada nome com M. ou algo semelhante; há uma lista de exportação explícita; e você define e usa funções exportadas e internas da mesma forma dentro do módulo. Quais são as desvantagens? A lista de exportação fica no final do módulo em vez de no início, onde seria mais útil como uma documentação rápida; e a lista de exportação é um pouco redundante, pois você deve escrever duas vezes cada nome (essa última desvantagem pode se tornar uma vantagem, pois permite que as funções tenham nomes diferentes dentro e fora do módulo, mas eu acho que os programadores raramente fazem isso). Esse estilo particularmente me agrada, mas gostos pessoais podem ser diferentes.

Listagem 15.2
Módulo com lista de exportação

```
local function new (r, i) return {r=r, i=i} end
-- define a constante 'i'
local i = new(0, 1)

  <as outras funções seguem esse mesmo padrão>
return {
  new      = new,
  i        = i,
  add      = add,
  sub      = sub,
  mul      = mul,
  div      = div,
  tostring = tostring,
}
```

De qualquer forma, lembre-se de que, não importa como um módulo seja definido, os usuários devem poder usá-lo de maneira padronizada:

```
local cpx = require "complex"
print(cpx.tostring(cpx.add(cpx.new(3,4), cpx.i)))
   --> (3,5)
```

15.3 Usando Ambientes

Um problema desses métodos básicos para a criação de módulos é a facilidade de se poluir o espaço global, por exemplo, se nos esquecermos de um **local** em uma declaração privada.

Os ambientes oferecem uma técnica interessante para criar módulos que resolve esse problema. Caso o trecho principal de um módulo tenha um ambiente exclusivo, além de todas as suas funções compartilharem essa tabela, as suas variáveis globais irão para ela. Assim, podemos declarar todas as funções públicas como variáveis globais, e elas irão automaticamente para uma tabela separada. Tudo o que o módulo precisa fazer é atribuir essa tabela à variável _ENV. Depois disso, quando declararmos a função add, ela irá para M.add:

```
local M = {}
_ENV = M
function add (c1, c2)
  return new(c1.r + c2.r, c1.i + c2.i)
end
```

Além disso, podemos chamar outras funções do mesmo módulo sem nenhum prefixo. No código anterior, a função add obtém new de seu ambiente, isto é, ela chama M.new.

Esse método oferece um bom suporte aos módulos, com pouco trabalho extra para o programador. Ele não precisa de nenhum prefixo. Não há diferença entre chamar uma função exportada e chamar uma função privada. Caso o programador se esqueça de um **local**, ele não poluirá o espaço de nomes global; em vez disso, uma função privada simplesmente se tornará pública.

De toda forma, eu atualmente prefiro um dos dois métodos discutidos na seção anterior. Eles podem precisar de mais trabalho, mas o código resultante mostra claramente o que faz. Para evitar a criação de uma global por engano, eu uso o método simples de atribuir nil a _ENV. Depois disso, qualquer atribuição a um nome global lançará um erro.

O que está faltando, claro, é o acesso a outros módulos. Após trocarmos o valor de _ENV, perdemos o acesso a todas as variáveis globais anteriores. Há várias formas de recuperá-lo, cada uma com seus prós e contras.

Uma solução é a herança:

```
local M = {}
setmetatable(M, {__index = _G})
_ENV = M
```

(Você deve chamar setmetatable antes da atribuição a _ENV; por quê?) Com essa construção, o módulo tem acesso direto a qualquer identificador global, com um pequeno custo adicional para cada acesso. Uma consequência divertida dessa solução é que, conceitualmente, seu módulo conterá agora todas as variáveis globais.

Por exemplo, alguém usando o seu módulo pode chamar a função seno padrão escrevendo `complex.math.sin(x)`. (O sistema de pacotes de Perl também tem essa peculiaridade.)

Outro método rápido de acessar outros módulos é declarar uma variável local que armazene o ambiente original:

```
local M = {}
local _G = _G
_ENV = M         -- ou _ENV = nil
```

Agora, você deverá prefixar todo nome global com `_G.`, mas o acesso será um pouco mais rápido, porque não envolverá nenhum metamétodo.

Uma abordagem mais disciplinada é declarar como locais apenas as funções das quais você precise ou, no máximo, os módulos:

```
-- inicialização do módulo
local M = {}

-- Seção de Importação:
-- declare tudo de que este módulo precisa vindo de fora
local sqrt = math.sqrt
local io = io

-- não haverá mais acesso externo depois deste ponto
_ENV = nil       -- ou _ENV = M
```

Essa técnica demanda mais trabalho, mas ela documenta melhor as dependências de seu módulo. Ela também resulta em um código que executa de forma um pouco mais rápida do que os outros esquemas, devido ao seu uso de variáveis locais.

15.4 Submódulos e Pacotes

Lua permite que os nomes de módulos sejam hierárquicos, usando um ponto para separar seus níveis. Por exemplo, um módulo chamado `mod.sub` é um *submódulo* de mod. Um *pacote* é uma árvore completa de módulos; ele é a unidade de distribuição em Lua.

Quando você requisita um módulo chamado `mod.sub`, require consulta primeiramente a tabela `package.loaded` e, depois, a `package.preload`, usando como chave o nome original do módulo, `"mod.sub"`; aqui, o ponto é apenas um caractere como outro qualquer no nome do módulo.

No entanto, ao procurar um arquivo que defina esse submódulo, require traduz o ponto para outro caractere, usualmente, o separador de diretórios do sistema (*e.g.*, `'/'` para UNIX, ou `'\'` para Windows). Depois da tradução, require procura o nome resultante como qualquer outro. Por exemplo, assuma `'/'` como o separador de diretórios e o seguinte caminho:

```
./?.lua;/usr/local/lua/?.lua;/usr/local/lua/?/init.lua
```

A chamada `require "a.b"` tentará abrir os seguintes arquivos:

```
./a/b.lua
/usr/local/lua/a/b.lua
/usr/local/lua/a/b/init.lua
```

Esse comportamento permite que todos os módulos de um pacote residam em um único diretório. Por exemplo, se um pacote tiver os módulos p, p.a e p.b, seus arquivos respectivos poderão ser `p/init.lua`, `p/a.lua` e `p/b.lua`, com o diretório p dentro de algum diretório apropriado.

O separador de diretórios usado por Lua é configurado em tempo de compilação e pode ser qualquer cadeia de caracteres (lembre-se: Lua não sabe nada sobre diretórios). Por exemplo, sistemas sem diretórios hierárquicos podem usar um '_' como separador de "diretórios", e, assim, `require "a.b"` procurará um arquivo a_b.lua.

Nomes em C não podem conter pontos, então, uma biblioteca C para o submódulo a.b não pode exportar uma função `luaopen_a.b`. Aqui, `require` traduzirá o ponto para outro caractere, um de sublinhado. Assim, uma biblioteca C chamada a.b deve nomear sua função de inicialização como `luaopen_a_b`. Podemos usar o truque do hífen aqui também, com alguns resultados sutis. Por exemplo, se tivermos uma biblioteca C a e quisermos torná-la um submódulo de mod, podemos renomear o arquivo para mod/v-a. Quando escrevermos `require "mod.v-a"`, `require` encontrará corretamente o novo arquivo mod/v-a, assim como a função `luaopen_a` dentro dele.

Como uma comodidade extra, `require` tem mais um buscador para carregar submódulos C. Quando não conseguir encontrar nem um arquivo Lua nem um C para um submódulo, este último buscador procurará novamente no caminho C, mas, dessa vez, procurando o nome do pacote. Por exemplo, se o programa requisitar um submódulo a.b.c, esse buscador procurará a. Se encontrar uma biblioteca C para esse nome, `require`, então, procurará dentro dela uma função de inicialização apropriada, `luaopen_a_b_c`, nesse exemplo. Essa comodidade permite que uma distribuição reúna diversos submódulos em uma única biblioteca C, cada um com a sua própria função de inicialização.

Do ponto de vista de Lua, os submódulos em um mesmo pacote não têm uma relação explícita. A requisição de um módulo a não carrega automaticamente nenhum dos seus submódulos; da mesma forma, a requisição de a.b não carrega a automaticamente. É claro que o implementador do pacote tem a liberdade de criar essas conexões, se quiser. Por exemplo, um módulo a particular pode iniciar requisitando explicitamente um ou todos os seus submódulos.

Exercícios

15.1 Reescreva o código da Listagem 13.1 como um módulo.

15.2 O que acontecerá na procura de uma biblioteca se o caminho tiver algum componente fixo (isto é, um componente sem um ponto de interrogação)? Esse comportamento pode ser útil?

15.3 Escreva um buscador que procure arquivos Lua e bibliotecas C ao mesmo tempo. Por exemplo, o caminho usado por esse buscador poderia ser algo como

./?.lua;./?.so;/usr/lib/lua5.2/?.so;/usr/share/lua5.2/?.lua

(Dica: use `package.searchpath` para encontrar um arquivo e, então, tente carregá-lo, primeiramente, com `loadfile` e, depois, com `package.loadlib`.)

15.4 O que acontecerá se você atribuir uma metatabela à tabela `package.preload` com um metamétodo `__index`? Esse comportamento pode ser útil?

16

Programação Orientada a Objetos

Uma tabela em Lua é um objeto em mais de um sentido. Como objetos, as tabelas têm um estado e uma identidade (um *self*) que não tem relação com seus valores; especificamente, dois objetos (tabelas) com o mesmo valor são objetos diferentes, enquanto um objeto pode ter valores diferentes em momentos distintos. Ainda como objetos, as tabelas têm um ciclo de vida independente de quem as criou ou de onde foram criadas.

Os objetos têm as suas próprias operações. As tabelas também podem ter operações, como no seguinte fragmento de código:[1]

```
Account = {balance = 0}
function Account.withdraw (v)
   Account.balance = Account.balance - v
end
```

Essa definição cria uma nova função e a armazena em um campo withdraw do objeto Account. Em seguida, podemos chamá-la como em

```
Account.withdraw(100.00)
```

---

[1]. Mantivemos no exemplo desta seção, como em todos os demais exemplos do livro, o código original em inglês. Este exemplo refere-se a uma conta bancária (*Account*), com um saldo (*balance*), operações de retirada (*withdraw*) e depósito (*deposit*). (N.T.)

Esse tipo de função é quase o que chamamos de *método*. No entanto, o uso do nome global Account dentro da função é uma má prática de programação. Primeiramente, essa função funcionará somente para esse objeto em particular. Em segundo lugar, mesmo para esse objeto, ela funcionará apenas enquanto ele estiver armazenado nessa variável global específica. Se alterarmos o nome do objeto, withdraw não funcionará mais:

```
a, Account = Account, nil
a.withdraw(100.00)      -- ERRO!
```

Tal comportamento viola o princípio de que objetos têm ciclos de vida independentes.

Uma abordagem mais flexível é operar sobre o *receptor* da operação. Para isso, nosso método precisa de um parâmetro extra com o valor do receptor. Ele tem usualmente o nome *self* ou *this*:

```
function Account.withdraw (self, v)
   self.balance = self.balance - v
end
```

Agora, quando chamarmos o método, precisaremos especificar o objeto sobre o qual ele tem de operar:

```
a1 = Account; Account = nil
...
a1.withdraw(a1, 100.00)   -- OK
```

Com o uso de um parâmetro *self*, podemos usar o mesmo método para diversos objetos:

```
a2 = {balance=0, withdraw = Account.withdraw}
...
a2.withdraw(a2, 260.00)
```

Esse uso de um parâmetro *self* é um ponto central em qualquer linguagem orientada a objetos. A maioria das linguagens OO tem esse mecanismo parcialmente escondido do programador, e, assim, ele não precisa declarar esse parâmetro (apesar de ainda poder usar o nome *self* ou *this* dentro de um método). Lua também pode esconder esse parâmetro, usando o *operador dois-pontos*. Podemos reescrever a definição de método anterior como

```
function Account:withdraw (v)
   self.balance = self.balance - v
end
```

e a chamada do método como

```
a:withdraw(100.00)
```

O efeito dos dois-pontos é adicionar um parâmetro extra escondido em uma definição de método e um argumento extra em uma chamada de método. O operador dois-pontos é apenas uma comodidade sintática, embora bem conveniente: não há nada de fato novo aqui. Podemos definir uma função com a sintaxe de ponto e chamá-la com a sintaxe de dois-pontos, ou vice-versa, desde que tratemos o parâmetro extra corretamente:

```
Account = { balance=0,
            withdraw = function (self, v)
                         self.balance = self.balance - v
                       end
          }
function Account:deposit (v)
  self.balance = self.balance + v
end

Account.deposit(Account, 200.00)
Account:withdraw(100.00)
```

Até agora, os nossos objetos têm uma identidade, um estado e operações sobre esse último. Ainda não temos um sistema de classes, herança e privacidade. Cuidemos do primeiro problema: como criar diversos objetos com comportamentos semelhantes? Especificamente, como criar diversas contas bancárias?

16.1 Classes

Uma classe funciona como um molde para a criação de objetos. A maioria das linguagens orientadas a objetos oferece o conceito de classe. Nessas linguagens, cada objeto é uma instância de uma classe específica. Lua não tem esse conceito; cada objeto define o seu próprio comportamento e tem a sua própria forma. No entanto, não é difícil emular classes em Lua, seguindo o exemplo de linguagens baseadas em protótipos como Self e NewtonScript. Nelas, os objetos não têm classes. Em vez disso, cada objeto pode ter um protótipo, que é um objeto normal onde o primeiro objeto procura qualquer operação que não conheça. Para representar uma classe nessas linguagens, criamos um objeto que será usado exclusivamente como um protótipo para outros objetos (suas instâncias). Tanto classes quanto protótipos funcionam como um lugar para colocar o comportamento a ser compartilhado por diversos objetos.

Em Lua, podemos implementar protótipos usando a ideia de herança que vimos na Seção 13.4.1. Mais especificamente, se tivermos dois objetos, a e b, tudo o que precisamos fazer para que b seja um protótipo de a é isto:

```
setmetatable(a, {__index = b})
```

Depois disso, a procurará em b qualquer operação que ele não tenha. Ver b como a classe do objeto a não é muito mais do que uma mudança de terminologia.

Voltemos ao nosso exemplo de conta bancária. Para criar outras contas com comportamento semelhante ao de Account, devemos fazer com que esses novos objetos herdem as suas operações de Account, usando o metamétodo __index. Uma pequena otimização é que não precisamos criar uma tabela extra para ser a metatabela dos objetos conta; em vez disso, usamos a própria tabela Account:

```
function Account:new (o)
    o = o or {}      -- cria uma tabela se o usuário não fornecer uma
    setmetatable(o, self)
    self.__index = self
    return o
end
```

(Quando chamarmos Account:new, self será igual a Account; assim, poderíamos ter usado Account diretamente em vez de self. No entanto, o uso de self combinará perfeitamente quando introduzirmos herança de classe na próxima seção.) Depois desse código, o que acontecerá quando criarmos uma nova conta e chamarmos um método sobre ela (como este)?

```
a = Account:new{balance = 0}
a:deposit(100.00)
```

Quando criarmos a nova conta, a terá Account (o *self* na chamada a Account:new) como sua metatabela. Dessa forma, quando chamarmos a:deposit(100.00), estaremos, na verdade, chamando a.deposit(a, 100.00); os dois-pontos são apenas açúcar sintático. No entanto, Lua não encontrará uma entrada "deposit" na tabela a, e, assim, Lua procurará a entrada __index da metatabela. A situação agora é mais ou menos assim:

```
getmetatable(a).__index.deposit(a, 100.00)
```

A metatabela de a é Account, e Account.__index é também Account (porque o método new fez self.__index = self). Assim, a expressão anterior se reduz a

```
Account.deposit(a, 100.00)
```

isto é, Lua chamará a função deposit original, mas passando a como o parâmetro *self*. Assim, a nova conta a terá herdado a função deposit de Account. Pelo mesmo mecanismo, ela herdará todos os campos de Account.

A herança não funciona apenas para métodos, mas também para outros campos ausentes na nova conta. Dessa forma, uma classe pode prover não somente métodos, mas também valores-padrão, para os campos de suas instâncias. Lembre-se de que, em nossa primeira definição de Account, fornecemos um campo balance com valor 0. Dessa forma, se criarmos uma nova conta sem um saldo inicial, ela herdará esse valor-padrão:

```
b = Account:new()
print(b.balance)    --> 0
```

Quando chamarmos o método `deposit` sobre b, ele executará o equivalente ao seguinte código (porque `self` será b):

```
b.balance = b.balance + v
```

A expressão `b.balance` resultará em zero, e o método atribuirá um depósito inicial a `b.balance`. Acessos subsequentes a `b.balance` não invocarão o metamétodo *index*, porque b terá, então, o seu próprio campo `balance`.

16.2 Herança

Como classes são objetos, elas podem obter métodos de outras classes também. Esse comportamento faz com que a herança (no sentido de orientação a objetos usual) seja facilmente implementada em Lua.

Vamos assumir que tenhamos uma classe-base como `Account`:

```
Account = {balance = 0}

function Account:new (o)
  o = o or {}
  setmetatable(o, self)
  self.__index = self
  return o
end

function Account:deposit (v)
  self.balance = self.balance + v
end

function Account:withdraw (v)
  if v > self.balance then error"insufficient funds" end
  self.balance = self.balance - v
end
```

A partir dessa classe, queremos derivar uma subclasse `SpecialAccount` (conta especial) que permita ao usuário retirar mais do que o seu saldo. Começamos com uma classe vazia que simplesmente herda todas as suas operações de sua classe-base:

```
SpecialAccount = Account:new()
```

Até aqui, `SpecialAccount` é apenas uma instância de `Account`. O interessante acontece agora:

```
s = SpecialAccount:new{limit=1000.00}
```

`SpecialAccount` herda `new` de `Account`, como qualquer outro método. Dessa vez, contudo, quando `new` executar, o seu parâmetro `self` irá se referir a `SpecialAccount`. Assim, a metatabela de s será `SpecialAccount`, cujo valor no campo `__index` é também `SpecialAccount`. Dessa forma, s herda de `SpecialAccount`, que herda de `Account`. Quando avaliarmos

```
s:deposit(100.00)
```

Lua não encontrará um campo deposit em s e, assim, procurará em `Special-Account`; Lua também não encontrará um campo deposit ali e, por isso, procurará em `Account`; encontrará lá, então, a implementação original da operação.

O que torna `SpecialAccount` especial é que podemos redefinir qualquer método herdado de sua superclasse. Tudo o que precisamos fazer é escrever o novo método:

```
function SpecialAccount:withdraw (v)
  if v - self.balance >= self:getLimit() then
    error"insufficient funds"
  end
  self.balance = self.balance - v
end

function SpecialAccount:getLimit ()
  return self.limit or 0
end
```

Agora, quando chamarmos `s:withdraw(200.00)`, Lua não irá a `Account`, porque encontrará antes o novo método withdraw em `SpecialAccount`. Como `s.limit` é 1000.00 (lembre-se de que inicializamos esse campo quando criamos s), o programa fará a retirada, deixando s com um saldo negativo.

Um aspecto interessante de objetos em Lua é que você não precisa criar uma nova classe para especificar um novo comportamento. Se um único objeto precisar de um comportamento específico, você poderá implementá-lo diretamente no objeto. Por exemplo, se a conta s representar algum cliente especial cujo limite seja sempre 10% de seu saldo, você poderá modificar apenas essa conta individual:

```
function s:getLimit ()
  return self.balance * 0.10
end
```

Depois dessa declaração, a chamada `s:withdraw(200.00)` executará o método withdraw de `SpecialAccount`, mas, quando withdraw chamar `self:getLimit`, será essa última definição que ele invocará.

16.3 Herança Múltipla

Como objetos não são primitivos em Lua, há várias maneiras de fazer programação orientada a objetos. A abordagem que acabamos de explicar, usando o metamétodo *index*, é provavelmente a melhor combinação de simplicidade, desempenho e flexibilidade. No entanto, há outras implementações que podem ser mais adequadas para alguns casos particulares. Aqui, veremos uma implementação alternativa que permite herança múltipla em Lua.

A chave para essa implementação é o uso de uma função para o metacampo `__index`. Lembre-se de que, se a metatabela de uma tabela tiver uma função no campo `__index`, Lua chamará essa função sempre que não encontrar uma chave na tabela original. Assim, `__index` poderá procurar a chave que falta em quantos pais quiser.

Herança múltipla significa que uma classe pode ter mais do que uma superclasse. Dessa forma, não podemos usar um método de classe para criar subclasses. Em vez disso, definiremos uma função específica para esse propósito, `createClass`, que tem como argumentos as superclasses da nova classe; veja a Listagem 16.1. Essa função cria uma tabela para representar a nova classe e atribui à sua metatabela um metamétodo `__index` que faz a herança múltipla. Apesar da herança múltipla, cada instância de objeto ainda pertence a uma única classe, na qual ele procura todos os seus métodos. Assim, a relação entre classes e superclasses é diferente da que existe entre classes e instâncias. Particularmente, uma classe não pode ser a metatabela de suas instâncias e de suas subclasses ao mesmo tempo. Na Listagem 16.1, mantemos a classe como a metatabela de suas instâncias e criamos uma outra tabela para ser a metatabela da classe.

Vamos ilustrar o uso de `createClass` com um pequeno exemplo. Assuma a nossa classe anterior, `Account`, e uma outra, `Named`, com apenas dois métodos: `setname` e `getname`.

```
Named = {}
function Named:getname ()
  return self.name
end
function Named:setname (n)
  self.name = n
end
```

Para criar uma nova classe `NamedAccount` que seja tanto uma subclasse de `Account` quanto de `Named`, simplesmente chamamos `createClass`:

```
NamedAccount = createClass(Account, Named)
```

Para criar e usar instâncias, fazemos como de costume:

```
account = NamedAccount:new{name = "Paul"}
print(account:getname())    --> Paul
```

Vejamos agora como esse último comando funciona. Lua não encontrará o campo "getname" em `account`; assim, procurará o campo `__index` da metatabela de `account`, que é `NamedAccount`. No entanto, `NamedAccount` também não provê um campo "getname", por isso, Lua procurará o campo `__index` da metatabela de `NamedAccount`. Como esse campo contém uma função, Lua a chamará. Ela, então,

Listagem 16.1
Uma implementação de herança múltipla

```
-- procura 'k' na lista de tabelas 'plist'
local function search (k, plist)
  for i = 1, #plist do
    local v = plist[i][k]      -- tenta a 'i'-ésima superclasse
    if v then return v end
  end
end

function createClass (...)
  local c = {}            -- nova classe
  local parents = {...}

  -- a classe procurará cada método na lista de seus pais
  setmetatable(c, {__index = function (t, k)
    return search(k, parents)
  end})

  -- prepara 'c' para ser a metatabela de suas instâncias
  c.__index = c

  -- define um novo construtor para essa nova classe
  function c:new (o)
    o = o or {}
    setmetatable(o, c)
    return o
  end

  return c                -- retorna a nova classe
end
```

procurará "getname" primeiramente em Account, sem sucesso, e, depois, em Named, onde encontrará um valor diferente de nil, que será o resultado final da procura.

É claro que, devido à complexidade inerente a essa procura, o desempenho da herança múltipla não é o mesmo que o da herança simples. Uma maneira fácil de melhorar esse desempenho é copiar métodos herdados nas subclasses. Usando essa técnica, o metamétodo *index* para classes seria como isto:

```
setmetatable(c, {__index = function (t, k)
  local v = search(k, parents)
  t[k] = v       -- salva para o próximo acesso
  return v
end})
```

Com esse truque, os acessos aos métodos herdados serão tão rápidos quanto os acessos aos métodos locais (com exceção do primeiro acesso). O problema é que será difícil alterar as definições de método depois que o sistema estiver rodando, porque essas alterações não se propagarão para baixo na cadeia hierárquica.

16.4 Privacidade

Muitas pessoas consideram privacidade uma parte integral de uma linguagem orientada a objetos; o estado de cada objeto deve ser uma questão interna dele. Em algumas linguagens orientadas a objeto, como C++ e Java, é possível controlar se um campo (também chamado de *variável de instância*) ou um método de um objeto é visível fora dele. Smalltalk, que popularizou as linguagens orientadas a objetos, torna todas as variáveis privadas e todos os métodos públicos. Simula, a primeira de todas as linguagens orientadas a objetos, não oferecia qualquer forma de proteção.

O modelo principal para objetos em Lua, que mostramos anteriormente, não oferece mecanismos de privacidade. Em parte, isso é uma consequência do nosso uso de uma estrutura geral (tabelas) para representar objetos. Além disso, Lua evita redundância excessiva e restrições artificiais. Se você não quiser acessar algo dentro de um objeto, simplesmente *não o faça*.

Apesar disso, um outro objetivo de Lua é ser flexível, oferecendo ao programador metamecanismos que permitam a ele emular muitos mecanismos diferentes. Embora o modelo básico para objetos em Lua não ofereça mecanismos de privacidade, podemos implementar objetos de uma maneira diferente, de modo que se tenha controle de acesso. Apesar de os programadores não usarem muito essa implementação, é instrutivo conhecê-la, tanto porque ela explora alguns aspectos interessantes de Lua, quanto porque ela também pode ser uma boa solução para outros problemas.

A ideia básica desse modelo alternativo é representar cada objeto por meio de duas tabelas: uma para o seu estado e outra para as suas operações (a sua interface). O objeto em si é acessado por meio da segunda tabela, isto é, através das operações que compõem a sua interface. Para evitar um acesso não autorizado, a tabela que representa o estado de um objeto não é guardada em um campo da outra tabela; em vez disso, ela é mantida somente no fecho dos métodos. Por exemplo, para representar a nossa conta bancária com esse modelo, poderíamos criar novos objetos executando a seguinte função fábrica:

```
function newAccount (initialBalance)
  local self = {balance = initialBalance}
  local withdraw = function (v)
                     self.balance = self.balance - v
                   end
  local deposit = function (v)
                    self.balance = self.balance + v
                  end
  local getBalance = function () return self.balance end
```

```
      return {
        withdraw = withdraw,
        deposit = deposit,
        getBalance = getBalance
      }
    end
```

Primeiramente, a função cria uma tabela para manter o estado interno do objeto e a armazena na variável local `self`. Em seguida, cria os métodos do objeto. Finalmente, cria e retorna o objeto externo, que mapeia nomes de métodos para suas reais implementações. O ponto-chave aqui é que esses métodos não recebem `self` como um parâmetro extra; em vez disso, eles acessam `self` diretamente. Como não há um argumento extra, não podemos usar a sintaxe de dois-pontos para manipular esses objetos. Chamamos os seus métodos exatamente como funções normais:

```
    acc1 = newAccount(100.00)
    acc1.withdraw(40.00)
    print(acc1.getBalance())      --> 60
```

Esse modelo dá privacidade completa para qualquer coisa armazenada na tabela `self`. Depois de `newAccount` retornar, não haverá nenhuma maneira de ganhar acesso direto a essa tabela. Poderemos acessá-la apenas por meio das funções criadas dentro de `newAccount`. Embora nosso exemplo ponha apenas uma variável de instância na tabela privada, podemos armazenar todas as partes privadas de um objeto nessa tabela. Podemos também definir métodos privados: eles são como os públicos, mas não os colocamos na interface. Por exemplo, nossas contas podem ter um crédito extra de 10% para os usuários com saldo acima de um certo limite, mas não queremos que eles tenham acesso aos detalhes desse cálculo. Podemos implementar essa funcionalidade como a seguir:

```
    function newAccount (initialBalance)
      local self = {
        balance = initialBalance,
        LIM = 10000.00,
      }

      local extra = function ()
        if self.balance > self.LIM then
          return self.balance*0.10
        else
          return 0
        end
      end

      local getBalance = function ()
        return self.balance + extra()
      end

      <como antes>
```

Novamente, não há como nenhum usuário acessar a função `extra` diretamente.

16.5 A Abordagem do Método Único

Um caso particular da abordagem anterior para programação orientada a objetos ocorre quando um objeto tem um único método. Nesse caso, não precisamos criar uma tabela de interface; em vez disso, podemos retornar esse método único como a representação do objeto. Se isso parecer um pouco estranho, vale a pena relembrar a Seção 7.1, na qual vimos como construir funções iteradoras que mantêm o estado como fechos. Esse tipo de iterador não é nada além de um objeto de método único.

Um outro caso interessante de objetos de método único ocorre quando esse método é, na verdade, um método de despacho e realiza tarefas diferentes com base em um argumento discriminador. Uma implementação possível para tal objeto é como a seguir:

```
function newObject (value)
  return function (action, v)
    if action == "get" then return value
    elseif action == "set" then value = v
    else error("invalid action")
    end
  end
end
```

Seu uso é direto:

```
d = newObject(0)
print(d("get"))    --> 0
d("set", 10)
print(d("get"))    --> 10
```

Essa implementação não convencional para objetos é bastante efetiva. A sintaxe `d("set", 10)`, embora peculiar, é apenas dois caracteres maior do que a mais convencional `d:set(10)`. Cada objeto usa um único fecho, o que é mais barato do que uma tabela. Não há herança, mas temos privacidade completa: a única maneira de acessar o estado de um objeto é por meio de seu único método.

Tcl/Tk usa uma abordagem semelhante para seus *widgets*. O nome de um *widget* em Tk denota uma função (um *comando widget*) que pode executar todo tipo de operação sobre ele.

Exercícios

16.1 Implemente uma classe `Stack`, com métodos `push`, `pop`, `top` e `isempty`.

16.2 Implemente uma classe `StackQueue` como uma subclasse de `Stack`. Além dos métodos herdados, adicione a essa classe um método `insertbottom`, que insere um elemento no fundo da pilha (esse método nos permitirá usar objetos dessa classe como filas).

16.3 Outra maneira de prover privacidade aos objetos é implementá-los usando representantes (Seção 13.4.4). Cada objeto é representado por uma tabela representante vazia. Uma tabela interna mapeia representantes para as tabelas que contêm o estado do objeto. Essa tabela interna não é acessível de fora, mas ela é usada pelos métodos para traduzir seus parâmetros self para as tabelas reais em que eles operam. Implemente o exemplo Account usando essa abordagem e discuta seus prós e contras.

(Há um pequeno problema nessa abordagem. Tente descobri-lo ou veja a Seção 17.3, que também apresenta uma solução.)

17

Tabelas Fracas e Finalizadores

Lua faz gerenciamento automático de memória. Os programas criam objetos (tabelas, *threads* etc.), mas não há nenhuma função para removê-los. Lua remove automaticamente os objetos que se tornam lixo, usando *coleta de lixo*. Isso libera você da maioria das obrigações de gerenciamento de memória e, mais importante, o libera da maioria dos erros relacionados a essa atividade, como ponteiros soltos (*dangling pointers*) e vazamentos de memória.

O uso de um coletor de lixo real significa que Lua não tem problemas com ciclos. Você não precisa de nenhuma ação especial ao usar estruturas de dados cíclicas; elas são coletadas como quaisquer outros dados. No entanto, algumas vezes, mesmo o coletor mais esperto precisa da sua ajuda. Nenhum coletor de lixo permite que você esqueça todas as preocupações quanto à gerência de recursos, como o acúmulo (*hoarding*) de memória e de recursos externos.

Tabelas fracas (*weak tables*) e finalizadores são os mecanismos que você pode usar em Lua para ajudar o coletor de lixo. As tabelas fracas permitem a coleta de objetos Lua ainda acessíveis ao programa, enquanto os finalizadores permitem a coleta de objetos externos que não estejam diretamente sob o controle do coletor de lixo. Neste capítulo, discutiremos ambos os mecanismos.

17.1 Tabelas Fracas

Um coletor de lixo recolhe apenas o que ele pode ter certeza de que é lixo; ele não tem como adivinhar o que você considera como tal. Um exemplo típico é uma pilha implementada com um *array* e um índice para o topo. Você sabe que a parte válida do *array* vai somente até o topo, mas Lua não. Se você desempilhar um elemento simplesmente decrementando o topo, o objeto deixado no *array* não será lixo para Lua. Da mesma forma, qualquer objeto armazenado em uma variável global não será lixo para Lua, mesmo que o seu programa nunca mais o use. Em ambos os casos, cabe a você (*i.e.*, ao seu programa) atribuir nil a essas posições para que elas não tranquem um objeto que, do contrário, seria descartável.

No entanto, simplesmente limpar suas referências nem sempre é o suficiente. Algumas construções precisam de uma colaboração extra entre o programa e o coletor. Um exemplo típico ocorre quando você quer manter uma coleção de todos os objetos vivos de algum tipo (*e.g.*, arquivos) em seu programa. Essa tarefa parece simples: tudo o que você precisa fazer é inserir cada novo objeto na coleção. No entanto, uma vez que um objeto se torne parte da coleção, ele nunca será coletado! Mesmo que ninguém mais aponte para ele, a coleção o fará. Lua não tem como saber que essa referência não deve impedir a liberação do objeto, exceto se você informar esse fato.

Tabelas fracas são o mecanismo que você usa para dizer a Lua que uma referência não deve impedir a liberação de um objeto. Uma *referência fraca* é uma referência a um objeto que não é considerada pelo coletor de lixo. Se todas as referências que apontam para um objeto forem fracas, o objeto será coletado, e, de alguma forma, elas serão removidas. Lua implementa as referências fracas como tabelas fracas, que são tabelas cujas entradas são fracas. Isso significa que, se um objeto estiver armazenado apenas nesse tipo de tabela, Lua irá coletá-lo em algum momento.

As tabelas têm chaves e valores, e ambos podem conter qualquer tipo de objeto. Sob circunstâncias normais, o coletor de lixo não recolhe objetos que aparecem como chaves ou valores de uma tabela acessível; isto é, chaves e valores são, ambos, referências *fortes*, pois impedem a liberação dos objetos que referenciam. Em uma tabela fraca, tanto chaves quanto valores podem ser fracos. Isso significa que há três tipos de tabelas fracas: tabelas com chaves fracas; tabelas com valores fracos; e tabelas completamente fracas, em que tanto as chaves quanto os valores são fracos. Independentemente do tipo da tabela, quando uma chave ou um valor for coletado, a entrada inteira desaparecerá dela.

A fraqueza de uma tabela é dada pelo campo `__mode` de sua metatabela. O valor desse campo, quando presente, deve ser uma cadeia: se ela for `"k"`, as chaves da tabela serão fracas; se for `"v"`, os valores da tabela serão fracos; se essa cadeia for `"kv"`, chaves e valores serão fracos. O exemplo a seguir, embora artificial, ilustra o comportamento básico das tabelas fracas:

```
a = {}
b = {__mode = "k"}
setmetatable(a, b)     -- agora 'a' tem chaves fracas
key = {}               -- cria a primeira chave
a[key] = 1
key = {}               -- cria a segunda chave
a[key] = 2
collectgarbage()       -- força um ciclo de coleta de lixo
for k, v in pairs(a) do print(v) end
  --> 2
```

Nesse exemplo, a segunda atribuição `key = {}` sobrescreve a referência à primeira chave. A chamada a `collectgarbage` força o coletor a realizar uma coleta completa. Como não há nenhuma outra referência à primeira chave, ela será coletada, e a entrada correspondente na tabela será removida. A segunda chave, contudo, ainda está ancorada na variável `key` e, assim, não será coletada.

Note que somente objetos podem ser coletados de uma tabela fraca. Valores, como números e booleanos, não são coletáveis. Por exemplo, se inserirmos uma chave numérica na tabela a (do nosso exemplo anterior), o coletor nunca a removerá. Obviamente, se o valor correspondente a uma chave numérica for coletado de uma tabela com valores fracos, a entrada inteira será removida da tabela.

As cadeias apresentam, aqui, uma sutileza: apesar de serem coletáveis, do ponto de vista da implementação, elas não são como os outros objetos coletáveis. Esses, como tabelas e *threads*, são criados explicitamente. Por exemplo, sempre que avalia a expressão {}, Lua cria uma nova tabela. No entanto, Lua criará uma nova cadeia quando avaliar `"a".."b"`? E se já existir uma cadeia `"ab"` no sistema? Lua criará uma nova? O compilador pode criar essa cadeia antes de executar o programa? Não importa: esses são detalhes de implementação. Do ponto de vista do programador, cadeias são valores, não objetos. Dessa forma, assim como um número ou um booleano, uma cadeia não é removida de tabelas fracas (a menos que o seu valor associado seja coletado).

17.2 Funções de Memorização

Uma técnica comum de programação é trocar espaço por tempo. Você pode acelerar uma função *memorizando* os seus resultados, de modo que, mais tarde, quando você a chamar com o mesmo argumento, ela poderá reutilizar o resultado.

Imagine um servidor genérico que receba requisições contendo cadeias com código Lua. Cada vez que obtém uma requisição, ele executa `load` sobre a cadeia e, depois, chama a função resultante. No entanto, `load` é uma função cara, e alguns comandos para o servidor podem ser bastante frequentes. Em vez de chamar `load` repetidamente a cada vez que receber um comando comum como `"closeconnection()"`, o servidor pode *memorizar* os resultados de `load` usando uma tabela auxiliar. Antes de chamar `load`, o servidor verifica na tabela se a cadeia dada já tem uma tradução. Se não encontrar a cadeia, então (e somente então), o servidor chamará `load` e armazenará o resultado na tabela. Podemos empacotar esse comportamento em uma nova função:

```
local results = {}
function mem_loadstring (s)
  local res = results[s]
  if res == nil then           -- o resultado não está disponível?
    res = assert(load(s))      -- calcula o novo resultado
    results[s] = res           -- salva para reutilização posterior
  end
  return res
end
```

A economia com esse esquema pode ser enorme, mas ele também pode causar um desperdício insuspeito. Embora alguns comandos se repitam várias vezes, muitos outros ocorrem uma única vez. Gradualmente, a tabela `results` acumulará todos os comandos que o servidor já recebeu, mais os seus respectivos códigos; após um determinado tempo, esse comportamento irá esgotar a memória do servidor. Uma tabela fraca provê uma solução simples para esse problema. Se a tabela `results` tiver valores fracos, cada ciclo de coleta de lixo removerá todas as traduções que não estiverem em uso naquele momento (o que significa, virtualmente, todas as traduções):

```
local results = {}
setmetatable(results, {__mode = "v"})  -- torna os valores fracos
function mem_loadstring (s)
   <como antes>
```

Na verdade, como os índices são sempre cadeias, podemos tornar essa tabela completamente fraca, se assim o quisermos:

```
setmetatable(results, {__mode = "kv"})
```

O resultado final será o mesmo.

A técnica de memorizaçao é útil também para garantir a unicidade de algum tipo de objeto. Por exemplo, assuma um sistema que represente cores como tabelas, com campos `red`, `green` e `blue` em algum intervalo. Uma fábrica de cores ingênua gera uma nova cor para cada nova requisição:

```
function createRGB (r, g, b)
   return {red = r, green = g, blue = b}
end
```

Usando a técnica de memorização, podemos reutilizar a mesma tabela para uma mesma cor. Para criar uma chave única para cada cor, simplesmente concatenamos seus índices, com um separador entre eles:

```lua
local results = {}
setmetatable(results, {__mode = "v"})  -- torna os valores fracos
function createRGB (r, g, b)
  local key = r .. "-" .. g .. "-" .. b
  local color = results[key]
  if color == nil then
    color = {red = r, green = g, blue = b}
    results[key] = color
  end
  return color
end
```

Uma consequência interessante dessa implementação é que o usuário pode comparar cores usando o operador primitivo de igualdade, pois duas cores iguais coexistentes são sempre representadas pela mesma tabela. Note que uma dada cor pode ser representada por tabelas diferentes em momentos distintos, pois, de tempos em tempos, um ciclo do coletor de lixo limpará a tabela `results`. No entanto, enquanto estiver em uso, essa cor não será removida de `results`. Assim, sempre que uma cor sobreviver o suficiente para ser comparada com uma nova cor, sua representação também sobreviverá o suficiente para ser reutilizada por ela.

17.3 Atributos de Objetos

Outro uso importante de tabelas fracas é associar atributos a objetos. Há inúmeras situações em que precisamos fazer isso: vincular nomes a funções, valores-padrão a tabelas, tamanhos a *arrays*, e assim por diante.

Quando o objeto é uma tabela, podemos armazenar o atributo nela própria, com uma chave única apropriada. Como vimos antes, uma maneira simples e à prova de erros para construir uma chave única é criar um novo objeto (tipicamente, uma tabela) e usá-lo como chave. No entanto, se ele não for uma tabela, não poderá guardar os seus próprios atributos. Mesmo para tabelas, algumas vezes, talvez não queiramos armazenar o atributo no objeto original. Por exemplo, podemos querer que o atributo seja privado ou não querer que ele atrapalhe um percorrimento da tabela. Em todos esses casos, precisamos de uma maneira alternativa de associar atributos a objetos.

Claramente, uma tabela externa provê uma maneira ideal de fazer essa associação (não é por acaso que tabelas são, algumas vezes, chamadas de *arrays associativos*). Usamos os objetos como chaves e os seus atributos como valores. Uma tabela externa pode guardar atributos de qualquer tipo de objeto, pois Lua nos permite usar qualquer tipo de objeto como chave. Além disso, os atributos guardados em uma tabela externa não interferem em outros objetos e podem ser tão privados quanto a própria tabela.

No entanto, essa solução aparentemente perfeita tem um enorme problema: ao usarmos um objeto como chave em uma tabela, impedimos sua liberação. Lua não pode coletar um objeto usado como uma chave. Se usarmos uma tabela normal para associar funções aos seus nomes, nenhuma delas será jamais coletada. Como você poderia esperar, podemos evitar esse problema usando uma tabela fraca. Dessa vez, contudo, precisamos de chaves fracas. Uma chave fraca pode ser coletada, se não houver outras referências para ela. Por outro lado, a tabela não poderá ter valores fracos; caso contrário, os atributos de objetos vivos poderiam ser coletados.

17.4 Revisitando Tabelas com Valores-Padrão

Na Seção 13.4.3, discutimos como implementar tabelas com valores-padrão diferentes de nil. Vimos uma técnica particular e comentamos que duas outras precisavam de tabelas fracas, por isso, as adiamos. Agora, é hora de revisitar o assunto. Como veremos, essas duas técnicas para valores-padrão são, na verdade, aplicações particulares das duas técnicas gerais que acabamos de discutir: atributos de objetos e memorização.

Na primeira solução, usamos uma tabela fraca para associar a cada tabela o seu valor-padrão:

```
local defaults = {}
setmetatable(defaults, {__mode = "k"})
local mt = {__index = function (t) return defaults[t] end}
function setDefault (t, d)
  defaults[t] = d
  setmetatable(t, mt)
end
```

Se defaults não tivesse chaves fracas, ela ancoraria todas as tabelas com valores-padrão em uma existência permanente.

Na segunda solução, usamos metatabelas distintas para valores-padrão diferentes, mas reutilizamos a mesma metatabela sempre que repetimos um valor-padrão. Esse é um uso típico de memorização:

```
local metas = {}
setmetatable(metas, {__mode = "v"})
function setDefault (t, d)
  local mt = metas[d]
  if mt == nil then
    mt = {__index = function () return d end}
    metas[d] = mt    -- memorize
  end
  setmetatable(t, mt)
end
```

Usamos valores fracos, nesse caso, para permitir a coleta de metatabelas que não estejam mais sendo usadas.

Dessas duas implementações para valores-padrão, qual é a melhor? Como sempre, depende. Ambas têm complexidade e desempenho semelhantes. A primeira implementação precisa de umas poucas palavras de memória para cada tabela com um valor-padrão (uma entrada em `defaults`). A segunda precisa de umas poucas dúzias de palavras de memória para cada valor-padrão distinto (uma nova tabela, um novo fecho, mais uma entrada em `metas`). Assim, se a sua aplicação tiver milhares de tabelas com alguns poucos valores-padrão distintos, a segunda implementação será claramente superior. Por outro lado, se poucas tabelas compartilharem valores-padrão comuns, você deve preferir a primeira.

17.5 Tabelas Efêmeras

Uma situação traiçoeira ocorre quando, em uma tabela com chaves fracas, um valor referencia a sua própria chave.

Esse cenário é mais comum do que parece. Como um exemplo típico, considere uma fábrica de funções constantes. Ela recebe um objeto e retorna uma função que, sempre que é chamada, retorna esse objeto:

```
function factory (o)
  return function () return o end
end
```

Essa fábrica é uma boa candidata à memorização para evitar a criação de um novo fecho quando já existe um disponível:

```
do
  local mem = {}
  setmetatable(mem, {__mode = "k"})
  function factory (o)
    local res = mem[o]
    if not res then
      res = function () return o end
      mem[o] = res
    end
    return res
  end
end
```

Existe uma armadilha, porém. Note que o valor (a função constante) associado a um objeto em `mem` referencia de volta a sua própria chave (o próprio objeto). Apesar de as chaves nessa tabela serem fracas, os valores não o são. Em uma interpretação-padrão de tabelas fracas, nunca se removeria nada dessa tabela de memorização. Como valores não são fracos, há sempre uma referência forte para cada função. Cada função referencia o seu objeto correspondente, havendo sempre uma referência forte para cada um deles. Dessa forma, esses objetos não serão coletados, apesar das chaves fracas.

Essa interpretação estrita, contudo, não é muito útil. A maioria das pessoas espera que um valor em uma tabela seja acessível apenas por meio de sua respectiva chave. Assim, podemos pensar no cenário anterior como uma espécie de ciclo, no qual o fecho referencia o objeto que (por meio da tabela de memorização) referencia de volta o fecho.

Lua 5.2 resolve esse problema com o conceito de tabelas efêmeras. Em Lua 5.2, uma tabela com chaves fracas e valores fortes é uma *tabela efêmera* (*ephemeron table*). Nela, a acessibilidade de uma chave controla a acessibilidade de seu valor correspondente. Mais especificamente, considere uma entrada (k,v) de uma tabela efêmera. A referência para v será forte apenas se houver uma referência forte para k; caso contrário, a entrada será removida da tabela em algum momento, mesmo se v referenciar k (direta ou indiretamente).

17.6 Finalizadores

Apesar de o objetivo do coletor de lixo ser a coleta de objetos Lua, ele pode também ajudar programas a liberar recursos externos. Para esse propósito, diversas linguagens de programação oferecem um mecanismo de finalizadores. Um *finalizador* é uma função associada a um objeto, que é chamada quando este está para ser coletado.

Lua implementa finalizadores por meio do metamétodo `__gc`. Veja o seguinte exemplo:

```
o = {x = "hi"}
setmetatable(o, {__gc = function (o) print(o.x) end})
o = nil
collectgarbage()    --> hi
```

Nesse exemplo, primeiramente, criamos uma tabela e atribuímos a ela uma metatabela com um metamétodo `__gc`. Apagamos, então, a única conexão com a tabela (a variável global `o`) e forçamos uma coleta de lixo completa, chamando `collectgarbage`. Durante a coleta, Lua detecta que a tabela não está mais acessível e chama, assim, o seu finalizador (o metamétodo `__gc`).

Uma sutileza de finalizadores em Lua é o conceito de marcar um objeto para finalização. Fazemos isso quando atribuímos a ele uma metatabela com um metamétodo `__gc` não nulo. Se não marcarmos o objeto, ele não será finalizado. A maior parte do código que escrevermos funcionará naturalmente, mas alguns casos estranhos podem ocorrer, como aqui:

```
o = {x = "hi"}
mt = {}
setmetatable(o, mt)
mt.__gc = function (o) print(o.x) end
o = nil
collectgarbage()    --> (não imprime nada)
```

Nesse exemplo, a metatabela que atribuímos a o não tem um metamétodo __gc, e, assim, o objeto não é marcado para finalização. Mesmo se, mais tarde, atribuirmos um campo __gc à metatabela, Lua não detectará essa atribuição como algo especial, portanto, não marcará o objeto. Como dissemos, isso é raramente um problema; não é usual alterar metamétodos depois de usar uma metatabela.

Se você realmente precisar atribuir o metamétodo mais tarde, pode fornecer um valor qualquer para marcar o lugar do campo __gc:

```
o = {x = "hi"}
mt = {__gc = true}
setmetatable(o, mt)
mt.__gc = function (o) print(o.x) end
o = nil
collectgarbage()    --> hi
```

Agora, como a metatabela tem um campo __gc, o está marcado adequadamente para finalização. Não há problema se você não atribuir um metamétodo depois; Lua somente chamará o finalizador se ele for uma função própria.

Quando o coletor finaliza diversos objetos em um mesmo ciclo, ele chama seus finalizadores na ordem inversa em que os objetos foram marcados para finalização. Considere o exemplo a seguir, que cria uma lista encadeada de objetos com finalizadores:

```
mt = {__gc = function (o) print(o[1]) end}
list = nil
for i = 1, 3 do
  list = setmetatable({i, link = list}, mt)
end
list = nil
collectgarbage()
    --> 3
    --> 2
    --> 1
```

O primeiro objeto a ser finalizado é o 3, que foi o último a ser marcado.

Um engano comum é pensar que o encadeamento de objetos sendo coletados pode afetar a ordem em que serão finalizados. Por exemplo, alguém pode pensar que o objeto 2 do exemplo anterior deva ser finalizado antes do 1, pois existe um encadeamento de 2 para 1. No entanto, os encadeamentos podem formar ciclos, não impondo, assim, qualquer ordem para os finalizadores.

Outro ponto traiçoeiro sobre os finalizadores é *ressurreição*. Quando um finalizador é chamado, ele obtém o objeto sendo finalizado como um parâmetro. Assim, o objeto torna-se vivo novamente, pelo menos, durante a finalização. Eu chamo isso de *ressurreição transiente*. Enquanto o finalizador executa, nada o impede, por exemplo, de armazenar um objeto em uma variável global, e, assim, o objeto permanecerá acessível depois que o finalizador retornar. Eu chamo isso de *ressurreição permanente*.

A ressurreição deve ser transitiva. Considere o seguinte pedaço de código:
```
A = {x = "this is A"}
B = {f = A}
setmetatable(B, {__gc = function (o) print(o.f.x) end})
A, B = nil
collectgarbage()    --> this is A
```
O finalizador de B acessa A, e, assim, A não pode ser coletado antes da finalização de B. Lua deve ressuscitar tanto B quanto A antes de executar esse finalizador.

Devido à ressurreição, objetos com finalizadores são coletados em duas fases. Da primeira vez em que o coletor detecta que um objeto com finalizador não está alcançável, ele o ressuscita e o enfileira para ser finalizado. Quando seu finalizador for executado, Lua marcará o objeto como finalizado. Da próxima vez em que o coletor detectar que o objeto não é alcançável, ele o removerá. Se você quiser garantir que todo o lixo em seu programa seja realmente liberado, você deve chamar collectgarbage duas vezes; a segunda chamada removerá os objetos que foram finalizados durante a primeira chamada.

O finalizador de cada objeto roda exatamente uma vez, devido à marca que Lua coloca nos objetos finalizados. Se um objeto não for coletado até o fim de um programa, Lua chamará o seu finalizador quando o estado Lua inteiro for fechado. Essa última característica permite uma forma de funções atexit em Lua, isto é, de funções que executarão imediatamente antes de o programa terminar. Tudo o que precisamos fazer é criar uma tabela com um finalizador e ancorá-la em algum lugar, em uma variável global, por exemplo:
```
_G.AA = {__gc = function ()
    -- seu código 'atexit' vem aqui
    print("finishing Lua program")
end}
setmetatable(_G.AA, _G.AA)
```
Outra técnica interessante permite que um programa chame uma dada função sempre que Lua completar um ciclo de coleta. Como um finalizador executa apenas uma vez, o truque aqui é fazer como que ele crie um novo objeto para executar o próximo finalizador:
```
do
  local mt = {__gc = function (o)
    -- tudo o que você quiser fazer
    print("new cycle")
    -- cria um novo objeto para o próximo ciclo
    setmetatable({}, getmetatable(o))
  end}
  -- cria o primeiro objeto
  setmetatable({}, mt)
end
```

```
collectgarbage()    --> novo ciclo
collectgarbage()    --> novo ciclo
collectgarbage()    --> novo ciclo
```

A interação de objetos com finalizadores e tabelas fracas também tem uma sutileza. O coletor limpa os valores de tabelas fracas antes da ressurreição, enquanto as chaves são limpas depois dela. O seguinte fragmento de código ilustra esse comportamento:

```
-- uma tabela com chaves fracas
wk = setmetatable({}, {__mode = "k"})

-- uma tabela com valores fracos
wv = setmetatable({}, {__mode = "v"})

o = {}    -- um objeto
wv[1] = o; wk[o] = 10    -- adiciona-o a ambas as tabelas

setmetatable(o, {__gc = function (o)
  print(wk[o], wv[1])
end})

o = nil; collectgarbage()    --> 10    nil
```

Quando o finalizador do objeto executar, ele encontrará o objeto na tabela `wk`, mas não na tabela `wv`. A lógica para esse comportamento é que, frequentemente, usamos tabelas com chaves fracas para guardar as propriedades de um objeto (como discutido na Seção 17.3), e os finalizadores podem precisar acessar esses atributos. No entanto, usamos tabelas com valores fracos para reutilizar objetos vivos; nesse caso, os objetos sendo finalizados não são mais úteis.

Exercícios

17.1 Escreva um experimento para determinar se Lua realmente implementa tabelas efêmeras (lembre-se de chamar `collectgarbage` para forçar um ciclo de coleta de lixo). Se possível, experimente seu código tanto em Lua 5.1 quanto em Lua 5.2 para ver a diferença.

17.2 Considere o primeiro exemplo da Seção 17.6, que cria uma tabela com um finalizador que só imprime uma mensagem quando ativado. O que acontecerá se o programa terminar sem um ciclo de coleta? O que acontecerá se o programa chamar `os.exit`? O que acontecerá se o programa terminar com algum erro?

17.3 Considere que você tenha de implementar uma tabela de memorização para uma função de cadeias para cadeias. Tornar a tabela fraca não permitirá a remoção de entradas, pois esse tipo de tabela não considera as cadeias como objetos coletáveis. Como você pode implementar memorização nesse caso?

17.4 Explique a saída do seguinte programa:
```
local count = 0
local mt = {__gc = function () count = count - 1 end}
local a = {}
for i = 1, 10000 do
   count = count + 1
   a[i] = setmetatable({}, mt)
end
collectgarbage()
print(collectgarbage"count" * 1024, count)
a = nil
collectgarbage()
print(collectgarbage"count" * 1024, count)
collectgarbage()
print(collectgarbage"count" * 1024, count)
```

Parte III
As Bibliotecas-Padrão

18
A Biblioteca Matemática

Neste e nos próximos capítulos sobre as bibliotecas-padrão, meu propósito não será dar a especificação completa de cada função, mas mostrar a você que tipo de funcionalidade a biblioteca pode prover. Eu posso omitir algumas opções ou comportamentos sutis para clareza da exposição. A ideia principal é despertar a sua curiosidade, que poderá, então, ser satisfeita pelo manual de referência de Lua.

A biblioteca `math` contém um conjunto-padrão de funções matemáticas, como funções trigonométricas (`sin`, `cos`, `tan`, `asin`, `acos` etc.), exponenciação e logaritmos (`exp`, `log`, `log10`), funções de arredondamento (`floor`, `ceil`), `max`, `min`, funções para a geração de números pseudorrandômicos (`random`, `randomseed`), mais as variáveis `pi` e `huge`, sendo esta última o maior número que pode ser representado (huge pode ser o valor especial *inf* em algumas plataformas).

Todas as funções trigonométricas trabalham em radianos. Você pode usar as funções `deg` e `rad` para converter entre graus e radianos. Se você quiser trabalhar em graus, você pode redefinir as funções trigonométricas:

```
do
  local sin, asin, ... = math.sin, math.asin, ...
  local deg, rad = math.deg, math.rad
  math.sin = function (x) return sin(rad(x)) end
  math.asin = function (x) return deg(asin(x)) end
  ...
end
```

A função math.random gera números pseudorrandômicos. Podemos chamá-la de três maneiras. Quando a chamamos sem argumentos, ela retorna um número real pseudorrandômico com distribuição uniforme no intervalo *[0,1)*. Quando a chamamos com apenas um argumento, um inteiro *n*, ela retorna um inteiro pseudorrandômico *x* tal que $1 \leq x \leq n$. Por exemplo, você pode simular o resultado de uma jogada de dado com random(6). Finalmente, podemos chamar random com dois argumentos inteiros, *l* e *u*, para obter um inteiro pseudorrandômico *x* tal que $l \leq x \leq u$.

Você pode especificar uma semente para o gerador pseudorrandômico com a função randomseed; o seu argumento numérico único é a semente. Geralmente, quando um programa começa, ele inicializa o gerador com uma semente fixa. Isso significa que, toda vez que você o executar, ele gerará a mesma sequência de números pseudorrandômicos. Para depuração, isso é uma propriedade interessante; mas, em um jogo, você terá sempre o mesmo cenário. Um truque comum para resolver esse problema é usar o tempo corrente como uma semente, com a chamada math.randomseed(os.time()). A função os.time retorna um número que representa o tempo corrente, geralmente, o número de segundos decorridos a partir de alguma data específica.

A função math.random usa a função rand da biblioteca-padrão de C. Em algumas implementações, essa função produz números com propriedades estatísticas não muito boas. Você pode procurar distribuições independentes de geradores pseudorrandômicos melhores para Lua. (A distribuição-padrão de Lua não inclui nenhum desses geradores para evitar problemas de direitos autorais. Ela contém apenas código escrito pelos autores de Lua.)

Exercícios

18.1 Escreva uma função para testar se um dado número é uma potência de dois.

18.2 Escreva uma função para computar o volume de um cone circular reto, dados a sua altura e o ângulo entre uma geratriz e o eixo.

18.3 Implemente uma função randômica melhor em Lua. Procure na *web* um bom algoritmo. (Você pode precisar da biblioteca de manipulação de *bits*; veja o Capítulo 19.)

18.4 Usando math.random, escreva uma função para produzir um número pseudorrandômico com distribuição normal (gaussiana).

18.5 Escreva uma função para embaralhar uma dada lista. Certifique-se de que todas as permutações sejam igualmente prováveis.

19

A Biblioteca de Manipulação de *Bits*

Uma fonte de constantes reclamações sobre Lua tem sido a sua falta de operações de manipulação de *bits*. Essa ausência não é acidental. Não é fácil conciliar operações de manipulação de *bits* com números de ponto flutuante.

Podemos expressar algumas operações de manipulação de *bits* como operações aritméticas. Por exemplo, deslocamentos (*shifts*) para a esquerda correspondem a multiplicações por potências de dois; deslocamentos para a direita correspondem a divisões. No entanto, *e* (*and*) e *ou* (*or*) *bit* a *bit* não parecem ter essas traduções. Elas são definidas sobre a representação binária de números inteiros na base dois. Parece impossível estendê-las de alguma forma compreensível para números de ponto flutuante em geral. Mesmo algumas operações simples parecem fora de lugar. Qual deve ser o complemento de 0.0? Deve ser -1? Ou 0xFFFFFFFF (que é 4294967295 em Lua, claramente diferente de -1)? Ou talvez 2^{64}-1 (um número que não pode ser representado exatamente em um *double*)?

Para atenuar esse descasamento, Lua 5.2 oferece operações de manipulação de *bits* por meio de uma biblioteca, não como operações predefinidas na linguagem. Essa interface torna claro que tais operações não são intrínsecas a números Lua, mas que impõem algumas interpretações para se trabalhar sobre eles. Além disso, ela permite que bibliotecas alternativas forneçam interpretações diferentes para operações de manipulação de *bits* (*e.g.*, aceitando mais do que 32 *bits*).

Eu usarei notação hexadecimal na maioria dos exemplos deste capítulo a fim de facilitar a interpretação dos resultados. Usarei a palavra MAX para representar o número 0xFFFFFFFF (isto é, 2^{32}-1). Usarei também a seguinte função auxiliar nos exemplos:

```
function printx (x)
  print(string.format("0x%X", x))
end
```

A biblioteca de manipulação de *bits* em Lua 5.2 é chamada de bit32. Esse nome torna claro que ela opera sobre números de 32 *bits*. Como **and**, **or** e **not** são palavras reservadas em Lua, essas operações são chamadas, respectivamente, de band, bor e bnot. Por questão de coerência, a operação de *ou-exclusivo* (*exclusive-or*) é chamada de bxor:

```
printx(bit32.band(0xDF, 0xFD))      --> 0xDD
printx(bit32.bor(0xD0, 0x0D))       --> 0xDD
printx(bit32.bxor(0xD0, 0xFF))      --> 0x2F
printx(bit32.bnot(0))               --> 0xFFFFFFFF
```

As funções band, bor e bxor aceitam qualquer número de argumentos:

```
printx(bit32.bor(0xA, 0xA0, 0xA00))        --> 0xAAA
printx(bit32.band(0xFFA, 0xFAF, 0xAFF))    --> 0xAAA
printx(bit32.bxor(0, 0xAAA, 0))            --> 0xAAA
printx(bit32.bor())                        --> 0x0
printx(bit32.band())                       --> 0xFFFFFFFF
printx(bit32.bxor())                       --> 0x0
```

(Elas são todas comutativas e associativas.)

A biblioteca de manipulação de *bits* opera com inteiros sem sinal. Suas operações convertem qualquer número dado como argumento em um inteiro no intervalo 0–MAX. Primeiramente, os números não inteiros são arredondados de uma forma não especificada. Em segundo lugar, os números fora do intervalo 0–MAX são mapeados dentro dele por meio de uma operação de módulo: o inteiro *n* se torna $n\%2^{32}$. Essa operação equivale a obter a representação em complemento a dois do número e, depois, os 32 *bits* menos significativos dessa representação. Como esperado, -1 torna-se MAX. Você pode usar as seguintes operações para normalizar um número (isto é, mapeá-lo no intervalo 0–MAX):

```
printx(bit32.bor(2^32))     --> 0x0
printx(bit32.band(-1))      --> 0xFFFFFFFF
```

É claro que, em Lua-padrão, é mais fácil fazer n % (2^32).

A menos que mencionado em contrário, todas as operações da biblioteca também dão resultados no intervalo 0–MAX. No entanto, você deve ter cuidado ao usar os resultados de operações de manipulação de *bits* como números normais. Algumas vezes, Lua é compilada com um tipo numérico diferente. Em particular, sistemas restritos podem usar inteiros de 32 *bits* como números Lua. Nesses sistemas, MAX é igual a −1. Além disso, algumas bibliotecas externas de manipulação de *bits* usam convenções diferentes para seus resultados. Assim, sempre que você precisar tratar o resultado de uma operação de manipulação de *bits* como um número, tome cuidado. Evite comparações de ordem: em vez de x < 0, escreva bit32.btest(x, 0x80000000). (Veremos btest daqui a pouco.) Use a própria biblioteca de manipulação de *bits* para normalizar constantes antes de comparações de igualdade, como no próximo fragmento de código:

```
if bit32.bor(a, b) == bit32.bor(-1) then
  <algum código>
```

A biblioteca de manipulação de *bits* também define operações para deslocar e rodar (*rotate*) *bits*: lshift para deslocamentos para a esquerda; rshift e arshift (deslocamento aritmético) para deslocamentos para a direita; lrotate para rotações para a esquerda; e rrotate para rotações para a direita. À exceção do aritmético, todos os deslocamentos preenchem *bits* vagos com zeros. O deslocamento aritmético preenche os seus *bits* vagos à esquerda com cópias de seu último *bit* (o "*bit* de sinal"):

```
printx(bit32.rshift(0xDF, 4))         --> 0xD
printx(bit32.lshift(0xDF, 4))         --> 0xDF0
printx(bit32.rshift(-1, 28))          --> 0xF
printx(bit32.arshift(-1, 28))         --> 0xFFFFFFFF
printx(bit32.lrotate(0xABCDEF01, 4))  --> 0xBCDEF01A
printx(bit32.rrotate(0xABCDEF01, 4))  --> 0x1ABCDEF0
```

Um deslocamento (ou rotação) com um valor de deslocamento negativo move (ou roda) para o lado oposto. Por exemplo, um deslocamento de -1 *bit* para a direita é equivalente a um deslocamento de 1 *bit* para a esquerda. O resultado de um deslocamento de mais de 31 *bits* é 0 ou MAX, pois todos os *bits* originais são deslocados para fora do número:

```
printx(bit32.lrotate(0xABCDEF01, -4))   --> 0x1ABCDEF0
printx(bit32.lrotate(0xABCDEF01, -36))  --> 0x1ABCDEF0
printx(bit32.lshift(0xABCDEF01, -36))   --> 0x0
printx(bit32.rshift(-1, 34))            --> 0x0
printx(bit32.arshift(-1, 34))           --> 0xFFFFFFFF
```

Além dessas operações de manipulação de *bits* mais ou menos padrão, a biblioteca de manipulação de *bits* oferece três funções de conveniência. A função btest executa a mesma operação que band, mas retorna um booleano indicando se o resultado é diferente de zero:

```
print(bit32.btest(12, 1))  --> false
print(bit32.btest(13, 1))  --> true
```

Outra operação comum é extrair um campo de *bits* de um número. Isso geralmente envolve um deslocamento seguido por uma máscara; a biblioteca de manipulação de *bits* empacota essa extração em uma única função. A chamada bit32.extract(x, f, w) retorna w *bits* de x, começando no *bit* f:

```
printx(bit32.extract(0xABCDEF01, 4, 8))      --> 0xF0
printx(bit32.extract(0xABCDEF01, 20, 12))    --> 0xABC
printx(bit32.extract(0xABCDEF01, 0, 12))     --> 0xF01
```

Essa operação conta *bits* de 0 a 31. Se não for fornecida, a largura do campo será de um *bit*:

```
printx(bit32.extract(0x0000000F, 0))    --> 0x1
printx(bit32.extract(0xF0000000, 31))   --> 0x1
```

O reverso de extract é replace, que substitui um campo de *bits* por um número. O primeiro parâmetro é o número original. O segundo é o valor a ser inserido. Os dois próximos parâmetros, f e w, têm o mesmo significado que em bit32.extract:

```
printx(bit32.replace(0xABCDEF01, 0x55, 4, 8))   --> 0xABCDE551
printx(bit32.replace(0xABCDEF01, 0x0, 4, 8))    --> 0xABCDE001
```

Note que, para quaisquer valores válidos para x, f e w, a seguinte igualdade será mantida:

```
assert(bit32.replace(x, bit32.extract(x, f, w), f, w) == x)
```

Exercícios

19.1 Escreva uma função para testar se um inteiro dado é uma potência de dois.

19.2 Escreva uma função para computar o peso de Hamming de um determinado inteiro (o *peso de Hamming* de um número é a quantidade de uns em sua representação binária).

19.3 Escreva uma função para testar se a representação binária de um número é um palíndromo.

19.4 Defina as operações de deslocamento e o *not bit* a *bit* usando os operadores numéricos em Lua.

19.5 Escreva uma função que receba uma cadeia codificada em UTF-8 e retorne o seu primeiro *code point* como um número. A função deve retornar nil se a cadeia não começar com uma sequência UTF-8 válida.

20

A Biblioteca de Tabelas

A biblioteca `table` contém funções auxiliares para manipular tabelas como *arrays*. Ela provê funções para inserir e remover elementos de listas, ordenar os elementos de um *array* e concatenar todas suas cadeias.

20.1 Inserir e Remover

A função `table.insert` insere um elemento em uma dada posição de um *array*, movendo outros elementos para cima a fim de abrir espaço. Por exemplo, se t é o *array* {10, 20, 30}, depois da chamada `table.insert(t, 1, 15)`, t será {15, 10, 20, 30}. Como um caso especial (e frequente), se chamarmos `insert` sem uma posição, ela irá inserir o elemento na última posição do *array* (e, portanto, não moverá nenhum elemento). Como um exemplo, o código a seguir lê a entrada do programa linha a linha, armazenando todas as linhas em um *array*:

```
t = {}
for line in io.lines() do
  table.insert(t, line)
end
print(#t)         --> (número de linhas lidas)
```

Em Lua 5.0, essa expressão idiomática era comum. Nas versões mais recentes, eu prefiro a expressão `t[#t + 1] = line` para acrescentar elementos a uma lista.

A função `table.remove` remove (e retorna) um elemento de uma dada posição em um *array*, movendo outros elementos para baixo a fim de fechar espaço. Quando chamada sem uma posição, ela remove o último elemento do *array*.

Com essas duas funções, a implementação de pilhas, filas e filas duplamente encadeadas é direta. Podemos inicializar essas estruturas como t = {}. Uma operação *push* é equivalente a `table.insert(t, x)`; uma operação *pop* é equivalente a `table.remove(t)`. A chamada `table.insert(t, 1, x)` insere na outra extremidade da estrutura (seu início, na verdade), e `table.remove(t, 1)` remove de lá. As duas últimas operações não são particularmente eficientes, pois elas precisam mover elementos para cima e para baixo. No entanto, como a biblioteca `table` implementa essas funções em C, esses movimentos não são caros demais, de modo que essa implementação é boa o suficiente para *arrays* pequenos (até algumas centenas de elementos, digamos).

20.2 Ordenação

Uma outra função útil sobre *arrays* é `table.sort`; já a vimos antes. Ela recebe o *array* a ser ordenado, mais uma função de ordem opcional. Essa última recebe dois argumentos e deve retornar verdadeiro se o primeiro argumento precisar vir antes no *array* ordenado. Se essa função não for fornecida, `sort` usa a operação menor-do-que padrão (correspondente ao operador '<').

Um engano comum ocorre quando os programadores tentam ordenar os índices de uma tabela. Em uma tabela, os índices formam um conjunto e não têm qualquer ordem. Se você quiser ordená-los, precisa copiá-los para um *array* e, então, ordenar este array. Vejamos um exemplo. Suponha que você leia um arquivo-fonte e construa uma tabela que dê, para cada nome de função, a linha em que ela é definida; algo como isto:

```
lines = {
  luaH_set = 10,
  luaH_get = 24,
  luaH_present = 48,
}
```

Agora, você quer imprimir esses nomes de funções em ordem alfabética. Se você percorrer essa tabela com `pairs`, os nomes aparecerão em uma ordem arbitrária. Você não pode ordená-los diretamente, pois esses nomes são chaves da tabela. No entanto, se você os colocar em um *array*, então, poderá ordená-los. Primeiramente, você deve criar um *array* com esses nomes; depois, ordená-lo e, finalmente, imprimir o resultado:

```
a = {}
for n in pairs(lines) do a[#a + 1] = n end
table.sort(a)
for _, n in ipairs(a) do print(n) end
```

Algumas pessoas ficam confusas aqui. Afinal, para Lua, os *arrays* também não têm ordem (eles são tabelas). Apesar disso, sabemos como contar e, assim, impomos uma ordem quando acessamos o *array* com índices ordenados. É por causa disso que você deve sempre percorrer *arrays* com ipairs em vez de com pairs. A primeira função impõe a ordem de chaves 1, 2, ..., enquanto a outra usa a ordem arbitrária natural da tabela.

Como uma solução mais avançada, podemos escrever um iterador que percorra uma tabela seguindo a ordem de suas chaves. Um parâmetro opcional f permite a especificação de uma ordem alternativa. Ele primeiramente ordena as chaves em um *array* e, depois, itera sobre ele. A cada passo, ele retorna a chave e o valor da tabela original:

```
function pairsByKeys (t, f)
  local a = {}
  for n in pairs(t) do a[#a + 1] = n end
  table.sort(a, f)
  local i = 0       -- variável do iterador
  return function ()    -- função iteradora
    i = i + 1
    return a[i], t[a[i]]
  end
end
```

Com essa função, é facil imprimir os nomes de funções em ordem alfabética:

```
for name, line in pairsByKeys(lines) do
  print(name, line)
end
```

20.3 Concatenação

Nós já vimos table.concat na Seção 11.6. Ela recebe uma lista de cadeias e retorna o resultado da concatenação de todas elas. Um segundo argumento opcional especifica um separador de cadeias a ser inserido entre as cadeias na lista. Essa função também aceita dois outros argumentos opcionais, que especificam os índices da primeira e da última cadeia a concatenar.

A próxima função é uma generalização interessante de table.concat. Ela aceita listas aninhadas de cadeias:

```
function rconcat (l)
  if type(l) ~= "table" then return l end
  local res = {}
  for i = 1, #l do
    res[i] = rconcat(l[i])
  end
  return table.concat(res)
end
```

Para cada elemento da lista, rconcat chama a si própria recursivamente para concatenar uma possível lista aninhada. Ela, então, chama a função table.concat original para concatenar todos os resultados parciais.

```
print(rconcat{{"a", {" nice"}}, " and", {{" long"}, {" list"}}})
  --> a nice and long list
```

Exercícios

20.1 Reescreva a função rconcat para que ela receba um separador, como faz table.concat:
```
print(rconcat({{{"a", "b"}, {"c"}}, "d", {}, {"e"}}, ";"))
  --> a;b;c;d;e
```

20.2 Um problema com table.sort é que a ordenação não é estável, isto é, elementos que a função de comparação considere iguais podem não manter a sua ordem original no *array* depois da ordenação. Como você pode fazer uma ordenação estável em Lua?

20.3 Escreva uma função para testar se uma dada tabela é uma sequência válida.

A Biblioteca de Cadeias

O poder de um interpretador Lua básico para manipular cadeias é bastante limitado. Um programa pode criar cadeias literais, concatená-las e obter seu comprimento, mas não pode extrair subcadeias ou examinar seu conteúdo. O poder completo para essa manipulação em Lua vem de sua biblioteca de cadeias.

A biblioteca de cadeias exporta suas funções como um módulo chamado string. Desde Lua 5.1, ela também as exporta como métodos do tipo *string* (usando a metatabela desse tipo). Assim, por exemplo, para traduzir uma cadeia para letras maiúsculas, podemos escrever tanto string.upper(s) quanto s:upper(). Faça a sua escolha.

21.1 Funções Básicas de Cadeias

Algumas funções da biblioteca de cadeias são bastante simples: a chamada string.len(s), por exemplo, retorna o comprimento de uma cadeia s. Ela é equivalente a #s. A chamada string.rep(s, n) (ou s:rep(n)) retorna a cadeia s repetida n vezes. Você pode criar uma cadeia com 1 MB (*e.g.*, para testes) com string.rep("a", 2^20). A chamada string.lower(s) retorna uma cópia de s com as letras maiúsculas convertidas em minúsculas; nenhum outro caractere da cadeia é modificado (a função string.upper converte em letras maiúsculas). Como um uso típico, se você quiser ordenar um *array* de cadeias sem se importar com minúsculas ou maiúsculas, você pode escrever algo como isto:

```
table.sort(a, function (a, b)
  return a:lower() < b:lower()
end)
```

A chamada `string.sub(s, i, j)` extrai um pedaço da cadeia s, do i-ésimo ao j-ésimo caractere (inclusive). Em Lua, o primeiro caractere de uma cadeia tem índice 1. Você também pode usar índices negativos, que contam a partir do fim da cadeia: o índice −1 se refere ao último caractere de uma cadeia; −2 ao caractere anterior; e assim por diante. Dessa forma, a chamada `string.sub(s, 1, j)` (ou `s:sub(1, j)`) obtém um prefixo da cadeia s com comprimento j; `string.sub(s, j, -1)` (ou simplesmente `s:sub(j)`, pois o valor-padrão para o último argumento é −1) obtém um sufixo da cadeia, começando no j-ésimo caractere; e `string.sub(s, 2, -2)` retorna uma cópia da cadeia s com o primeiro e o último caracteres removidos:

```
s = "[in brackets]"
print(s:sub(2, -2))    --> in brackets
```

Lembre-se de que as cadeias em Lua são imutáveis. A função `string.sub`, como qualquer outra em Lua, não modifica o valor de uma cadeia e, sim, retorna uma nova. Um erro comum é escrever algo como `s:sub(2, -2)` e assumir que ele modificará o valor de s. Se você quiser modificar o valor de uma variável, você deve atribuir a ela o novo valor:

```
s = s:sub(2, -2)
```

As funções `string.char` e `string.byte` convertem entre caracteres e suas representações numéricas internas. A função `string.char` recebe zero ou mais inteiros, converte cada um para um caractere e retorna uma cadeia com a concatenação de todos esses caracteres. A função `string.byte(s, i)` retorna a representação numérica interna do i-ésimo caractere da cadeia s; o segundo argumento é opcional, e, assim, a chamada `string.byte(s)` retorna a representação numérica interna do primeiro (ou único) caractere de s. Nos exemplos seguintes, assumimos que os caracteres estão representados em ASCII:

```
print(string.char(97))                    --> a
i = 99; print(string.char(i, i+1, i+2))   --> cde
print(string.byte("abc"))                 --> 97
print(string.byte("abc", 2))              --> 98
print(string.byte("abc", -1))             --> 99
```

Na última linha, usamos um índice negativo para acessar o último caractere da cadeia.

Desde Lua 5.1, `string.byte` aceita um terceiro argumento opcional. Uma chamada como `string.byte(s, i, j)` retorna múltiplos valores, com a representação numérica de todos os caracteres entre os índices `i` e `j` (inclusive):

```
print(string.byte("abc", 1, 2))          --> 97 98
```

O valor-padrão para `j` é `i`, e, assim, uma chamada sem esse argumento retorna somente o `i`-ésimo caractere. Uma expressão idiomática interessante é `{s:byte(1, -1)}`, que cria uma tabela com os códigos de todos os caracteres em `s`. Dada essa tabela, podemos recriar a cadeia original chamando `string.char(table.unpack(t))`. Essa técnica não funciona para cadeias muito longas (digamos, maiores do que 1 MB), porque Lua estabelece um limite de quantos valores uma função pode retornar.

A função `string.format` é uma ferramenta poderosa para formatar cadeias, tipicamente para saída. Ela retorna uma versão formatada de seu número variável de argumentos, segundo a descrição dada pelo seu primeiro argumento, a assim chamada *cadeia de formatação* (*format string*). A cadeia de formatação tem regras semelhantes às da função `printf` de C padrão: ela é composta de texto normal e *diretivas*, que controlam onde e como colocar cada argumento na cadeia formatada. Uma diretiva é o caractere `'%'` mais uma letra que diga como formatar o argumento: `'d'` para um número decimal; `'x'` para hexadecimal; `'o'` para octal; `'f'` para um número de ponto flutuante; `'s'` para cadeias; mais outras variantes. Entre o `'%'` e a letra, uma diretiva pode incluir outras opções que controlem os detalhes da formatação, como o número de dígitos decimais de um número de ponto flutuante:

```
print(string.format("pi = %.4f", math.pi))        --> pi = 3.1416
d = 5; m = 11; y = 1990
print(string.format("%02d/%02d/%04d", d, m, y))   --> 05/11/1990
tag, title = "h1", "a title"
print(string.format("<%s>%s</%s>", tag, title, tag))
   --> <h1>a title</h1>
```

No primeiro exemplo, o `%.4f` significa um número de ponto flutuante com quatro dígitos após o ponto decimal. No segundo, o `%02d` significa um número decimal com, no mínimo, dois dígitos e preenchimento com zeros; a diretiva `%2d`, sem o zero, usaria brancos para o preenchimento. Para uma descrição completa dessas diretivas, veja o manual de referência de Lua — ou, melhor ainda, veja um manual de C, pois Lua chama a biblioteca C padrão para fazer o trabalho pesado aqui.

21.2 Funções de Casamento de Padrões

As funções mais poderosas da biblioteca de cadeias são `find`, `match`, `gsub` (em inglês, *global substitution*, ou seja, substituição global) e `gmatch` (em inglês, *global match*, ou seja, casamento global). Elas são baseadas em *padrões* (*patterns*).

Diferentemente de outras linguagens de *script*, Lua não usa POSIX regex nem expressões regulares de Perl para casamento de padrões. A razão principal para essa decisão é o tamanho: uma implementação típica de expressões regulares POSIX tem mais de 4.000 linhas de código. Isso representa, aproximadamente, o tamanho de todas as bibliotecas-padrão de Lua juntas. Comparativamente, a implementação de casamento de padrões em Lua tem menos de 600 linhas. É claro que ele não pode fazer tudo o que uma implementação POSIX completa faz. Apesar disso, é uma ferramenta poderosa e inclui algumas características difíceis de se obter com implementações POSIX padrão.

21.2.1 A função string.find

A função string.find procura um padrão dentro de uma dada cadeia-alvo. A forma mais simples de um padrão é uma palavra, que casa apenas com uma cópia dela mesma. Por exemplo, o padrão 'hello' procurará a subcadeia "hello" dentro da cadeia-alvo. Se find encontrar o seu padrão, ela retornará dois valores: o índice em que o casamento começa e aquele em que termina. Se não encontrar um casamento, ela retornará nil:

```
s = "hello world"
i, j = string.find(s, "hello")
print(i, j)                        --> 1    5
print(string.sub(s, i, j))         --> hello
print(string.find(s, "world"))     --> 7    11
i, j = string.find(s, "l")
print(i, j)                        --> 3    3
print(string.find(s, "lll"))       --> nil
```

Se um casamento for bem-sucedido, podemos chamar string.sub com os valores retornados por string.find para obter a parte da cadeia-alvo que casou o padrão. Para padrões simples, isso é o próprio padrão.

A função string.find tem um terceiro parâmetro opcional: um índice que diz onde começar a procura na cadeia-alvo. Esse parâmetro é útil quando queremos processar todos os índices em que um dado padrão aparece: procuramos um novo casamento repetidamente, começando a cada vez depois da posição em que encontramos o casamento anterior. Como um exemplo, o seguinte código constrói uma tabela com as posições de todas as quebras de linha em uma cadeia:

```
local t = {}                    -- tabela para armazenar os índices
local i = 0
while true do
  i = string.find(s, "\n", i+1) -- procura a próxima quebra de linha
  if i == nil then break end
  t[#t + 1] = i
end
```

Veremos adiante uma forma mais simples de escrever esses laços, usando o iterador
string.gmatch.

21.2.2 A função `string.match`

A função `string.match` é semelhante a `string.find`, no sentido de que também
procura um padrão em uma cadeia. No entanto, em vez de retornar as posições em
que encontrou o padrão, ela retorna a parte da cadeia-alvo que casou com o padrão:

```
print(string.match("hello world", "hello"))   --> hello
```

Para padrões fixos como 'hello', essa função não tem sentido. Ela mostra o seu
poder quando é usada com padrões variáveis, como no próximo exemplo:

```
date = "Today is 17/7/1990"
d = string.match(date, "%d+/%d+/%d+")
print(d)   --> 17/7/1990
```

Discutiremos em breve o significado do padrão '%d+/%d+/%d+' e usos mais avançados de `string.match`.

21.2.3 A função `string.gsub`

A função `string.gsub` tem três parâmetros obrigatórios: uma cadeia-alvo, um padrão e uma cadeia de substituição. Seu uso básico é substituir todas as ocorrências do padrão dentro da cadeia principal pela cadeia de substituição:

```
s = string.gsub("Lua is cute", "cute", "great")
print(s)          --> Lua is great
s = string.gsub("all lii", "l", "x")
print(s)          --> axx xii
s = string.gsub("Lua is great", "Sol", "Sun")
print(s)          --> Lua is great
```

Um quarto parâmetro opcional limita o número de substituições que serão feitas:

```
s = string.gsub("all lii", "l", "x", 1)
print(s)          --> axl lii
s = string.gsub("all lii", "l", "x", 2)
print(s)          --> axx lii
```

A função `string.gsub` também retorna como um segundo resultado a quantidade de vezes em que ela fez a substituição. Por exemplo, uma maneira fácil de contar o número de espaços em uma cadeia é

```
count = select(2, string.gsub(str, " ", " "))
```

21.2.4 A função `string.gmatch`

A função `string.gmatch` retorna uma função que itera sobre todas as ocorrências de um padrão em uma cadeia. Por exemplo, o código seguinte coleta todas as palavras em uma dada cadeia s:

```
words = {}
for w in string.gmatch(s, "%a+") do
  words[#words + 1] = w
end
```

Como discutiremos adiante, o padrão '%a+' casa com sequências de um ou mais caracteres alfabéticos (isto é, palavras). Assim, o laço **for** iterará sobre todas as palavras da cadeia-alvo, armazenando-as na lista words.

O próximo exemplo implementa uma função semelhante a `package.searchpath`, usando gmatch e gsub:

```
function search (modname, path)
  modname = string.gsub(modname, "%.", "/")
  for c in string.gmatch(path, "[^;]+") do
    local fname = string.gsub(c, "?", modname)
    local f = io.open(fname)
    if f then
      f:close()
      return fname
    end
  end
  return nil     -- not found
end
```

O primeiro passo é substituir quaisquer pontos pelo separador de diretórios, que assumimos ser '/' neste exemplo. (Como veremos adiante, um ponto tem um significado especial em um padrão. Para casar um ponto literal, devemos escrever '%.'.) Em seguida, a função itera sobre todos os componentes do caminho, sendo cada um deles uma expansão máxima dos caracteres que não são ponto e vírgula. Para cada componente, a função substitui os pontos de interrogação pelo nome do módulo a fim de obter o nome do arquivo final e, depois, verifica se o arquivo existe. Se existir, a função o fecha e retorna o seu nome.

21.3 Padrões

Você pode fazer com que os padrões sejam mais úteis com *classes de caracteres*. Uma classe de caracteres é um item em um padrão que pode casar com qualquer caractere de um conjunto específico. Por exemplo, a classe %d casa com qualquer dígito. Assim, você pode procurar uma data no formato dd/mm/yyyy com o padrão '%d%d/%d%d/%d%d%d%d':

```
s = "Deadline is 30/05/1999, firm"
date = "%d%d/%d%d/%d%d%d%d"
print(string.sub(s, string.find(s, date)))   --> 30/05/1999
```

A tabela a seguir lista todas as classes de caracteres:

.	todos os caracteres
%a	letras
%c	caracteres de controle
%d	dígitos
%g	caracteres imprimíveis, exceto espaços
%l	letras minúsculas
%p	caracteres de pontuação
%s	caracteres de espaço
%u	letras maiúsculas
%w	caracteres alfanuméricos
%x	dígitos hexadecimais

Uma versão em letra maiúscula de qualquer uma dessas classes representa o complemento dela. Por exemplo, '%A' representa todos os caracteres que não são letras:

```
print(string.gsub("hello, up-down!", "%A", "."))
  --> hello..up.down.    4
```

(O 4 não é parte da cadeia resultante. Ele é o segundo resultado de gsub, o número total de substituições. Eu omitirei esse contador nos outros exemplos que imprimem o resultado de gsub.)

Alguns caracteres, chamados de *caracteres mágicos*, têm significados especiais quando usados em um padrão. São eles:

```
( ) . % + - * ? [ ] ^ $
```

O '%' funciona como um escape para esses caracteres mágicos. Assim, '%.' casa com um ponto; '%%' casa com o próprio caractere '%'. Você pode usar o escape '%' não apenas para caracteres mágicos, mas também para qualquer caractere não alfanumérico. Quando ficar em dúvida, escolha o mais seguro e coloque um escape.

Para o analisador sintático (*parser*) de Lua, padrões são cadeias normais. Elas não têm nenhum tratamento especial e seguem as mesmas regras que as outras cadeias. Apenas as funções de padrões as interpretam como padrões, e apenas essas funções tratam '%' como um escape. Para colocar aspas dentro de um padrão, você deve usar as mesmas técnicas usadas para colocá-las em outras cadeias; por exemplo, você pode escapar as aspas com um '\', que é o caractere de escape para Lua.

Um *conjunto de caracteres* (*char-set*) permite que você crie suas próprias classes de caracteres, agrupando classes diferentes e caracteres simples dentro de colchetes. Por exemplo, o conjunto '[%w_]' casa tanto com caracteres alfanuméricos quanto com sublinhados; o conjunto '[01]' casa com dígitos binários; e '[%[%]]' casa com colchetes. Para contar o número de vogais em um texto, você pode escrever

```
nvow = select(2, string.gsub(text, "[AEIOUaeiou]", ""))
```

Você também pode incluir intervalos de caracteres em um conjunto escrevendo o primeiro e o último caracteres do intervalo separados por um hífen. Eu raramente uso essa facilidade, pois a maioria dos intervalos úteis já estão predefinidos; por exemplo, '[0-9]' é o mesmo que '%d', e '[0-9a-fA-F]' é o mesmo que '%x'. No entanto, se você precisar encontrar um dígito octal, talvez prefira '[0-7]' em vez de uma enumeração explícita como '[01234567]'. Você pode obter o complemento de qualquer conjunto iniciando-o com '^': o padrão '[^0-7]' encontra qualquer caractere que não seja um dígito octal, e '[^\n]' casa com qualquer caractere diferente de quebra de linha. Lembre-se, contudo, de que você pode negar classes simples com a sua versão em letra maiúscula: '%S' é mais simples do que '[^%s]'.

Você pode fazer com que os padrões sejam ainda mais úteis com modificadores para repetições e partes opcionais. Os padrões em Lua oferecem quatro modificadores:

+	1 ou mais repetições
*	0 ou mais repetições
-	0 ou mais repetições preguiçosas (*lazy*)
?	opcional (0 ou 1 ocorrência)

O modificador '+' casa com um ou mais caracteres da classe original. Ele sempre obterá a sequência mais longa que casar com o padrão. Por exemplo, o padrão '%a+' significa uma ou mais letras ou ainda (uma palavra):

```
print(string.gsub("one, and two; and three", "%a+", "word"))
  --> word, word word; word word
```

O padrão '%d+' casa com um ou mais dígitos (um numeral inteiro):

```
print(string.match("the number 1298 is even", "%d+"))   --> 1298
```

O modificador '*' é semelhante a '+', mas ele também aceita zero ocorrências dos caracteres da classe. Um uso típico é casar espaços opcionais entre partes de um padrão. Por exemplo, para casar um par de parênteses vazio, como () ou ( ), você pode usar o padrão '%(%s*%)': o padrão '%s*' casa com zero ou mais espaços (os parênteses também têm um significado especial em um padrão, e, assim, devemos escapá-los). Como um outro exemplo, o padrão '[_%a][_%w]*' casa com identificadores em um programa Lua: uma sequência começando com uma letra ou um sublinhado, seguida por zero ou mais sublinhados ou caracteres alfanuméricos.

Assim como '*', o modificador '-' também casa com zero ou mais ocorrências dos caracteres da classe original. No entanto, em vez de casar com a sequência mais longa, ele casa com a mais curta. Algumas vezes, não há diferença entre '*' e '-', mas geralmente eles apresentam resultados bastante diferentes. Por exemplo, se você procurar um identificador com o padrão '[_%a][_%w]-', encontrará apenas a primeira letra, pois o '[_%w]-' casará sempre com a sequência vazia. Por outro lado, suponha que você queira encontrar comentários em um programa C. Muitas pessoas primeiramente tentariam '/%*.*%*/' (isto é, um "/*" seguido por uma sequência de quaisquer caracteres, que, por sua vez, é seguida por "*/", escrito com os escapes apropriados). No entanto, como o '.*' expande tanto quanto possível, o primeiro "/*" no programa fecharia apenas com o último "*/":

```
test = "int x; /* x */  int y; /* y */"
print(string.match(test, "/%*.*%*/"))
  --> /* x */  int y; /* y */
```

O padrão '.-', ao contrário, irá expandir a quantidade mínima necessária para encontrar o primeiro "*/", e, assim, você obterá o resultado desejado:

```
test = "int x; /* x */  int y; /* y */"
print(string.gsub(test, "/%*.-%*/", ""))
  --> int x;   int y;
```

O último modificador, '?', casa com um caractere opcional. Como um exemplo, suponha que queiramos encontrar um inteiro em um texto, sendo que o número pode conter um sinal opcional. O padrão '[+-]?%d+' faz o trabalho, casando com numerais como "-12", "23" e "+1009". A classe de caracteres '[+-]' casa tanto com um sinal de '+' quanto com um de '-'; o '?', em seguida, faz com que esse sinal seja opcional.

Diferentemente de outros sistemas, em Lua, um modificador pode ser aplicado apenas a uma classe de caracteres; não há nenhuma maneira de agrupar padrões sob um modificador. Por exemplo, não há nenhum padrão que case com uma palavra opcional (a menos que ela tenha apenas uma letra). Geralmente, você pode contornar essa limitação usando alguma das técnicas avançadas que veremos no final deste capítulo.

Se um padrão começar com um '^', ele casará apenas no início da cadeia-alvo. Da mesma forma, se ele terminar com um '$', casará apenas no final da cadeia-alvo. Você pode usar essas marcas tanto para ancorar padrões quanto para restringir os que você procura. Por exemplo, o próximo teste verifica se a cadeia s começa com um dígito:

```
if string.find(s, "^%d") then ...
```

Este aqui checa se essa cadeia representa um número inteiro, sem qualquer outro caractere antes ou depois:

```
if string.find(s, "^[+-]?%d+$") then ...
```

Os caracteres '^' e '$' são mágicos apenas quando usados no início ou no fim do padrão; caso contrário, eles atuam como caracteres normais, casando com eles mesmos.

Outro item em um padrão é '%b', que casa com cadeias balanceadas. Nós escrevemos esse item como '%b*xy*', em que x e y são dois caracteres distintos quaisquer; o x atua como um caractere de abertura, e o y, como o de fechamento. Por exemplo, o padrão '%b()' casa com partes da cadeia que começam com um '(' e terminam no ')' respectivo:

```
s = "a (enclosed (in) parentheses) line"
print(string.gsub(s, "%b()", ""))     --> a  line
```

Tipicamente, nós usamos esse padrão como '%b()', '%b[]', '%b{}' ou '%b<>', mas você pode usar quaisquer dois caracteres distintos como delimitadores.

Finalmente, o item '%f[*conjunto*]' representa um *padrão de fronteira (frontier pattern)*. Ele casa com uma cadeia vazia apenas se o caractere seguinte estiver em <*conjunto*> e o anterior não:

```
s = "the anthem is the theme"
print(s:gsub("%f[%w]the%f[%W]", "one"))
    --> one anthem is one theme
```

O padrão '%f[%w]' casa com uma fronteira entre um caractere não alfanumérico e um alfanumérico, e o padrão '%f[%W]' casa com uma fronteira entre um caractere alfanumérico e um não alfanumérico. Assim, o padrão fornecido casa com a cadeia "the" apenas como uma palavra inteira. Note que devemos escrever o conjunto de caracteres dentro de colchetes, mesmo se ele for uma única classe.

As posições antes do primeiro e depois do último caracteres da cadeia-alvo são tratadas como se tivessem o caractere nulo (código ASCII zero). No exemplo anterior, o primeiro "the" começa com uma fronteira entre um caractere nulo (que não está no conjunto '[%w]') e um 't' (que está no conjunto '[%w]').

O padrão de fronteira já estava implementado em Lua 5.1, mas não documentado. Ele se tornou oficial apenas em Lua 5.2.

21.4 Capturas

O mecanismo de *capturas* permite que um padrão extraia partes da cadeia-alvo que casem com partes do padrão para uso posterior. Você especifica uma captura escrevendo os trechos do padrão que você quer capturar entre parênteses.

Quando um padrão tem capturas, a função string.match retorna cada valor capturado como um resultado à parte; em outras palavras, ela quebra uma cadeia em seus trechos capturados.

```
pair = "name = Anna"
key, value = string.match(pair, "(%a+)%s*=%s*(%a+)")
print(key, value)   --> name   Anna
```

O padrão '%a+' especifica uma sequência não vazia de letras; o padrão '%s*' especifica uma sequência de espaços possivelmente vazia. Assim, no exemplo acima, o padrão inteiro especifica um sequência de letras, seguida por uma sequência de espaços, com '=' depois dela e, posteriormente, mais espaços e uma outra sequência de letras. Ambas as sequências de letras têm seus padrões delimitados por parênteses, e, assim, elas serão capturadas se um casamento ocorrer. Um exemplo semelhante é este:

```
date = "Today is 17/7/1990"
d, m, y = string.match(date, "(%d+)/(%d+)/(%d+)")
print(d, m, y)   --> 17   7   1990
```

Em um padrão, um item como '%d', em que d é um único dígito, casa somente com uma cópia da *d*-ésima captura. Como um uso típico, suponha que você queira encontrar, dentro de uma cadeia, uma subcadeia delimitada por aspas simples ou duplas. Você poderia tentar um padrão como '["'].-["']', isto é, aspas seguidas por qualquer coisa e, depois, por outras aspas; mas você teria problemas com cadeias como "it's all right". Para resolver esse problema, você pode capturar as primeiras aspas e usá-las para especificar as segundas:

```
s = [[then he said: "it's all right"!]]
q, quotedPart = string.match(s, "([\"'])(.-)%1")
print(quotedPart)     --> it's all right
print(q)              --> "
```

A primeira captura é o próprio caractere de aspas, e a segunda é o conteúdo da citação (a subcadeia que casa com o '.-').

Um exemplo semelhante é o padrão que casa com cadeias longas em Lua:

```
%[(=*)%[(.-)%]%1%]
```

Ele casará com um colchete de abertura seguido por zero ou mais sinais de igual, com um outro colchete de abertura depois, que, por sua vez, é seguido por qualquer coisa (o conteúdo da cadeia), depois, por um colchete de fechamento, por um mesmo número de sinais de igual e, por fim, por um outro colchete de fechamento:

```
p = "%[(=*)%[(.-)%]%1%]"
s = "a = [=[[ something ]] ]==] ]=]; print(a)"
print(string.match(s, p))    --> =      [[ something ]] ]==]
```

A primeira captura é a sequência de sinais de igual (apenas um neste exemplo); a segunda é o conteúdo da cadeia.

O terceiro uso de valores capturados é na cadeia de substituição de gsub. Assim como o padrão, também a cadeia de substituição pode conter itens como "%d", que serão trocados pelas respectivas capturas quando a substituição for feita. Em particular, o item "%0" é trocado pelo casamento inteiro (a propósito, um '%' na cadeia de substituição deve ser escapado como "%%"). Como um exemplo, o seguinte comando duplica todas as letras de uma cadeia, com um hífen entre as cópias:

```
print(string.gsub("hello Lua!", "%a", "%0-%0"))
    --> h-he-el-ll-lo-o L-Lu-ua-a!
```

Este aqui troca caracteres adjacentes:

```
print(string.gsub("hello Lua", "(.)(.)", "%2%1"))  --> ehll ouLa
```

Como um exemplo mais útil, vamos escrever um conversor primitivo de formato, que recebe uma cadeia com os comandos escritos em um estilo LaTeX e os converte para um formato em estilo XML:

```
\command{some text}      -->    <command>some text</command>
```

Se não permitirmos comandos aninhados, a chamada a string.gsub a seguir fará o trabalho:

```
s = [[the \quote{task} is to \em{change} that.]]
s = string.gsub(s, "\\(%a+){(.-)}", "<%1>%2</%1>")
print(s)
    --> the <quote>task</quote> is to <em>change</em> that.
```

(Na próxima seção, veremos como tratar comandos aninhados.)

Outro exemplo útil é como podar (*trim*) uma cadeia:

```
function trim (s)
   return (string.gsub(s, "^%s*(.-)%s*$", "%1"))
end
```

Note o uso criterioso dos formatos de padrões. As duas âncoras ('`^`' e '`$`') garantem que obtenhamos a cadeia inteira. Como o '`.-`' tenta expandir o mínimo possível, os dois padrões '`%s*`' casam com todos os espaços em ambas as extremidades. Note também que, como gsub retorna dois valores, nós parentizamos a chamada para descartar o resultado extra (o contador).

21.5 Substituições

Em vez de uma cadeia, podemos usar uma função ou uma tabela como o terceiro argumento para string.gsub. Quando invocada com uma função, string.gsub a chama toda vez que encontra um casamento; os argumentos para cada chamada são as capturas, e o valor que a função retorna é usado como a cadeia de substituição. Quando invocada com uma tabela, string.gsub a acessa usando a primeira captura como chave, e o valor associado é usado como a cadeia de substituição. Se o resultado da chamada ou do acesso à tabela for nil, gsub não modificará esse casamento.

Como um primeiro exemplo, a função a seguir faz *expansão de variáveis*: ela substitui cada ocorrência de $varname em uma cadeia pelo valor da variável global varname:

```
function expand (s)
  return (string.gsub(s, "$(%w+)", _G))
end

name = "Lua"; status = "great"
print(expand("$name is $status, isn't it?"))
  --> Lua is great, isn't it?
```

Para cada casamento com '$(%w+)' (um cifrão seguido por um nome), gsub procura pelo nome capturado na tabela global _G; o resultado substitui o casamento. Se a tabela não tiver a chave, não haverá substituição:

```
print(expand("$othername is $status, isn't it?"))
  --> $othername is great, isn't it?
```

Se você não tiver certeza que as variáveis fornecidas têm valores do tipo *string*, talvez você queira aplicar tostring a eles. Nesse caso, você pode usar uma função como valor de substituição:

```
function expand (s)
  return (string.gsub(s, "$(%w+)", function (n)
          return tostring(_G[n])
        end))
end

print(expand("print = $print; a = $a"))
  --> print = function: 0x8050ce0; a = nil
```

Agora, para cada casamento com '$(%w+)', gsub chama a função fornecida com o nome capturado como argumento; o retorno substituirá o casamento.

O último exemplo lembra o nosso conversor de formato da seção anterior. Novamente, queremos converter comandos estilo LaTeX (\example{text}) em comandos estilo XML (<example>text</example>), mas, dessa vez, permitindo comandos aninhados. A próxima função usa recursão para fazer o trabalho:

```
function toxml (s)
  s = string.gsub(s, "\\(%a+)(%b{})", function (tag, body)
          body = string.sub(body, 2, -2)   -- remove chaves
          body = toxml(body)               -- trata comandos aninhados
          return string.format("<%s>%s</%s>", tag, body, tag)
        end)
  return s
end

print(toxml("\\title{The \\bold{big} example}"))
  --> <title>The <bold>big</bold> example</title>
```

21.5.1 Codificação de URL

Para o nosso próximo exemplo, usamos *codificação de URL*, que é a codificação usada por HTTP para enviar parâmetros em uma URL. Ela codifica caracteres especiais (como '=', '&' e '+') como "%*xx*", em que *xx* é o código do caractere em hexadecimal. Depois disso, ela troca espaços por '+'. Por exemplo, ela codifica a cadeia "a+b = c" como "a%2Bb+%3D+c". Finalmente, ela escreve cada nome e valor de parâmetro com um sinal de igual entre eles e junta todos os pares resultantes name = value com um '&' entre eles. Por exemplo, os valores

```
name = "al";  query = "a+b = c";  q="yes or no"
```

são codificados como "name=al&query=a%2Bb+%3D+c&q=yes+or+no".

Agora, suponha que queiramos codificar essa URL e armazenar cada valor em uma tabela, indexado por seu nome correspondente. A seguinte função faz a decodificação básica:

```
function unescape (s)
  s = string.gsub(s, "+", " ")
  s = string.gsub(s, "%%(%x%x)", function (h)
        return string.char(tonumber(h, 16))
      end)
  return s
end
```

O primeiro comando troca cada '+' na cadeia por um espaço. O segundo gsub casa todos os numerais hexadecimais de dois dígitos precedidos por '%' e chama uma função anônima para cada casamento. Essa função converte o numeral hexadecimal em um número (tonumber, com base 16) e retorna o caractere correspondente (string.char). Por exemplo,

```
print(unescape("a%2Bb+%3D+c"))   --> a+b = c
```

Para decodificar os pares name=value, usamos gmatch. Como nem nomes nem valores podem conter '&' ou '=', podemos casá-los com o padrão '[^&=]+':

```
cgi = {}
function decode (s)
  for name, value in string.gmatch(s, "([^&=]+)=([^&=]+)") do
    name = unescape(name)
    value = unescape(value)
    cgi[name] = value
  end
end
```

A chamada a gmatch casa todos os pares na forma name=value. Para cada um, o iterador retorna as capturas correspondentes (de acordo com os parênteses na cadeia de casamento) como os valores para name e value. O corpo do laço simplesmente chama unescape para as duas cadeias e armazena o par na tabela cgi.

A codificação correspondente também é fácil de escrever. Primeiramente, escrevemos a função `escape`; ela codifica todos os caracteres especiais como um '%', seguido pelo código do caractere em hexadecimal (a opção "%02X" de `format` constrói um número hexadecimal com dois dígitos, usando 0 para preenchimento), e, depois, troca os espaços por '+':

```
function escape (s)
  s = string.gsub(s, "[&=+%%%c]", function (c)
        return string.format("%%%02X", string.byte(c))
      end)
  s = string.gsub(s, " ", "+")
  return s
end
```

A função encode percorre a tabela a ser codificada, construindo a cadeia resultante:

```
function encode (t)
  local b = {}
  for k,v in pairs(t) do
    b[#b + 1] = (escape(k) .. "=" .. escape(v))
  end
  return table.concat(b, "&")
end
t = {name = "al",  query = "a+b = c", q = "yes or no"}
print(encode(t))  --> q=yes+or+no&query=a%2Bb+%3D+c&name=al
```

21.5.2 Expansão de tabuladores

Uma captura vazia como '()' tem um significado especial em Lua. Em vez de não capturar nada (uma tarefa bastante inútil), esse padrão captura a sua posição na cadeia principal, como um número:

```
print(string.match("hello", "()ll()"))    --> 3   5
```

(Note que o resultado desse exemplo não é o mesmo que você obtém com `string.find`, pois a posição da segunda captura vazia está *depois* do casamento.)

Um exemplo interessante do uso de capturas de posição é a expansão de tabuladores em uma cadeia:

```
function expandTabs (s, tab)
  tab = tab or 8       -- "tamanho" do tabulador (valor-padrão é 8)
  local corr = 0
  s = string.gsub(s, "()\t", function (p)
        local sp = tab - (p - 1 + corr)%tab
        corr = corr - 1 + sp
        return string.rep(" ", sp)
      end)
  return s
end
```

O padrão de gsub casa todos os tabuladores na cadeia, capturando as suas posições. Para cada tabulador, a função mais interna usa essa posição para computar o número de espaços necessários para chegar a uma coluna múltipla de tab: ela subtrai um da posição para torná-la relativa a zero e soma corr para compensar tabuladores anteriores (a expansão de cada tabulador afeta as posições dos seguintes). Ela, então, atualiza a correção para o próximo tabulador: menos um para o tabulador está sendo removido, mais sp para os espaços sendo inseridos. Finalmente, ela retorna uma cadeia com o número apropriado de espaços.

Apenas para completar, vejamos como reverter essa operação, convertendo espaços em tabuladores. Uma primeira abordagem poderia também envolver o uso de capturas vazias para manipular posições, mas há uma solução mais simples: sempre no oitavo caractere, inserimos uma marca na cadeia. Depois, toda vez que encontrarmos uma marca precedida por espaços, trocaremos a sequência espaços–marca por um tabulador:

```
function unexpandTabs (s, tab)
  tab = tab or 8
  s = expandTabs(s)
  local pat = string.rep(".", tab)
  s = string.gsub(s, pat, "%0\1")
  s = string.gsub(s, " +\1", "\t")
  s = string.gsub(s, "\1", "")
  return s
end
```

A função começa expandindo a cadeia para remover quaisquer tabulações anteriores. Depois, ela computa um padrão auxiliar para casar todas as sequências de tab caracteres e o usa para inserir uma marca (o caractere de controle \1) após cada uma dessas sequências. Ela, então, troca por tabuladores todas as sequências de espaços seguidas por uma marca. Finalmente, ela remove as marcas restantes (não precedidas por espaços).

21.6 Truques do Ofício

O casamento de padrões é uma ferramenta poderosa para manipular cadeias. Você pode realizar muitas operações complexas com apenas poucas chamadas a string.gsub. No entanto, como com qualquer poder, você deve usá-lo cuidadosamente.

O casamento de padrões não é substituto de um *parser* próprio. Para programas rápidos e rasteiros, você pode fazer manipulações úteis de código-fonte, mas é difícil construir um produto de qualidade. Como um bom exemplo, considere o padrão que usamos para casar comentários em um programa C: '/%*.-%*/'. Se o seu programa tiver uma cadeia literal contendo "/*", você pode obter um resultado errado:

```
test = [[char s[] = "a /* here";   /* a tricky string */]]
print(string.gsub(test, "/%*.-%*/", "<COMMENT>"))
  --> char s[] = "a <COMMENT>
```

Cadeias com esse tipo de conteúdo são raras, e, para o seu uso pessoal, esse padrão provavelmente fará o seu trabalho. Apesar disso, você não deve distribuir um programa com tal imperfeição.

Geralmente, o casamento de padrões é eficiente o bastante para programas Lua: minha velha máquina Pentium leva menos de 0,3 segundo para casar todas as palavras de um texto com 4.4 MB (850K palavras), mas você pode se precaver. Você deve sempre fazer o padrão ser tão específico quanto possível; padrões frouxos são mais lentos do que os específicos. Um exemplo extremo é '(.-)%$', para obter todo o texto de uma cadeia até o primeiro cifrão. Se a cadeia-alvo tiver um cifrão, tudo irá bem; mas suponha que ela não o tenha. O algoritmo, primeiramente, tentará casar o padrão começando pela primeira posição da cadeia. Ele a percorrerá toda, procurando um cifrão. Quando a cadeia terminar, o padrão falhará *para a primeira posição* da cadeia. Em seguida, o algoritmo fará a procura inteira novamente, começando pela segunda posição, apenas para descobrir que o padrão também não casa ali; e assim por diante. Isso levará um tempo quadrático, resultando em mais de quatro minutos na minha velha máquina Pentium para uma cadeia com 100K caracteres. Você pode corrigir esse problema simplesmente ancorando o padrão na primeira posição da cadeia, com '^(.-)%$'. A âncora diz ao algoritmo para interromper a procura se ele não conseguir encontrar um casamento na primeira posição. Com a âncora, o padrão executa em um centésimo de segundo.

Tome cuidado também com os padrões *vazios*, isto é, aqueles que casam com a cadeia vazia. Por exemplo, se você tentar casar nomes com um padrão como '%a*', você encontrará nomes em todos os lugares:

```
i, j = string.find(";$%  **#$hello13", "%a*")
print(i,j)   --> 1  0
```

Nesse exemplo, a chamada a `string.find` encontrou corretamente uma sequência vazia de letras no começo da cadeia.

Nunca faz sentido escrever um padrão que comece ou termine com o modificador '-', pois ele casará apenas com a cadeia vazia. Esse modificador sempre precisa de algo ao seu redor para ancorar sua expansão. Da mesma forma, os padrões que incluem '.*' são traiçoeiros, pois essa construção pode expandir muito mais do que você pretende.

Algumas vezes, é útil usar a própria linguagem Lua para construir um padrão. Já usamos esse truque em nossa função para converter espaços em tabuladores. Como um outro exemplo, vejamos como podemos encontrar linhas longas em um texto, digamos, linhas com mais de 70 caracteres. Bem, uma linha longa é uma sequência com 70 ou mais caracteres diferentes de quebra de linha. Podemos casar um único deles com a classe de caracteres '[^\n]'. Assim, podemos casar uma linha longa com um padrão que repita 70 vezes o padrão para um caractere, seguido por zero ou mais desses caracteres. Em vez de escrever esse padrão manualmente, podemos criá-lo com string.rep:

```
pattern = string.rep("[^\n]", 70) .. "[^\n]*"
```

Como outro exemplo, suponha que você queira fazer uma procura sem diferenciar letras minúsculas de maiúsculas. Uma forma de fazer isso é trocar qualquer letra *x* no padrão pela classe '[*xX*]', isto é, uma classe incluindo tanto a versão minúscula quanto a maiúscula da letra original. Podemos automatizar essa conversão com uma função:

```
function nocase (s)
  s = string.gsub(s, "%a", function (c)
        return "[" .. string.lower(c) .. string.upper(c) .. "]"
      end)
  return s
end

print(nocase("Hi there!"))   --> [hH][iI] [tT][hH][eE][rR][eE]!
```

Algumas vezes, você quer trocar todas as ocorrências simples de s1 por s2, sem considerar qualquer caractere como mágico. Se as cadeias s1 e s2 forem literais, você pode inserir escapes próprios para caracteres mágicos enquanto você as escreve. No entanto, se elas forem valores variáveis, é possível usar uma outra gsub para colocar esses escapes para você:

```
s1 = string.gsub(s1, "(%W)", "%%%1")
s2 = string.gsub(s2, "%%", "%%%%")
```

Na cadeia de procura, escapamos todos os caracteres não alfanuméricos (por isso, o 'W' maiúsculo). Na cadeia de substituição, escapamos apenas o '%'.

Outra técnica útil para casamento de padrões é pré-processar a cadeia-alvo antes do trabalho real. Suponha que queiramos trocar para letras maiúsculas todas as cadeias entre aspas em um texto, e uma cadeia desse tipo começa e termina com aspas duplas ('"'), mas pode conter as escapadas ("\""):

```
follows a typical string: "This is \"great\"!".
```

Uma abordagem para tratar desses casos é pré-processar o texto a fim de codificar as sequências problemáticas como alguma outra coisa. Por exemplo, poderíamos codificar "\"" como "\1". No entanto, se o texto original já contiver um "\1", estaremos em apuros. Uma maneira fácil de fazer a codificação e evitar esse problema é codificar todas as sequências "*x*" como "*ddd*", em que *ddd* é a representação decimal do caractere *x*:

```
function code (s)
  return (string.gsub(s, "\\(.)", function (x)
           return string.format("\\%03d", string.byte(x))
         end))
end
```

Agora, qualquer sequência "*ddd*" na cadeia codificada deve ter vindo da codificação, pois qualquer "*ddd*" na cadeia original foi codificada também. Assim, a decodificação é uma tarefa fácil:

```
function decode (s)
  return (string.gsub(s, "\\(%d%d%d)", function (d)
          return "\\" .. string.char(tonumber(d))
        end))
end
```

Podemos, agora, completar a nossa tarefa. Já que a cadeia codificada não contém aspas escapadas ("\""), podemos buscar cadeias entre aspas simplesmente com '"._-"':

```
s = [[follows a typical string: "This is \"great\"!".]]
s = code(s)
s = string.gsub(s, '".-"', string.upper)
s = decode(s)
print(s)     --> follows a typical string: "THIS IS \"GREAT\"!".
```

Ou, em uma notação mais compacta,

```
print(decode(string.gsub(code(s), '".-"', string.upper)))
```

21.7 Unicode

Atualmente, a biblioteca de cadeias não oferece nenhum suporte explícito para Unicode. Apesar disso, não é difícil codificar diversas tarefas úteis e simples sobre cadeias Unicode codificadas em UTF-8 sem usar bibliotecas extras.

UTF-8 é a codificação dominante para Unicode na *web*. Devido à sua compatibilidade com ASCII, UTF-8 é também a codificação ideal para Lua. Essa compatibilidade é suficiente para garantir que diversas técnicas de manipulação de cadeias que funcionam sobre cadeias ASCII também deem certo sobre UTF-8 sem nenhuma modificação.

UTF-8 representa cada caractere Unicode usando um número variável de *bytes*. Por exemplo, ela representa 'A' como um *byte*, 65; ela representa o caractere hebraico Aleph, que tem o código 1488 em Unicode, como a sequência de dois *bytes* 215–144. UTF-8 representa todos os caracteres no intervalo ASCII como em ASCII, isto é, um único *byte* menor do que 128. Todos os outros caracteres são representados usando-se sequências de *bytes* em que o primeiro está no intervalo *[194, 244]* e os de continuação estão no intervalo *[128, 191]*. Especificamente, o intervalo dos *bytes* iniciais para sequências de dois *bytes* é *[194, 223]*; para sequências de três *bytes*, o intervalo é *[224, 239]*; e, para as de quatro *bytes*, ele é *[240, 244]*. Essa construção garante que a sequência de códigos de qualquer caractere nunca apareça dentro da de qualquer outro. Por exemplo, um *byte* menor do que 128 nunca aparecerá em uma sequência de múltiplos *bytes*; ele sempre irá representar o seu caractere ASCII correspondente.

Como Lua não suja o $8^{\underline{o}}$ *bit* (é *8-bit clean*), podemos ler, escrever e armazenar cadeias UTF-8 como qualquer cadeia regular. Cadeias literais podem conter dados UTF-8 (você provavelmente vai querer editar o seu código-fonte como um arquivo UTF-8). A operação de concatenação funciona corretamente para cadeias UTF-8. Os operadores de ordem de cadeias (menor do que, menor ou igual etc.) comparam cadeias UTF-8 segundo a ordem dos códigos dos caracteres em Unicode.

A biblioteca do sistema operacional e a biblioteca de E/S são, principalmente, interfaces para o sistema subjacente, e, assim, o seu suporte para cadeias UTF-8 depende desse sistema. No Linux, por exemplo, podemos usar UTF-8 para nomes de arquivos, mas o Windows usa UTF-16. Assim, para manipular nomes de arquivos Unicode no Windows, precisamos de bibliotecas extras ou de algumas mudanças nas bibliotecas-padrão de Lua.

Vejamos, agora, como as funções da biblioteca de cadeias tratam cadeias UTF-8.

As funções `string.reverse`, `string.byte`, `string.char`, `string.upper` e `string.lower` não funcionam com cadeias UTF-8, pois todas elas assumem que um caractere é equivalente a um *byte*.

As funções `string.format` e `string.rep` funcionam sem nenhum problema com essas cadeias, exceto com a opção de formato `'%c'`, que assume que um caractere é um *byte*. As funções `string.len` e `string.sub` funcionam corretamente com as cadeias UTF-8, com índices referindo-se à contagem de *bytes* (e não de caracteres). Frequentemente, é disso que você precisa, mas nós podemos contar o número de caracteres também, como veremos em breve.

Quanto às funções de casamento de padrões, sua aplicabilidade a cadeias UTF-8 depende do padrão. Padrões literais funcionam sem nenhum problema, devido à propriedade-chave de UTF-8 que determina que a codificação de qualquer caractere nunca aparecerá dentro da de qualquer outro. As classes de caracteres e os conjuntos de caracteres funcionam apenas para os caracteres ASCII. Por exemplo, o padrão `'%s'` funciona sobre cadeias UTF-8, mas casará apenas com os espaços ASCII; ele não casará com espaços extras Unicode como um espaço sem quebra (U+00A0), um separador de parágrafos (U+2029) ou um separador de vogais na língua Mongol (U+180E).

Alguns padrões podem tirar proveito das particularidades de UTF-8. Por exemplo, se quiser contar o número de caracteres de uma cadeia, você pode usar a seguinte expressão:

```
#(string.gsub(s, "[\128-\191]", ""))
```

A chamada a gsub remove os *bytes* de continuação da cadeia, restando, assim, as sequências de um *byte* e os bytes iniciais de sequências de múltiplos *bytes*: um byte para cada caractere.

Usando ideias semelhantes, o exemplo a seguir mostra como podemos iterar sobre cada caractere de uma cadeia UTF-8:

```
for c in string.gmatch(s, ".[\128-\191]*") do
  print(c)
end
```

A Listagem 21.1 ilustra algumas técnicas para manipular cadeias UTF-8 em Lua. É claro que, para executar esses exemplos, você precisará de uma plataforma em que print entenda UTF-8.

Listagem 21.1
Exemplos de manipulação básica de UTF-8 em Lua

```
local a = {}
a[#a + 1] = "Nähdään"
a[#a + 1] = "ação"
a[#a + 1] = "ÃøÆËÐ"

local l = table.concat(a, ";")
print(l, #(string.gsub(l, "[\128-\191]", "")))
  --> Nähdään;ação;ÃøÆËÐ     18

for w in string.gmatch(l, "[^;]+") do
  print(w)
end
  --> Nähdään
  --> ação
  --> ÃøÆËÐ

for c in string.gmatch(a[3], ".[\128-\191]*") do
  print(c)
end
  --> Ã
  --> ø
  --> Æ
  --> Ë
  --> Ð
```

Infelizmente, não há muito mais que Lua possa oferecer. Um suporte adequado para Unicode demanda tabelas enormes, que são incompatíveis com o pequeno tamanho de Lua. Unicode tem peculiaridades demais. É virtualmente impossível abstrair quase todos os conceitos de linguagens específicas. Até o conceito do que seja um caractere é vago, pois não há uma correspondência um a um entre os caracteres Unicode codificados e os grafemas (*e.g.*, caracteres com marcas diacríticas e caracteres "completamente ignoráveis"). Outros conceitos aparentemente básicos, como o que é uma letra, também mudam entre linguagens diferentes.

O que mais falta em Lua, na minha opinião, são funções para converter sequências UTF-8 em *code points* Unicode e para verificar a validade de cadeias UTF-8. Provavelmente, a próxima versão de Lua as incluirá. Para coisas mais sofisticadas, a melhor abordagem parece ser uma biblioteca externa, como a biblioteca slnunicode.

Exercícios

21.1 Escreva uma função split que receba uma cadeia e um padrão delimitador e retorne uma sequência com os trechos da cadeia original separados pelo delimitador:
```
t = split("a whole new world", " ")
-- t = {"a", "whole", "new", "world"}
```
Como a sua função trata cadeias vazias? (Em particular, uma cadeia vazia é uma sequência vazia ou uma sequência com uma cadeia vazia?)

21.2 Os padrões '%D' e '[^%d]' são equivalentes. E os padrões '[^%d%u]' e '[%D%U]'?

21.3 Escreva uma função de transliteração. Ela recebe uma cadeia e troca cada caractere dela por um outro, de acordo com uma tabela fornecida como segundo parâmetro. Se a tabela mapear 'a' para 'b', a função deverá trocar qualquer ocorrência de 'a' para 'b'. Se a tabela mapear 'a' para **false**, a função deverá remover as ocorrências de 'a' da cadeia resultante.

21.4 Escreva uma função para reverter uma cadeia UTF-8.

21.5 Reescreva a função de transliteração para caracteres UTF-8.

A Biblioteca de E/S

A biblioteca de E/S oferece dois modelos diferentes para manipulação de arquivos. O modelo simples assume um *arquivo de entrada corrente* e um *arquivo de saída corrente*, e suas operações de E/S operam sobre eles. O modelo completo usa descritores de arquivos (*file handles*) explícitos; ele adota um estilo orientado a objetos que define todas as operações como métodos sobre esses descritores.

O modelo simples é conveniente para coisas triviais; nós o temos usado no livro até agora. No entanto, ele não é suficiente para manipulações de arquivos mais avançadas, como ler ou escrever vários arquivos simultaneamente. Para essas manipulações, precisamos do modelo completo.

22.1 O Modelo de E/S Simples

O modelo simples realiza todas as suas operações sobre dois arquivos correntes. A biblioteca inicializa o arquivo de entrada corrente como a entrada-padrão do processo (stdin) e o arquivo de saída corrente como a saída-padrão (stdout). Assim, quando executamos algo como io.read(), nós lemos uma linha da entrada-padrão.

Podemos alterar esses arquivos correntes com as funções io.input e io.output. Uma chamada como io.input(filename) abre o arquivo dado em modo de leitura e o estabelece como o arquivo de entrada corrente. A partir desse ponto, toda entrada virá dele, até outra chamada a io.input; io.output faz um trabalho semelhante para a saída. Em caso de erro, ele é lançado por ambas as funções. Se você quiser tratar erros diretamente, use o modelo completo.

Como `write` é mais simples do que `read`, nós a veremos em primeiro lugar. A função `io.write` simplesmente recebe um número arbitrário de cadeias como argumentos e as escreve no arquivo de saída corrente. Ela converte números em cadeias seguindo as regras de conversão usuais; para ter controle completo sobre essa conversão, você deve usar a função `string.format`:

```
> io.write("sin (3) = ", math.sin(3), "\n")
--> sin (3) = 0.14112000805987
> io.write(string.format("sin (3) = %.4f\n", math.sin(3)))
--> sin (3) = 0.1411
```

Evite códigos como `io.write(a..b..c)`; a chamada `io.write(a, b, c)` obtém o mesmo efeito com menos recursos, pois evita as concatenações.

Como regra, você deve usar `print` para programas rápidos e rasteiros ou para depuração, e `write` quando precisar de controle completo sobre a sua saída:

```
> print("hello", "Lua"); print("Hi")
--> hello    Lua
--> Hi
> io.write("hello", "Lua"); io.write("Hi", "\n")
--> helloLuaHi
```

Diferentemente de `print`, `write` não insere caracteres extras na saída, como tabuladores ou quebras de linha. Além disso, `write` permite que você redirecione a sua saída, enquanto `print` usa sempre a saída-padrão. Finalmente, `print` aplica `tostring` automaticamente sobre os seus argumentos; isso é conveniente para depuração, mas pode esconder alguns erros se você não estiver prestando atenção à sua saída.

A função `io.read` lê cadeias do arquivo de entrada corrente. Seus argumentos controlam o que deve ser lido:

`"*a"`	lê o arquivo todo
`"*l"`	lê a próxima linha (sem a quebra de linha)
`"*L"`	lê a próxima linha (com a quebra de linha)
`"*n"`	lê um número
num	lê uma cadeia com até *num* caracteres

A chamada `io.read("*a")` lê todo o arquivo de entrada corrente, começando na sua posição atual. Se estivermos no fim do arquivo ou se ele for vazio, a chamada retornará uma cadeia vazia.

Como Lua manipula cadeias longas com eficiência, uma técnica simples para escrever filtros é ler o arquivo inteiro para uma cadeia, fazer o processamento sobre ela (tipicamente, com `gsub`) e, então, escrevê-la na saída:

```
t = io.read("*a")            -- lê todo o arquivo
t = string.gsub(t, ...)      -- faz o trabalho
io.write(t)                  -- escreve o arquivo
```

Como um exemplo, o trecho de código a seguir é um programa completo para codificar o conteúdo de um arquivo usando a codificação imprimível (*quoted-printable*) MIME. Ela codifica cada *byte* não ASCII como =*xx*, em que *xx* é o valor do *byte* em hexadecimal. Para manter a consistência da codificação, o caractere '=' deve ser codificado também:

```
t = io.read("*a")
t = string.gsub(t, "([\128-\255=])", function (c)
      return string.format("=%02X", string.byte(c))
    end)
io.write(t)
```

O padrão usado na chamada gsub captura todos os *bytes* de 128 a 255, mais o sinal de igual.

A chamada `io.read("*l")` retorna a próxima linha do arquivo de entrada corrente, sem o caractere de quebra de linha; a chamada `io.read("*L")` é semelhante, mas ela mantém o caractere de quebra de linha (se ele estiver presente no arquivo). Quando alcançamos o fim do arquivo, a chamada retorna nil (pois não há uma próxima linha para retornar). O padrão "*l" é o valor-padrão para read. Em geral, eu escolho utilizá-lo apenas quando o algoritmo naturalmente trata o arquivo linha a linha; caso contrário, eu prefiro ler o arquivo inteiro de uma só vez, com *a, ou em blocos, como veremos adiante.

Como um exemplo simples do uso desse padrão, o programa a seguir copia sua entrada corrente para a saída corrente, numerando cada linha:

```
for count = 1, math.huge do
  local line = io.read()
  if line == nil then break end
  io.write(string.format("%6d  ", count), line, "\n")
end
```

No entanto, para iterar sobre um arquivo inteiro linha a linha, é melhor usar o iterador `io.lines`. Por exemplo, podemos escrever um programa completo para ordenar as linhas de um arquivo como a seguir:

```
local lines = {}
-- lê as linhas para a tabela 'lines'
for line in io.lines() do lines[#lines + 1] = line end
-- ordena
table.sort(lines)
-- escreve todas as linhas
for _, l in ipairs(lines) do io.write(l, "\n") end
```

A chamada `io.read("*n")` lê um número do arquivo de entrada corrente. Esse é o único caso em que read retorna um número em vez de uma cadeia. Quando um programa precisa ler muitos números de um arquivo, a ausência das cadeias intermediárias melhora o seu desempenho. A opção *n pula quaisquer espaços antes do número e aceita formatos de números como -3, +5.2, 1000 e -3.4e-23. Se ela não puder encontrar um número na posição corrente do arquivo (devido a um erro de formato ou ao fim de arquivo), ela retornará nil.

Você pode chamar read com múltiplas opções; para cada argumento, a função retornará o resultado respectivo. Suponha que você tenha um arquivo com três números por linha:

```
6.0     -3.23    15e12
4.3      234     1000001
...
```

Agora, você quer imprimir o maior valor de cada linha. Você pode ler os três números com uma única chamada a read:

```
while true do
  local n1, n2, n3 = io.read("*n", "*n", "*n")
  if not n1 then break end
  print(math.max(n1, n2, n3))
end
```

Além dos padrões de leitura básicos, você pode chamar read com um número *n* como argumento: nesse caso, read tenta ler *n* caracteres do arquivo de entrada. Se não puder ler nenhum (fim de arquivo), read retornará **nil**; caso contrário, ela retornará uma cadeia com, no máximo, *n* caracteres. Como um exemplo desse padrão de leitura, o programa a seguir é uma maneira eficiente (em Lua, é claro) de copiar um arquivo de stdin para stdout:

```
while true do
  local block = io.read(2^13)      -- o tamanho do buffer é 8K
  if not block then break end
  io.write(block)
end
```

Como um caso especial, a chamada io.read(0) funciona como um teste para fim de arquivo: ela retornará uma cadeia vazia, se ainda houver algo para ler, ou nil, caso contrário.

22.2 O Modelo de E/S Completo

Para ter mais controle sobre E/S, você pode usar o modelo completo. Um conceito central nesse modelo é o de *descritor de arquivo*, que é equivalente a um fluxo (*stream*) em C (FILE*): ele representa um arquivo aberto com uma posição corrente.

Para abrir um arquivo, você usa a função io.open, que imita a fopen de C. Ela recebe como argumentos o nome do arquivo a abrir, mais uma cadeia de *modo*. Essa cadeia pode conter um 'r' para leitura, um 'w' para escrita (que também apaga qualquer conteúdo anterior do arquivo) ou um 'a' para anexar conteúdo, mais um 'b' opcional para abrir arquivos binários. A função open retorna um novo descritor para o arquivo. Em caso de erro, open retorna **nil**, mais uma mensagem de erro e um código numérico de erro:

```
print(io.open("non-existent-file", "r"))
  --> nil     non-existent-file: No such file or directory     2
print(io.open("/etc/passwd", "w"))
  --> nil     /etc/passwd: Permission denied   13
```

A interpretação de códigos de erro é dependente do sistema.

Uma expressão idiomática para verificar erros é

```
local f = assert(io.open(filename, mode))
```

Se a chamada a open falhar, a mensagem de erro será o segundo argumento para assert, que exibirá, então, a mensagem.

Depois de abrir um arquivo, você pode ler ou escrever nele com os métodos read/write. Eles são semelhantes às funções read/write, mas você os chama como métodos sobre o descritor do arquivo, usando a sintaxe de dois-pontos. Por exemplo, para abrir um arquivo e lê-lo por inteiro, você pode usar um trecho de código como este:

```
local f = assert(io.open(filename, "r"))
local t = f:read("*a")
f:close()
```

A biblioteca de E/S oferece descritores para os três fluxos predefinidos em C: io.stdin, io.stdout e io.stderr. Assim, você pode enviar uma mensagem diretamente para o fluxo de erro com um código como este:

```
io.stderr:write(message)
```

Nós podemos misturar o modelo completo com o simples. Obtemos o descritor de arquivo de entrada corrente chamando io.input(), sem argumentos. Estabelecemos esse descritor como entrada corrente com a chamada io.input(handle) (chamadas semelhantes também são válidas para io.output). Por exemplo, se você quiser alterar temporariamente o arquivo de entrada corrente, você pode escrever algo como isto:

```
local temp = io.input()    -- salva o arquivo corrente
io.input("newinput")       -- abre um novo arquivo corrente
<faz algo com uma nova entrada>
io.input():close()         -- fecha o arquivo corrente
io.input(temp)             -- restaura o arquivo corrente anterior
```

Em vez de io.read, podemos usar também io.lines para ler um arquivo. Como vimos em exemplos anteriores, io.lines provê um iterador que repetidamente lê um arquivo.

O primeiro argumento para `io.lines` pode ser um nome ou um descritor de arquivo. Se for chamada com um nome de arquivo, `io.lines` abrirá o arquivo em modo de leitura e o fechará ao alcançar o seu final. Se for chamada com um descritor de arquivo, `io.lines` usará esse arquivo para a leitura; nesse caso, `io.lines` não o fechará após tê-lo lido. Se for chamada sem argumentos, `io.lines` lerá o arquivo de entrada corrente.

A partir de Lua 5.2, `io.lines` aceita também as mesmas opções que `io.read`, depois do argumento que especifica o arquivo. Como um exemplo, o próximo fragmento de código copia um arquivo para a saída corrente usando `io.lines`:

```
for block in io.lines(filename, 2^13) do
  io.write(block)
end
```

22.2.1 Um pequeno truque de desempenho

Geralmente, em Lua, é mais rápido ler um arquivo inteiro do que lê-lo linha a linha. No entanto, algumas vezes, deparamo-nos com um arquivo grande (digamos, com dezenas ou centenas de *megabytes*), e não é razoável lê-lo inteiro de uma só vez. Se você quiser manipular esses arquivos com desempenho máximo, a maneira mais rápida para isso é lê-los em pedaços razoavelmente grandes (*e.g.*, cada um com 8 *Kbytes*). Para evitar o problema de quebrar linhas ao meio, você simplesmente pede para ler um pedaço do arquivo mais uma linha:

```
local lines, rest = f:read(BUFSIZE, "*l")
```

A variável `rest` obtém o restante de qualquer linha quebrada pelo pedaço do arquivo. Nós concatenamos, então, o pedaço e esse restante de linha. Dessa forma, o trecho resultante sempre terminará em fronteiras de linha.

O exemplo da Listagem 22.1 usa essa técnica para implementar `wc`, um programa que conta o número de caracteres, palavras e linhas de um arquivo. Note o uso de `io.lines` para fazer a iteração e da opção `"*L"` para ler uma linha com a quebra de linha; ambas as comodidades são novas em Lua 5.2.

22.2.2 Arquivos binários

As funções `io.input` e `io.output` do modelo simples sempre abrem um arquivo em modo texto (o modo padrão). Em Unix, não há diferença entre arquivos binários e arquivos de texto. No entanto, em alguns sistemas, notavelmente o Windows, os arquivos binários devem ser abertos com uma opção especial. Para manipulá-los, você deve usar `io.open` com a letra `'b'` na cadeia de modo.

Lua trata dados binários da mesma forma que texto. Uma cadeia em Lua pode conter quaisquer *bytes*, e quase todas as funções das bibliotecas podem tratar *bytes* arbitrários. Você pode, até mesmo, fazer casamento de padrões sobre dados binários.

Listagem 22.1
O programa wc

```
local BUFSIZE = 2^13        -- 8K
local f = io.input(arg[1]) -- abre o arquivo de entrada
local cc, lc, wc = 0, 0, 0 -- contadores de caracteres, linhas e palavras
for lines, rest in io.lines(arg[1], BUFSIZE, "*L") do
  if rest then lines = lines .. rest end
  cc = cc + #lines
  -- conta palavras no trecho
  local _, t = string.gsub(lines, "%S+", "")
  wc = wc + t
  -- conta linhas no trecho
  _,t = string.gsub(lines, "\n", "\n")
  lc = lc + t
end
print(lc, wc, cc)
```

Tipicamente, você lê dados binários ou com o padrão *a, que lê o arquivo inteiro, ou com o padrão *n*, que lê *n bytes*. Como um exemplo simples, o programa a seguir converte um arquivo de texto do formato Windows para o formato Unix (isto é, ele traduz sequências de retornos de carro-quebras de linha para quebras de linha). Ele não usa os arquivos-padrão de E/S (stdin-stdout), pois eles são abertos em modo texto. Em vez disso, ele assume que os nomes dos arquivos de entrada e de saída são fornecidos como argumentos para o programa:

```
local inp = assert(io.open(arg[1], "rb"))
local out = assert(io.open(arg[2], "wb"))

local data = inp:read("*a")
data = string.gsub(data, "\r\n", "\n")
out:write(data)

assert(out:close())
```

Você pode chamar esse programa com a seguinte linha de comando:

```
> lua prog.lua file.dos file.unix
```

Como outro exemplo, o programa a seguir imprime todas as cadeias encontradas em um arquivo binário:

```
local f = assert(io.open(arg[1], "rb"))
local data = f:read("*a")
local validchars = "[%g%s]"
local pattern = "(" .. string.rep(validchars, 6) .. "+)\0"
for w in string.gmatch(data, pattern) do
  print(w)
end
```

O programa assume que uma cadeia é qualquer sequência de seis ou mais caracteres válidos terminando com zero, em que um caractere válido é qualquer caractere aceito pelo padrão validchars. Em nosso exemplo, esse padrão contém os caracteres imprimíveis. Nós usamos string.rep e concatenação para criar um padrão que case com todas as sequências de seis ou mais validchars seguidas por um zero. Os parênteses no padrão capturam a cadeia (mas não o zero).

Como um último exemplo, o programa a seguir faz um *dump* de um arquivo binário:

```
local f = assert(io.open(arg[1], "rb"))
local block = 16
for bytes in f:lines(block) do
  for c in string.gmatch(bytes, ".") do
    io.write(string.format("%02X ", string.byte(c)))
  end
  io.write(string.rep("   ", block - string.len(bytes)))
  io.write(" ", string.gsub(bytes, "%c", "."), "\n")
end
```

Novamente, o primeiro argumento do programa é o nome do arquivo de entrada; a saída vai para a saída-padrão. O programa lê o arquivo em pedaços de 16 *bytes*. Para cada um, ele escreve a representação hexadecimal de cada *byte* e, depois, escreve o pedaço de arquivo como texto, trocando caracteres de controle por pontos.

A Listagem 22.2 mostra o resultado da aplicação desse programa sobre si próprio (em uma máquina UNIX).

Listagem 22.2
Dump *do programa* dump

```
6C 6F 63 61 6C 20 66 20 3D 20 61 73 73 65 72 74    local f = assert
28 69 6F 2E 6F 70 65 6E 28 61 72 67 5B 31 5D 2C    (io.open(arg[1],
20 22 72 62 22 29 29 0A 6C 6F 63 61 6C 20 62 6C     "rb")).local bl
6F 63 6B 20 3D 20 31 36 0A 66 6F 72 20 62 79 74    ock = 16.for byt
65 73 20 69 6E 20 66 3A 6C 69 6E 65 73 28 62 6C    es in f:lines(bl
   ...
20 22 2C 20 73 74 72 69 6E 67 2E 67 73 75 62 28     ", string.gsub(
62 79 74 65 73 2C 20 22 25 63 22 2C 20 22 2E 22    bytes, "%c", "."
29 2C 20 22 5C 6E 22 29 0A 65 6E 64 0A 0A          ), "\n").end..
```

22.3 Outras Operações sobre Arquivos

A função tmpfile retorna um descritor para um arquivo temporário, aberto em modo de leitura/escrita. Esse arquivo será automaticamente removido (apagado) quando o seu programa terminar.

A função flush executa todas as escritas pendentes para um arquivo. Assim como a função write, você pode chamá-la como uma função, io.flush(), para descarregar o arquivo de saída corrente; ou, como um método, f:flush(), para descarregar um arquivo f específico.

O método setvbuf estabelece o modo de bufferização de um fluxo. Seu primeiro argumento é uma cadeia: "no" significa sem bufferização; "full" significa que a escrita no fluxo será feita apenas quando o *buffer* estiver cheio ou quando você descarregar (*flush*) o fluxo; "line" significa que a saída será bufferizada até a escrita de uma quebra de linha na saída ou até que haja alguma entrada em algum arquivo especial (como um terminal). Para as duas últimas opções, setvbuf aceita um segundo argumento opcional com o tamanho do *buffer*.

Na maioria dos sistemas, o fluxo de erro padrão (io.stderr) não é bufferizado, enquanto o fluxo de saída padrão (io.stdout) é bufferizado em modo linha. Assim, se você escrever linhas incompletas na saída-padrão (*e.g.*, um indicador de progresso), você precisará descarregar esse fluxo para ver essa saída.

O método seek pode tanto obter quanto estabelecer a posição corrente de um arquivo. Sua forma geral é f:seek(whence, offset). O parâmetro whence é uma cadeia que especifica como interpretar o deslocamento (offset). Seus valores válidos são "set", para interpretar deslocamentos a partir do início do arquivo; "cur", para intepretar deslocamentos a partir da posição corrente do arquivo; e "end", para interpretar deslocamentos a partir do fim do arquivo. Independentemente do valor de whence, a chamada retorna a nova posição corrente do arquivo, medida em *bytes* a partir de seu início.

O valor-padrão para whence é "cur" e para offset é zero. Assim, a chamada file:seek() retorna a posição do arquivo corrente, sem alterá-la; a chamada file:seek("set") restabelece a posição corrente no início do arquivo (e retorna zero); e a chamada file:seek("end") estabelece a posição corrente no fim do arquivo e retorna o seu tamanho. A função a seguir obtém o tamanho do arquivo sem alterar a sua posição corrente:

```
function fsize (file)
  local current = file:seek()        -- obtém a posição corrente
  local size = file:seek("end")      -- obtém o tamanho do arquivo
  file:seek("set", current)          -- restaura a posição
  return size
end
```

Em caso de erro, todas essas funções retornam nil mais uma mensagem de erro.

Exercícios

22.1 Escreva um programa que leia um arquivo de texto e o reescreva com as suas linhas ordenadas em ordem alfabética. Se for chamado sem argumentos, ele deverá ler da entrada-padrão e escrever na saída-padrão. Se for chamado com um nome de arquivo, ele deverá ler esse arquivo e escrever na saída-padrão. Se for chamado com dois nomes de arquivos, ele deverá ler o primeiro arquivo e escrever no segundo.

22.2 Altere o programa anterior para que ele peça uma confirmação no caso de o usuário fornecer o nome de um arquivo existente para a sua saída.

22.3 Compare o desempenho de programas Lua que copiem o arquivo de entrada padrão para o arquivo de saída padrão das seguintes formas:
   byte a *byte*;
   linha a linha;
   em pedaços de 8 kB;
   o arquivo inteiro de uma vez.
Para a última opção, quão grande o arquivo de entrada pode ser?

22.4 Escreva um programa que imprima a última linha de um arquivo de texto. Evite ler o arquivo inteiro se ele for grande e posicionável (*seekable*).

22.5 Generalize o programa anterior para que ele imprima as últimas n linhas de um arquivo de texto. Novamente, evite ler o arquivo inteiro se ele for grande e posicionável.

23

A Biblioteca do Sistema Operacional

A biblioteca do Sistema Operacional inclui funções para a manipulação de arquivos (não de fluxos), para a obtenção da data e da hora correntes e outras funcionalidades relacionadas ao sistema operacional. Ela é definida na tabela os. Essa biblioteca paga um preço pela portabilidade de Lua: como Lua é escrita em ANSI C, ela usa apenas as funcionalidades que o padrão ANSI oferece. Muitas funcionalidades de SO, como a manipulação de diretórios e de soquetes (*sockets*), não fazem parte desse padrão; assim, a biblioteca do sistema operacional não as provê. Há outras bibliotecas Lua, não incluídas na distribuição principal, que proveem acesso estendido ao SO. Alguns exemplos são a biblioteca posix, que oferece toda a funcionalidade do padrão POSIX.1 para Lua; luasocket, para suporte a funcionalidades de rede; e LuaFileSystem, para a manipulação básica de diretórios e atributos de arquivos.

Para a manipulação de arquivos, tudo o que essa biblioteca de OS provê é uma função os.rename, que troca o nome de um arquivo, e os.remove, que o remove (apaga).

23.1 Data e Hora

Duas funções, time e date, proveem toda a funcionalidade de data e hora em Lua.

A função time, quando chamada sem argumentos, retorna a data e a hora correntes codificadas como número (na maioria dos sistemas, esse número é a quantidade de segundos desde alguma data específica). Quando chamada com uma tabela, `time` retorna o número que representa a data e a hora descritas pela tabela. Essas *tabelas de data* têm os seguintes campos:

year	um ano completo
month	01–12
day	01–31
hour	00–23
min	00–59
sec	00–59
isdst	um booleano, verdadeiro para horário de verão em vigor

Os primeiros três campos são obrigatórios; os outros, quando não são fornecidos, usam meio-dia (12:00:00) como valor-padrão. Em um sistema Unix (em que a data de referência é 00:00:00 UTC, 1º de janeiro de 1970) executando no Rio de Janeiro (que está três horas a oeste de Greenwich), temos os seguintes exemplos:

```
print(os.time{year=1970, month=1, day=1, hour=0})    --> 10800
print(os.time{year=1970, month=1, day=1, hour=0, sec=1})
   --> 10801
print(os.time{year=1970, month=1, day=1})            --> 54000
```

(Note que 10.800 são 3 horas em segundos, e 54.000 são 10.800 mais 12 horas em segundos.)

A função `date`, apesar de seu nome, é uma espécie de reverso da função `time`: ela converte um número que representa uma data e uma hora de volta em alguma representação de mais alto nível. Seu primeiro parâmetro é uma *cadeia de formatação*, que descreve a representação que queremos. O segundo é a data–hora numérica; seu valor-padrão é o da data e hora correntes.

Para produzir uma tabela de data, usamos a cadeia de formatação `"*t"`. Por exemplo, a chamada `os.date("*t", 906000490)` retorna a seguinte tabela:

```
{year = 1998, month = 9, day = 16, yday = 259, wday = 4,
 hour = 23, min = 48, sec = 10, isdst = false}
```

Note que, além dos campos usados por `os.time`, a tabela criada por `os.date` dá também o dia da semana (`wday`, 1 é domingo) e o dia do ano (`yday`, 1 é 1º de janeiro).

Para outras cadeias de formatação, `os.date` formata a data como uma cadeia que é uma cópia da cadeia de formatação, com os marcadores (*tags*) específicos substituídos por informações sobre data e hora. Um marcador é um '`%`' seguido por uma letra, como nos próximos exemplos:

```
print(os.date("a %A in %B"))         --> a Tuesday in May
print(os.date("%x", 906000490))      --> 09/16/1998
```

Todas as representações seguem a localização corrente. Por exemplo, em uma localização Brazil–Portuguese, %B resultaria em "setembro", e %x, em "16/09/98".

A tabela a seguir mostra cada marcador, seu significado e seu valor para 16 de setembro de 1998 (uma quarta-feira), às 23:48:10. Para valores numéricos, a tabela mostra também os seus intervalos de valores possíveis:

%a	nome abreviado do dia da semana (*e.g.*, Wed)
%A	nome completo do dia da semana (*e.g.*, Wednesday)
%b	nome abreviado do mês (*e.g.*, Sep)
%B	nome completo do mês (*e.g.*, September)
%c	data e hora (*e.g.*, 09/16/98 23:48:10)
%d	dia do mês (16) [01–31]
%H	hora, usando um relógio de 24 horas (23) [00–23]
%I	hora, usando um relógio de 12 horas (11) [01–12]
%j	dia do ano (259) [001–366]
%M	minuto (48) [00–59]
%m	mês (09) [01–12]
%p	"am" ou "pm" (pm)
%S	segundos (10) [00–60]
%w	dia da semana (3) [0–6 = domingo–sábado]
%x	data (*e.g.*, 09/16/98)
%X	hora (*e.g.*, 23:48:10)
%y	ano com dois dígitos (98) [00–99]
%Y	ano completo (1998)
%%	o caractere '%'

Quando chamada sem quaisquer argumentos, a função date usa o formato %c, isto é, a informação completa de data e hora em um formato razoável. Note que as representações para %x, %X e %c mudam de acordo com a localização e o sistema. Se você quiser uma representação fixa, como mm/dd/yyyy, use uma cadeia de formatação explícita, como "%m/%d/%Y".

A função os.clock retorna o número de segundos do tempo de CPU para o programa. Seu uso típico é para medir o tempo de execução de um pedaço de código:

```
local x = os.clock()
local s = 0
for i = 1, 100000 do s = s + i end
print(string.format("elapsed time: %.2f\n", os.clock() - x))
```

23.2 Outras Chamadas de Sistema

A função os.exit termina a execução de um programa. Seu primeiro argumento opcional é o *status* de retorno dele. Pode ser um número (zero significa uma execução bem-sucedida) ou um booleano (**true** significa uma execução bem-sucedida). Um segundo argumento opcional, se verdadeiro, fecha o estado Lua, chamando todos os finalizadores e liberando toda a memória usada por esse estado (geralmente, essa finalização não é necessária, pois a maioria dos sistemas operacionais libera todos os recursos usados por um processo quando ele termina).

A função os.getenv obtém o valor de uma variável de ambiente. Ela recebe o nome da variável e retorna uma cadeia com o seu valor:

```
print(os.getenv("HOME"))    --> /home/lua
```

A chamada retorna nil para variáveis indefinidas.

A função os.execute executa um comando de sistema; ela é equivalente à função system de C. Ela recebe uma cadeia com o comando e retorna informações sobre como ele terminou. O primeiro retorno é um booleano: **true** significa que o programa terminou sem erros. O segundo retorno é um cadeia: "exit", se o programa terminar normalmente, ou "signal", se ele for interrompido por um sinal. O terceiro é o *status* de retorno (se o programa terminar normalmente) ou o número do sinal que terminar o programa. Como um exemplo de uso, tanto em Unix quanto em Windows, você pode escrever a seguinte função para criar novos diretórios:

```
function createDir (dirname)
  os.execute("mkdir " .. dirname)
end
```

A função os.execute é poderosa, mas ela é também altamente dependente do sistema.

A função os.setlocale estabelece a localização (*locale*) corrente usada por um programa Lua. As localizações definem o comportamento dependente de diferenças culturais ou linguísticas. A função setlocale tem duas cadeias como parâmetros: o nome da localização e uma categoria que especifica quais características ela vai afetar. Há seis categorias de localizações:

"collate" controla a ordem alfabética das cadeias;

"ctype" controla os tipos de caracteres individuais (*e.g.*, o que é uma letra) e a conversão entre letras minúsculas e maiúsculas;

"monetary" não tem influência em programas Lua;

"numeric" controla como os números são formatados;

"time" controla como data e hora são formatadas (*i.e.*, a função os.date);

"all" controla todas as funções acima.

A categoria-padrão é "all", e, assim, se você chamar setlocale com apenas o nome da localização, ela afetará todas as categorias. A função setlocale retorna o nome da localização ou nil se ela falhar (geralmente, porque o sistema não dá suporte à localização especificada).

```
print(os.setlocale("ISO-8859-1", "collate"))   --> ISO-8859-1
```

A categoria "numeric" é um pouco traiçoeira. Como o português e outras línguas latinas usam vírgula em vez de ponto para representar números decimais, a localização altera a forma com que Lua os imprime e lê. Por outro lado, ela não altera a forma com que Lua faz o *parsing* de números em programas (entre outras razões, porque expressões como print(3,4) já têm um significado em Lua). Se você estiver usando Lua para criar pedaços de código Lua, você pode ter problemas aqui:

```
print(os.setlocale("pt_BR"))    --> pt_BR
s = "return (" .. 3.4 .. ")"
print(s)                        --> return (3,4)
print(load(s))
   --> nil    [string "return (3,4)"]:1: ')' expected near ','
```

Para evitar esses problemas, certifique-se de que o seu programa esteja usando a localização "C" padrão ao criar pedaços de código.

Exercícios

23.1 Escreva uma função que retorne a data/hora exatamente de um mês depois de uma data/hora dada (assuma a codificação usual de data/hora como um número).

23.2 Escreva uma função que receba uma data/hora (codificada como um número) e retorne o número de segundos decorridos desde o início do seu dia respectivo.

23.3 Você consegue usar a função os.execute para alterar o diretório corrente de seu programa Lua? Por quê?

24

A Biblioteca de Depuração

A biblioteca de depuração não lhe fornece um depurador para Lua, mas ela oferece todas as primitivas de que você precisa para escrever o seu próprio depurador. Por questões de desempenho, a interface oficial dessas primitivas é definida por meio da API C. A biblioteca de depuração em Lua é uma maneira de acessá-las diretamente de dentro do código Lua.

Diferentemente de outras bibliotecas, você deve usar a biblioteca de depuração com parcimônia. Em primeiro lugar, algumas de suas funcionalidades não são exatamente famosas por seu desempenho. Em segundo lugar, ela quebra algumas das verdades sagradas da linguagem, como você não poder acessar uma variável local de fora de seu escopo léxico. Frequentemente, você pode não querer abrir essa biblioteca na versão final de um produto ou pode querer apagá-la.

A biblioteca de depuração contém dois tipos de funções: *funções de introspecção* e *ganchos (hooks)*. As funções de introspecção nos permitem inspecionar diversos aspectos do programa em execução, como a sua pilha de funções ativas, a linha de execução corrente e os valores e nomes de variáveis locais. Os ganchos nos permitem rastrear a execução de um programa.

Um conceito importante da biblioteca de depuração é o de *nível de pilha*. O nível de pilha é um número que se refere a uma função particular, ativa naquele momento: a função que chamou a biblioteca de depuração tem nível 1; a que a chamou tem nível 2; e assim por diante.

24.1 Comodidades de Introspecção

A principal função de introspecção da biblioteca de depuração é a debug.getinfo. Seu primeiro parâmetro pode ser uma função ou um nível de pilha. Se você chamar debug.getinfo(foo) para alguma função foo, você obterá uma tabela com alguns dados sobre essa função. A tabela pode ter os seguintes campos:

source: onde a função foi definida. Se isso aconteceu em uma cadeia (por meio de load), source é essa cadeia. Se foi em um arquivo, source é o nome do arquivo prefixado com um '@'.

short_src: uma versão curta de source (até 60 caracteres), útil para mensagens de erro.

linedefined: número da primeira linha do fonte em que a função foi definida.

lastlinedefined: número da última linha do fonte em que a função foi definida.

what: o que essa função é. As opções são: "Lua" se foo for uma função Lua normal; "C" se ela for uma função C; ou "main" se ela for a parte principal de um trecho Lua.

name: um nome razoável para a função.

namewhat: o que o campo anterior significa. Esse campo pode ser "global", "local", "method" (método), "field" (campo) ou (a cadeia vazia). Este último valor significa que Lua não encontrou um nome para a função.

nups: o número de *upvalue*s da função.

activelines: uma tabela que representa o conjunto de linhas ativas da função. Uma *linha ativa* é a que tem algum código, ao contrário das linhas vazias ou das que contêm apenas comentários. (Um uso típico dessa informação é para estabelecer pontos de parada (*breakpoints*). A maioria dos depuradores não permite que você estabeleça um ponto de parada fora de uma linha ativa, pois ele seria inalcançável.)

func: a própria função; veja mais adiante.

Quando foo é uma função C, Lua não tem muitos dados sobre ela. Para essas funções, apenas os campos what, name e namewhat são relevantes.

Quando você chama debug.getinfo(n) para algum número *n*, você obtém dados sobre a função ativa naquele nível de pilha. Por exemplo, quando *n* é 1, você obtém dados sobre a função que está fazendo a chamada (quando *n* é 0, você obtém dados sobre a própria getinfo, uma função C). Se *n* for maior do que o número de funções ativas na pilha, debug.getinfo retornará nil. Quando você consulta uma função ativa, chamando debug.getinfo com um número, a tabela resultante tem um campo extra, currentline, com a linha na qual a função está naquele momento. Além disso, func tem a função que está ativa naquele nível.

O campo name é traiçoeiro. Lembre-se de que, como funções são valores de primeira classe em Lua, elas podem não ter nome ou ter vários. Lua tenta encontrar um nome para uma função checando dentro do código que a chamou a fim de verificar como ela foi chamada. Esse método funciona apenas quando chamamos getinfo com um número, isto é, quando pedimos informações sobre uma invocação em particular.

A função getinfo não é eficiente. Lua mantém informações de depuração de uma forma que não prejudique a execução do programa; recuperação eficiente é um objetivo secundário aqui. Para alcançar melhor desempenho, getinfo tem um segundo parâmetro opcional que seleciona quais informações deve obter. Dessa forma, a função não desperdiça tempo coletando dados de que o usuário não precisa. O formato desse parâmetro é uma cadeia, em que cada letra seleciona um grupo de campos, de acordo com a seguinte tabela:

'n'	seleciona name e namewhat
'f'	seleciona func
'S'	seleciona source, short_src, what, linedefined e lastlinedefined
'l'	seleciona currentline
'L'	seleciona activelines
'u'	seleciona nup

A função a seguir ilustra o uso de debug.getinfo. Ela imprime um traço primitivo da pilha ativa:

```
function traceback ()
  for level = 1, math.huge do
    local info = debug.getinfo(level, "Sl")
    if not info then break end
    if info.what == "C" then    -- é uma função C?
      print(level, "C function")
    else   -- uma função Lua
      print(string.format("[%s]:%d", info.short_src,
                                     info.currentline))
    end
  end
end
```

Não é difícil melhorar essa função incluindo mais dados de getinfo. Na verdade, a biblioteca de depuração oferece uma versão melhorada, a função traceback. Diferentemente da nossa versão, debug.traceback não imprime o seu resultado; em vez disso, ela retorna uma cadeia (geralmente, longa) com o traço.

24.1.1 Acessando variáveis locais

Podemos inspecionar as variáveis locais de qualquer função ativa com debug.getlocal. Essa função tem dois parâmetros: o nível de pilha da função que você quer consultar e um índice de variável. Ela retorna dois valores: o nome e o valor corrente dessa variável. Se o índice da função for maior do que o número de variáveis ativas, `getlocal` retornará **nil**. Se o nível de pilha for inválido, ela lançará um erro (podemos usar `debug.getinfo` para verificar a validade do nível de pilha).

Lua numera as variáveis locais na ordem em que elas aparecem em uma função, contando apenas as que estiverem ativas no escopo corrente da função. Por exemplo, considere a seguinte função:

```
function foo (a, b)
  local x
  do local c = a - b end
  local a = 1
  while true do
    local name, value = debug.getlocal(1, a)
    if not name then break end
    print(name, value)
    a = a + 1
  end
end
```

A chamada `foo(10, 20)` imprimirá isto:

```
a       10
b       20
x       nil
a       4
```

A variável com índice 1 é a (o primeiro parâmetro), com 2 é b, com 3 é x, e com 4 é a outra a. No ponto em que `getlocal` é chamada, c já está fora de escopo, enquanto `name` e `value` ainda não estão nele (lembre-se de que as variáveis locais são visíveis apenas *depois* de seu código de inicialização).

A partir de Lua 5.2, os índices negativos obtêm informações sobre os argumentos extras da função: o índice -1 refere-se ao primeiro argumento extra. Nesse caso, o nome é sempre `"(*vararg)"`.

Você também pode alterar os valores de variáveis locais com `debug.setlocal`. Seus dois primeiros parâmetros são um nível de pilha e um índice de variável, como em `getlocal`. Seu terceiro parâmetro é o novo valor para essa variável. Essa função retorna o nome da variável ou nil, se o índice da variável estiver fora de escopo.

24.1.2 Acessando variáveis não locais

A biblioteca de depuração também nos permite acessar as variáveis não locais usadas por uma função Lua com `getupvalue`. Diferentemente das variáveis locais, as variáveis não locais referenciadas por uma função existem mesmo quando a função não está ativa (afinal, isso é o que os fechos fazem). Assim, o primeiro argumento para `getupvalue` não é um nível de pilha, mas uma função (um fecho, mais precisamente).

O segundo argumento é o índice da variável. Lua numera as variáveis não locais na ordem em que elas são referenciadas pela primeira vez em uma função, mas essa ordem não é relevante, pois uma função não pode acessar duas variáveis não locais com o mesmo nome.

Você também pode atualizar variáveis não locais com debug.setupvalue. Como você poderia esperar, ela tem três parâmetros: um fecho, um índice de variável e o novo valor. Como setlocal, essa função retorna o nome da variável ou nil se o índice da variável estiver fora do intervalo.

A Listagem 24.1 mostra como podemos acessar o valor de qualquer variável da função chamadora, dado o seu nome. O parâmetro level indica o nível de pilha em que a função deve procurar; o mais um corrige o nível para incluir a chamada à própria função getvarvalue. A função getvarvalue começa tentando uma variável local. Se existir mais de uma com o nome dado, ela deve obter a que tem o índice mais alto; assim, ela deve sempre percorrer todo o laço. Se não encontrar nenhuma variável local com esse nome, ela tenta, então, as variáveis não locais. Para isso, ela obtém o fecho chamador, com debug.getinfo, e, depois, percorre as suas variáveis não locais. Finalmente, se não encontrar uma variável não local com o nome dado, ela vai, então, para uma variável global: ela chama a si própria recursivamente para acessar a variável _ENV adequada e, então, procura o nome nesse ambiente.

24.1.3 Acessando outras corrotinas

Todas as funções de introspecção da biblioteca de depuração aceitam uma corrotina opcional como seu primeiro argumento, a fim de que possamos inspecionar a corrotina pelo lado de fora. Por exemplo, considere o próximo código:

```
co = coroutine.create(function ()
  local x = 10
  coroutine.yield()
  error("some error")
end)

coroutine.resume(co)
print(debug.traceback(co))
```

A chamada a traceback trabalhará sobre a corrotina co, resultando em algo como isto:

```
stack traceback:
       [C]: in function 'yield'
       temp:3: in function <temp:1>
```

O traço não passa pela chamada a resume, pois a corrotina e o programa principal executam em pilhas diferentes.

Listagem 24.1
Obtendo o valor de uma variável

```
function getvarvalue (name, level)
  local value
  local found = false

  level = (level or 1) + 1

  -- tenta as variáveis locais
  for i = 1, math.huge do
    local n, v = debug.getlocal(level, i)
    if not n then break end
    if n == name then
      value = v
      found = true
    end
  end
  if found then return value end

  -- tenta as variáveis não locais
  local func = debug.getinfo(level, "f").func
  for i = 1, math.huge do
    local n, v = debug.getupvalue(func, i)
    if not n then break end
    if n == name then return v end
  end

  -- não encontrou; obtém o valor do ambiente
  local env = getvarvalue("_ENV", level)
  return env[name]
end
```

Quando uma corrotina lança um erro, ela não desfaz a sua pilha, o que significa que podemos inspecioná-la depois do erro. Continuando nosso exemplo, se retomarmos novamente a corrotina, ela alcançará o erro:

```
print(coroutine.resume(co))     --> false   temp:4: some error
```

Agora, se imprimirmos o seu traço, obteremos algo como isto:

```
stack traceback:
    [C]: in function 'error'
    temp:4: in function <temp:1>
```

Podemos também inspecionar as variáveis locais de uma corrotina, mesmo depois de um erro:

```
print(debug.getlocal(co, 1, 1))    --> x        10
```

24.2 Ganchos

O mecanismo de ganchos da biblioteca de depuração nos permite registrar uma função a ser chamada em eventos específicos durante a execução de um programa. Há quatro tipos de eventos que podem disparar um gancho:

- eventos de *chamada* (*call*) ocorrem sempre que Lua chama uma função;
- eventos de *retorno* (*return*) ocorrem sempre que uma função retorna;
- eventos de *linha* (*line*) ocorrem quando Lua começa a executar uma nova linha de código;
- eventos de *contagem* (*count*) ocorrem depois de um dado número de instruções.

Lua chama ganchos com um único argumento, uma cadeia que descreve o evento que gerou a chamada: "call" (ou "tail call", chamada final), "return", "line" ou "count". Para eventos de linha, ela também passa um segundo argumento, o número da nova linha. Para obter mais informações dentro de um gancho, devemos chamar debug.getinfo.

Para registrar um gancho, chamamos debug.sethook com dois ou três argumentos: o primeiro é a função de gancho; o segundo é uma cadeia de máscara, que descreve os eventos que queremos monitorar; e o opcional terceiro argumento é um número que descreve com que frequência queremos obter eventos de contagem. Para monitorar os eventos de chamada, retorno e linha, adicionamos suas primeiras letras ('c', 'r' ou 'l') na cadeia de máscara. Para monitorar o evento de contagem, simplesmente fornecemos um contador como terceiro argumento. Para desabilitar ganchos, chamamos sethook sem argumentos.

Como um exemplo simples, o código a seguir instala um rastreador primitivo, que imprime cada linha que o interpretador executa:

```
debug.sethook(print, "l")
```

Essa chamada simplesmente instala print como a função de gancho e instrui Lua a chamá-la apenas em eventos de linha. Um rastreador mais elaborado pode usar getinfo para adicionar o nome do arquivo corrente ao traço:

```
function trace (event, line)
  local s = debug.getinfo(2).short_src
  print(s .. ":" .. line)
end
debug.sethook(trace, "l")
```

Uma função útil para usar com ganchos é debug.debug. Essa função simples imprime um *prompt* que executa comandos Lua arbitrários. Ela é, mais ou menos, equivalente ao seguinte código:

```
function debug1 ()
  while true do
    io.write("debug> ")
    local line = io.read()
    if line == "cont" then break end
    assert(load(line))()
  end
end
```

Quando o usuário digita o "comando" cont, a função retorna. A implementação-padrão é muito simples e executa os comandos no ambiente global, fora do escopo do código que está sendo depurado. O Exercício 24.5 discute uma implementação melhor.

24.3 Perfis

Apesar de seu nome, a biblioteca de depuração também é útil para outras tarefas além da depuração. Uma tarefa comum é perfilar código.[1] Para um perfil com medidas de tempo, é melhor usar a interface C: o custo adicional de uma chamada Lua para cada gancho é alto demais e pode invalidar qualquer medida. No entanto, para perfis de contagem, código Lua faz um trabalho decente. Nesta seção, desenvolveremos um perfilador (*profiler*) rudimentar que lista o número de vezes que cada função de um programa é chamada durante uma execução.

As estruturas de dados principais do nosso programa são duas tabelas: uma associa funções aos seus contadores de chamada e a outra as associa aos seus nomes. Os índices de ambas as tabelas são as próprias funções.

```
local Counters = {}
local Names = {}
```

Poderíamos recuperar os nomes das funções após traçarmos o perfil, mas lembre-se de que obteremos resultados melhores se fizermos isso enquanto elas estiverem ativas, pois, assim, Lua poderá olhar o código que está chamando a função para encontrar o seu nome.

Definiremos, agora, a função de gancho. Sua tarefa é obter a função que está sendo chamada e incrementar o contador correspondente; ela coletará também o nome da função:

---

1. Do inglês *profiling*, analisar o comportamento dinâmico de um programa, por exemplo, medindo o tempo gasto em cada função ou quantas vezes ela é chamada. (N.T.)

```
    local function hook ()
      local f = debug.getinfo(2, "f").func
      local count = Counters[f]
      if count == nil then    -- primeira vez em que 'f' é chamada?
        Counters[f] = 1
        Names[f] = debug.getinfo(2, "Sn")
      else      -- apenas incrementa o contador
        Counters[f] = count + 1
      end
    end
```

O próximo passo será executar o programa com esse gancho. Assumiremos que o trecho principal do programa está em um arquivo e que o usuário fornece o nome deste como um argumento para o perfilador, como abaixo:

```
% lua profiler main-prog
```

Com esse esquema, o perfilador pode obter o nome do arquivo em arg[1], ativar o gancho e executar o arquivo:

```
local f = assert(loadfile(arg[1]))
debug.sethook(hook, "c")   -- ativa o gancho para as chamadas
f()                         -- executa o programa principal
debug.sethook()             -- desativa o gancho
```

O último passo será mostrar os resultados. A função getname da Listagem 24.2 produz um nome para uma função. Como os nomes de função em Lua são muito incertos, adicionamos a cada uma a sua localização, em um par *arquivo:linha*. Se a função não tiver um nome, usaremos apenas a sua localização; se ela for uma função

Listagem 24.2
Obtendo o nome de uma função

```
function getname (func)
  local n = Names[func]
  if n.what == "C" then
    return n.name
  end
  local lc = string.format("[%s]:%d", n.short_src, n.linedefined)
  if n.what ~= "main" and n.namewhat ~= "" then
    return string.format("%s (%s)", lc, n.name)
  else
    return lc
  end
end
```

C, usaremos apenas o seu nome (pois ela não tem uma localização). Depois dessa definição, imprimiremos cada função com o seu contador:

```
for func, count in pairs(Counters) do
  print(getname(func), count)
end
```

Se aplicarmos nosso perfilador ao exemplo de cadeias de Markov desenvolvido na Seção 10.3, obteremos um resultado como este:

```
[markov.lua]:4   884723
write    10000
[markov.lua]:0 1
read     31103
sub      884722
[markov.lua]:1 (allwords)      1
[markov.lua]:20 (prefix)       894723
find     915824
[markov.lua]:26 (insert)       884723
random   10000
sethook  1
insert   884723
```

Esse resultado significa que a função anônima na linha 4 (que é a função iteradora definida dentro de `allwords`) foi chamada 884.723 vezes, `write` (`io.write`) foi chamada 10.000 vezes, e assim por diante.

Há diversas melhorias que você pode fazer nesse perfilador, como ordenar a saída, imprimir nomes de funções melhores e embelezar o formato de saída. No entanto, esse perfilador básico já é útil como está e pode ser usado como base para ferramentas mais avançadas.

Exercícios

24.1 Por que é garantido que a recursão na função `getvarvalue` (Listagem 24.1) irá parar?

24.2 Adapte a função `getvarvalue` (Listagem 24.1) para trabalhar com diferentes corrotinas (como as outras funções da biblioteca `debug`).

24.3 Escreva uma função `setvarvalue` semelhante a `getvarvalue` (Listagem 24.1).

24.4 Escreva uma modificação de `getvarvalue` (Listagem 24.1), chamada `getallvars`, que retorne uma tabela com todas as variáveis visíveis na função chamadora (a tabela retornada não deve incluir variáveis do ambiente; em vez disso, ela deve herdá-las do ambiente original).

24.5 Escreva uma versão melhorada de debug.debug que execute os comandos fornecidos como se estivessem no escopo léxico da função chamadora (dica: execute os comandos em um ambiente vazio e use o metamétodo __index associado à função getvarvalue para fazer todos os acessos a variáveis).

24.6 Melhore o exercício anterior para tratar atualizações também.

24.7 Implemente algumas das melhorias sugeridas no perfilador básico da Seção 24.3.

24.8 Escreva uma biblioteca para pontos de parada. Ela deve oferecer, pelo menos, duas funções:
```
setbreakpoint(function, line)    --> retorna descritor (handle)
removebreakpoint(handle)
```

Um ponto de parada é especificado por uma função e uma linha dentro dela. Quando o programa o atingir, a biblioteca deve chamar debug.debug. (Dica: para uma implementação básica, use um gancho de linha que verifique se está em um ponto de parada; para melhorar o desempenho, use um gancho de chamada que rastreie a execução do programa e ative o gancho de linha apenas quando o programa estiver executando a função-alvo.)

Parte IV
A API C

25

Uma Visão Geral da API C

Lua é uma *linguagem embarcada* (*embedded*). Isso significa que ela não é um pacote independente, mas uma biblioteca que podemos ligar com outras aplicações a fim de incorporar-lhes comodidades Lua.

Você pode estar se perguntando: se Lua não é um programa independente, como pudemos usá-la de forma autônoma ao longo do livro até agora? A solução para essa charada é o interpretador Lua (o executável `lua`). Ele é uma aplicação minúscula (com menos de quinhentas linhas de código) que usa a biblioteca Lua para implementar o interpretador de linha de comando. Esse programa trata da interface com o usuário, recebendo seus arquivos e cadeias para fornecê-los à biblioteca Lua, que faz o grosso do trabalho (como realmente executar código Lua).

Essa capacidade de ser usada como uma biblioteca para estender uma aplicação é o que faz de Lua uma *linguagem de extensão*. Ao mesmo tempo, um programa que use Lua pode registrar funções em seu ambiente; essas funções são implementadas em C (ou em outra linguagem), possibilitando, assim, adicionar comodidades que não podem ser escritas diretamente em Lua. É isso o que faz de Lua uma *linguagem extensível*.

Essas duas visões de Lua (como uma linguagem de extensão e como uma linguagem extensível) correspondem aos dois tipos de interação entre Lua e C. No primeiro tipo, C tem o controle, e Lua é a biblioteca. O código C, nesse tipo de interação, é o que chamamos de *código de aplicação*. No segundo tipo, Lua tem o controle, e C é a biblioteca. Aqui, o código C é chamado de *código de biblioteca*. O código de aplicação e o código de biblioteca usam a mesma API para se comunicar com Lua, a assim chamada API C.

A API C é o conjunto de funções que permitem que o código C interaja com Lua.[1] Ela contém funções para ler e escrever variáveis globais Lua, para chamar funções Lua, executar pedaços de código Lua, registrar funções C para que possam, mais tarde, ser chamadas por código Lua, e assim por diante. Virtualmente, qualquer coisa que o código Lua faça pode também ser feita pelo código C por meio da API C.

A API C segue o *modus operandi* de C, que é bem diferente do de Lua. Ao programar em C, devemos tomar cuidado com a checagem de tipos, a recuperação de erros, os erros de alocação de memória e com diversas outras fontes de complexidade. A maioria das funções da API não verifica a correção de seus argumentos; é sua responsabilidade garantir que os argumentos sejam válidos antes de chamar uma função.[2] Se cometer erros, você pode ganhar um como "*segmentation fault*" ou algo semelhante, em vez de uma mensagem de erro bem comportada. Além disso, a API enfatiza flexibilidade e simplicidade, ao custo de facilidade de uso algumas vezes. Tarefas comuns podem envolver várias chamadas da API. Isso pode ser tedioso, mas lhe dá controle completo sobre todos os detalhes.

Como o título diz, o objetivo deste capítulo é fornecer uma visão geral do que está envolvido quando se usa Lua a partir de C. Não se preocupe em entender todos os detalhes do que está acontecendo agora. Mais tarde, nós os preencheremos. De qualquer modo, não se esqueça de que você sempre pode obter mais informações sobre funções específicas no manual de referência de Lua. Além disso, você pode encontrar diversos exemplos do uso da API na própria distribuição de Lua. O interpretador de linha de comando (`lua.c`) provê exemplos de código de aplicação, enquanto as bibliotecas-padrão (`lmathlib.c`, `lstrlib.c` etc.) proveem exemplos de código de biblioteca.

Daqui em diante, usaremos um chapéu de programador C. Quando eu falar sobre "você", significa "você programando em C" ou "você incorporando o código C que você escrever".

Um componente fundamental da comunicação entre Lua e C é uma onipresente *pilha* virtual. Quase todas as chamadas da API operam sobre valores nela. Todas as trocas de dados de Lua para C e de C para Lua ocorrem por meio dessa pilha. Além disso, você também pode usá-la para guardar resultados intermediários. A pilha ajuda a resolver dois problemas de impedância entre Lua e C: o primeiro é causado pelo fato de Lua ter coleta de lixo, enquanto C requer desalocação explícita; o segundo resulta do choque entre a tipagem dinâmica em Lua e a tipagem estática de C. Discutiremos a pilha com mais detalhes na Seção 25.2.

---

1. Ao longo deste texto, o termo "função" significa, na verdade, "função ou macro". A API implementa diversas comodidades como macros.
2. Você pode compilar Lua com a macro `LUA_USE_APICHECK` definida para habilitar algumas verificações; essa opção é particularmente útil para a depuração do seu código C. No entanto, diversos erros simplesmente não podem ser detectados em C, como, por exemplo, ponteiros inválidos.

25.1 Um Primeiro Exemplo

Começaremos esta visão geral com um exemplo simples de um programa de aplicação: um interpretador Lua de linha de comando. Podemos escrever um interpretador de linha de comando primitivo como na Listagem 25.1. O arquivo de cabeçalho lua.h define as funções básicas providas por Lua. Ele inclui funções para criar um novo ambiente Lua, invocar funções Lua (como lua_pcall), ler e escrever variáveis globais no ambiente de Lua, registrar novas funções a serem chamadas por Lua, e assim por diante. Tudo o que é definido em lua.h tem um prefixo lua_.

Listagem 25.1
Um interpretador Lua de linha de comando simples

```
#include <stdio.h>
#include <string.h>
#include "lua.h"
#include "lauxlib.h"
#include "lualib.h"

int main (void) {
  char buff[256];
  int error;
  lua_State *L = luaL_newstate();       /* abre Lua */
  luaL_openlibs(L);         /* abre as bibliotecas-padrão */

  while (fgets(buff, sizeof(buff), stdin) != NULL) {
    error = luaL_loadstring(L, buff) || lua_pcall(L, 0, 0, 0);
    if (error) {
      fprintf(stderr, "%s\n", lua_tostring(L, -1));
      lua_pop(L, 1);  /* desempilha mensagem de erro na pilha */
    }
  }

  lua_close(L);
  return 0;
}
```

O arquivo de cabeçalho lauxlib.h define as funções providas pela *biblioteca auxiliar* (auxlib). Todas as suas definições começam com luaL_ (e.g., luaL_loadstring). A biblioteca auxiliar usa a API básica fornecida por lua.h para prover uma abstração de nível mais alto, em particular, abstrações usadas pelas bibliotecas-padrão. A API básica busca alcançar economia e ortogonalidade, enquanto a biblioteca auxiliar visa dar praticidade a tarefas comuns. É claro que também é muito fácil seu programa criar outras abstrações de que precise. Tenha em mente que a biblioteca auxiliar não tem acesso interno a Lua. Ela faz todo o seu trabalho por meio da API básica oficial. O que quer que ela faça, seu programa poderá fazer.

A biblioteca Lua não define nenhuma variável global. Ela mantém todo o seu estado na estrutura dinâmica `lua_State`; todas as funções dentro de Lua recebem um ponteiro para essa estrutura como um argumento. Essa implementação faz com que Lua seja reentrante e pronta para ser usada em código *multithreaded*.

Como o seu nome sugere, a função `luaL_newstate` cria um novo estado Lua (*Lua state*). Quando faz isso, seu ambiente não contém nenhuma função predefinida, nem mesmo `print`. Para manter Lua pequena, todas as bibliotecas-padrão são fornecidas como pacotes separados, e, assim, você não tem de usá-las se não precisar. O arquivo de cabeçalho `lualib.h` define funções para abrir as bibliotecas. A função `luaL_openlibs` abre todas as bibliotecas-padrão.

Depois de criar um estado e preenchê-lo com as bibliotecas-padrão, é hora de interpretar a entrada do usuário. Para cada linha que ele inserir, o programa primeiramente chamará `luaL_loadstring` para compilar o código. Se não houver erros, a chamada retornará zero e empilhará a função resultante (lembre-se de que discutiremos essa pilha "mágica" com mais detalhes na próxima seção). Em seguida, o programa chamará `lua_pcall`, que desempilha a função e a executa em modo protegido. Assim como `luaL_loadstring`, `lua_pcall` retorna zero quando não há erros. Quando eles ocorrem, ambas as funções empilham uma mensagem de erro; obtemos essa mensagem com `lua_tostring` e, após imprimi-la, a removemos da pilha com `lua_pop`.

Note que, em caso de erro, o programa simplesmente imprime a mensagem para o fluxo de erro padrão. Um verdadeiro tratamento de erros pode ser bastante complexo em C, e a forma de fazê-lo dependerá da natureza da sua aplicação. O núcleo de Lua nunca escreve nada diretamente em qualquer fluxo de saída; ele sinaliza os erros retornando mensagens de erro. Cada aplicação pode tratar essas mensagens da maneira mais adequada às suas necessidades. Para simplificar nossas discussões, assumiremos por agora um tratador de erros simples como o seguinte, que imprime uma mensagem de erro, fecha o estado Lua e sai da aplicação inteira:

```
#include <stdarg.h>
#include <stdio.h>
#include <stdlib.h>
void error (lua_State *L, const char *fmt, ...) {
  va_list argp;
  va_start(argp, fmt);
  vfprintf(stderr, fmt, argp);
  va_end(argp);
  lua_close(L);
  exit(EXIT_FAILURE);
}
```

Mais adiante, discutiremos mais sobre tratamento de erros no código de aplicação.

Como você pode compilar Lua tanto como C quanto como C++, `lua.h` não inclui este código de ajuste simples, presente em diversas outras bibliotecas C:

```
#ifdef __cplusplus
extern "C" {
#endif
    ...
#ifdef __cplusplus
}
#endif
```

Se você tiver compilado Lua como código C (o caso mais comum) e a estiver usando em C++, você pode incluir `lua.hpp` em vez de `lua.h`. Ele é definido como a seguir:

```
extern "C" {
#include "lua.h"
}
```

25.2 A Pilha

Deparamo-nos com dois problemas ao tentar trocar valores entre Lua e C: o descasamento entre um sistema de tipos dinâmico e um estático e o descasamento entre gerência de memória automática e manual.

Em Lua, quando escrevemos a[k] = v, tanto k quanto v podem ter diversos tipos diferentes; até mesmo a pode ter tipos diferentes devido às metatabelas. Se quisermos oferecer essa operação em C, contudo, qualquer função settable deve ter um tipo fixo. Precisaríamos de dúzias de funções diferentes para essa única operação (uma para cada combinação de tipos para os três argumentos).

Poderíamos resolver esse problema declarando alguma espécie de união em C — vamos chamá-la de `lua_Value` — que representasse todos os valores Lua. Nesse caso, então, poderíamos declarar settable como

```
void lua_settable (lua_Value a, lua_Value k, lua_Value v);
```

Essa solução tem dois problemas. O primeiro é que pode ser difícil mapear um tal tipo complexo para outras linguagens; Lua foi projetada para interagir facilmente não só com C/C++, mas também com Java, Fortran, C# e outras linguagens. O segundo problema é que Lua faz coleta de lixo: se guardarmos uma tabela Lua em uma variável C, o núcleo de Lua não terá como saber sobre esse uso; ele poderá (erroneamente) assumir que essa tabela é lixo e coletá-la.

Dessa forma, a API Lua não define algo como um tipo `lua_Value`. Em vez disso, ela usa uma pilha abstrata para trocar valores entre Lua e C. Cada posição dessa pilha pode armazenar qualquer valor Lua. Sempre que você quiser pedir um valor a Lua (como o de uma variável global), você a chama, e ela empilha o valor requisitado.

Sempre que você quiser passar um valor para Lua, você, primeiramente, o empilha e, depois, chama Lua (que o desempilhará). Ainda precisamos de uma função diferente para empilhar cada tipo C e outra para obtê-los da pilha, mas evitamos uma explosão combinatória. Além disso, como essa pilha vive dentro de Lua, o coletor de lixo sabe quais valores C está usando.

Praticamente todas as funções da API usam a pilha. Como vimos em nosso primeiro exemplo, `luaL_loadstring` deixa o seu resultado na pilha (ou o trecho compilado ou uma mensagem de erro); `lua_pcall` obtém a função a ser chamada da pilha e também deixa lá qualquer mensagem de erro eventual.

Lua manipula essa pilha com uma disciplina LIFO estrita (*Last In, First Out*). Quando você chama Lua, ela muda apenas a porção no topo da pilha. Seu código C tem mais liberdade; especificamente, ele pode inspecionar qualquer elemento dentro da pilha e, até mesmo, inserir e apagar elementos em qualquer posição arbitrária.

25.2.1 Empilhando elementos

A API tem uma função para empilhar cada tipo C que pode ser representado em Lua: `lua_pushnil` para a constante nil, `lua_pushboolean` para booleanos (inteiros, em C), `lua_pushnumber` para doubles, `lua_pushinteger` para inteiros, `lua_pushunsigned` para inteiros sem sinal, `lua_pushlstring` para cadeias arbitrárias (um ponteiro para char mais um comprimento) e `lua_pushstring` para cadeias terminadas por zero.

```
void lua_pushnil       (lua_State *L);
void lua_pushboolean   (lua_State *L, int bool);
void lua_pushnumber    (lua_State *L, lua_Number n);
void lua_pushinteger   (lua_State *L, lua_Integer n);
void lua_pushunsigned  (lua_State *L, lua_Unsigned n);
void lua_pushlstring   (lua_State *L, const char *s, size_t len);
void lua_pushstring    (lua_State *L, const char *s);
```

Há também funções para empilhar funções C e valores *userdata*; elas serão discutidas mais adiante.

O tipo `lua_Number` é o tipo numérico em Lua. Ele é um *double* por padrão, mas algumas instalações podem alterá-lo para um *float* ou mesmo um inteiro longo a fim de acomodar Lua em máquinas restritas. O tipo `lua_Integer` é um tipo inteiro com sinal, com espaço suficiente para armazenar o tamanho de cadeias grandes. Geralmente, ele é definido como o tipo `ptrdiff_t`. O tipo `lua_Unsigned`[3] é um tipo inteiro de 32 *bits* sem sinal em C; ele é usado pela biblioteca de manipulação de *bits* e funções relacionadas.

---

3. Esse tipo é novo em Lua 5.2.

As cadeias em Lua não são terminadas por zero; elas podem conter dados binários arbitrários. Em consequência, elas devem contar com um comprimento explícito. A função básica para empilhar uma cadeia é `lua_pushlstring`, que requer um comprimento explícito como argumento. Para cadeias terminadas por zero, você pode usar também `lua_pushstring`, que usa `strlen` para suprir o comprimento da cadeia. Lua nunca mantém ponteiros para cadeias externas (ou para qualquer outro objeto externo, exceto funções C, que são sempre estáticas). Para qualquer cadeia que precise guardar, Lua faz uma cópia interna ou reutiliza alguma outra. Dessa forma, você pode liberar ou modificar o seu *buffer* assim que essas funções retornarem.

Sempre que você empilhar um elemento, é sua responsabilidade garantir que a pilha tenha espaço para ele. Lembre-se: você é, agora, um programador C; Lua não o mimará. Quando Lua inicia, e em qualquer momento em que Lua chama C, a pilha tem, no mínimo, 20 posições livres (o arquivo de cabeçalho `lua.h` define essa constante como `LUA_MINSTACK`). Esse espaço é mais do que suficiente para a maioria dos usos comuns, e, assim, não precisamos nem pensar sobre ele. No entanto, algumas tarefas talvez precisem de mais espaço de pilha, em particular, se você tiver um laço empilhando elementos. Nesses casos, você talvez queira chamar `lua_checkstack`, que verifica se a pilha tem espaço suficiente para as suas necessidades:

```
int lua_checkstack (lua_State *L, int sz);
```

25.2.2 Consultando elementos

Para se referir a elementos na pilha, a API usa *índices*. O primeiro elemento empilhado tem índice 1, o próximo tem índice 2 e assim por diante, até o topo. Podemos também acessar elementos tendo o topo da pilha como nossa referência, usando índices negativos. Nesse caso, −1 se refere ao elemento no topo (isto é, ao último elemento empilhado), −2 se refere ao elemento anterior e assim por diante. Por exemplo, a chamada `lua_tostring(L, -1)` retorna o valor no topo da pilha como uma cadeia. Como veremos, há várias ocasiões em que é natural indexar a pilha a partir da base (isto é, com índices positivos) e várias outras em que a maneira natural é usar índices negativos.

Para verificar se um elemento tem um tipo específico, a API oferece uma família de funções `lua_is*`, em que o * pode ser qualquer tipo Lua. Assim, há `lua_isnumber`, `lua_isstring`, `lua_istable` e coisas do gênero. Todas essas funções têm o mesmo protótipo:

```
int lua_is* (lua_State *L, int index);
```

Na verdade, `lua_isnumber` não verifica se o valor tem esse tipo específico, mas se pode ser convertido para ele; `lua_isstring` é semelhante: em particular, qualquer número a satisfaz.

Há também uma função `lua_type`, que retorna o tipo de um elemento na pilha. Cada tipo é representado por uma constante definida no arquivo de cabeçalho `lua.h`: `LUA_TNIL`, `LUA_TBOOLEAN`, `LUA_TNUMBER`, `LUA_TSTRING`, `LUA_TTABLE`, `LUA_TTHREAD`, `LUA_TUSERDATA` e `LUA_TFUNCTION`. Usamos essa função principalmente em conjunto com um comando *switch*. Ela também é útil quando precisamos verificar cadeias e números sem coerções.

Para obter um valor da pilha, existem as funções `lua_to*`:

```
int         lua_toboolean (lua_State *L, int index);
const char  *lua_tolstring (lua_State *L, int index,
                                  size_t *len);
lua_Number  lua_tonumber  (lua_State *L, int index);
lua_Integer lua_tointeger (lua_State *L, int index);
lua_Unsigned lua_tounsigned (lua_State *L, int idx);
```

A função `lua_toboolean` converte qualquer valor Lua em um booleano C (0 ou 1), seguindo as regras Lua para condições: os valores nil e **false** são falsos; quaisquer outros são verdadeiros.

É correto chamar qualquer uma das funções `lua_to*` mesmo quando o elemento fornecido não tiver um tipo apropriado. A função `lua_toboolean` funciona para qualquer tipo; `lua_tolstring` retorna NULL para valores que não sejam cadeias. No entanto, as funções numéricas não têm como sinalizar um tipo errado e, assim, simplesmente retornam zero. Em geral, você precisaria chamar `lua_isnumber` para verificar o tipo, mas Lua 5.2 introduziu as seguintes novas funções:

```
lua_Number   lua_tonumberx  (lua_State *L, int idx, int *isnum);
lua_Integer  lua_tointegerx (lua_State *L, int idx, int *isnum);
lua_Unsigned lua_tounsignedx (lua_State *L, int idx, int *isnum);
```

O parâmetro de saída `isnum` retorna um booleano que indica se o valor Lua é um número. (Você pode chamar essas funções com NULL como último parâmetro, se não precisar desse valor. As velhas funções `lua_to*` são, agora, implementadas como macros que usam essa comodidade.)

A função `lua_tostring` retorna um ponteiro para uma cópia interna da cadeia e armazena seu comprimento na posição dada por `len`. Você não pode alterar essa cópia interna (existe um `const` lá para lembrar-lhe disso). Lua garante que esse ponteiro seja válido enquanto o valor do tipo cadeia correspondente estiver na pilha. Quando uma função C chamada por Lua retorna, Lua limpa a sua pilha; portanto, como uma regra, você nunca deve armazenar ponteiros para cadeias Lua fora da função que os recebeu.

Qualquer cadeia que `lua_tolstring` retorne terá sempre um zero extra no final, mas podem existir outros zeros dentro dela. O tamanho retornado por meio do terceiro argumento, `len`, é o verdadeiro comprimento da cadeia. Em particular, assumindo que o valor no topo da pilha seja uma cadeia, as seguintes assertivas serão sempre válidas:

```
    size_t l;
    const char *s = lua_tolstring(L, -1, &l);   /* qualquer cadeia Lua */
    assert(s[l] == '\0');
    assert(strlen(s) <= l);
```

Você pode chamar `lua_tolstring` com NULL como seu terceiro argumento se não precisar do comprimento. Melhor ainda, você pode usar a macro `lua_tostring`, que simplesmente chama `lua_tolstring` com um terceiro argumento NULL.

Para ilustrar o uso dessas funções, a Listagem 25.2 apresenta uma função auxiliar útil, que faz um *dump* de todo o conteúdo da pilha. Essa função percorre a pilha da base ao topo, imprimindo cada elemento de acordo com o seu tipo. Ela imprime cadeias entre aspas; para números, ela usa um formato '%g'; para outros valores (tabelas, funções etc.), ela imprime apenas os seus tipos (`lua_typename` converte um código de tipo em um nome de tipo).

Listagem 25.2
Fazendo um dump *da pilha*

```
static void stackDump (lua_State *L) {
  int i;
  int top = lua_gettop(L);   /* profundidade da pilha */
  for (i = 1; i <= top; i++) {   /* repete para cada nível */
    int t = lua_type(L, i);
    switch (t) {
      case LUA_TSTRING: {   /* cadeias */
        printf("'%s'", lua_tostring(L, i));
        break;
      }
      case LUA_TBOOLEAN: {   /* booleanos */
        printf(lua_toboolean(L, i) ? "true" : "false");
        break;
      }
      case LUA_TNUMBER: {   /* números */
        printf("%g", lua_tonumber(L, i));
        break;
      }
      default: {   /* outros valores */
        printf("%s", lua_typename(L, t));
        break;
      }
    }
    printf("  ");   /* põe um separador */
  }
  printf("\n");   /* fim da listagem */
}
```

25.2.3 Outras operações de pilha

Além das funções anteriores, que trocam valores entre C e a pilha, a API oferece também as seguintes operações para a manipulação genérica da pilha:

```
int  lua_gettop    (lua_State *L);
void lua_settop    (lua_State *L, int index);
void lua_pushvalue (lua_State *L, int index);
void lua_remove    (lua_State *L, int index);
void lua_insert    (lua_State *L, int index);
void lua_replace   (lua_State *L, int index);
void lua_copy      (lua_State *L, int fromidx, int toidx);
```

A função `lua_gettop` retorna o número de elementos na pilha, que é também o índice do elemento no topo. A `lua_settop` coloca o topo (isto é, o número de elementos na pilha) com um valor específico. Se o topo anterior for maior do que o novo, a função descarta os valores extras de lá; caso contrário, ela empilha nils para obter o tamanho dado. Como um caso particular, `lua_settop(L, 0)` esvazia a pilha. Você também pode usar índices negativos com `lua_settop`. Usando essa comodidade, a API oferece a seguinte macro, que desempilha n elementos:

```
#define lua_pop(L,n)  lua_settop(L, -(n) - 1)
```

A função `lua_pushvalue` empilha uma cópia do elemento no índice dado; `lua_remove` remove o elemento de lá, movendo para baixo todos os elementos que estão acima dessa posição a fim de preencher o espaço; `lua_insert` move o elemento no topo para a posição dada, deslocando para cima todos os elementos que estão acima dela para abrir espaço; `lua_replace` desempilha um valor do topo e o atribui como o valor do índice dado, sem qualquer movimentação; finalmente, `lua_copy` copia o valor em um índice para outra posição, deixando o original intocado. Note que as operações a seguir não têm nenhum efeito sobre uma pilha não vazia:

```
lua_settop(L, -1);   /* atribui ao topo seu valor corrente */
lua_insert(L, -1);   /* move o elemento no topo para o topo */
lua_copy(L, x, x);   /* copia um elemento para a sua própria posição */
```

O programa da Listagem 25.3 usa `stackDump` (definida na Listagem 25.2) para ilustrar essas operações de pilha.

25.3 Tratamento de Erros com a API C

Todas as estruturas em Lua são dinâmicas: elas crescem conforme o necessário e diminuem em algum momento, quando possível. Isso significa que a possibilidade de uma falha de alocação de memória é pervasiva em Lua. Quase toda operação pode enfrentar essa eventualidade. Além disso, muitas operações podem lançar outros erros; por exemplo, um acesso a uma variável global pode disparar um metamétodo

Listagem 25.3
Exemplo de manipulação de pilha

```
#include <stdio.h>
#include "lua.h"
#include "lauxlib.h"

static void stackDump (lua_State *L) {
  <como na listagem 25.2>
}

int main (void) {
  lua_State *L = luaL_newstate();

  lua_pushboolean(L, 1);
  lua_pushnumber(L, 10);
  lua_pushnil(L);
  lua_pushstring(L, "hello");

  stackDump(L);
                    /* true   10   nil   'hello' */

  lua_pushvalue(L, -4); stackDump(L);
                    /* true   10   nil   'hello'   true */

  lua_replace(L, 3); stackDump(L);
                    /* true   10   true   'hello' */

  lua_settop(L, 6); stackDump(L);
                    /* true   10   true   'hello'   nil   nil */

  lua_remove(L, -3); stackDump(L);
                    /* true   10   true   nil   nil */

  lua_settop(L, -5); stackDump(L);
                    /* true */

  lua_close(L);
  return 0;
}
```

__index, e este pode lançar um erro. Finalmente, operações que alocam memória eventualmente disparam o coletor de lixo, que pode invocar finalizadores, os quais também podem lançar erros. Em poucas palavras, a maioria das funções da API Lua pode resultar em erros.

Em vez de usar códigos de erros para cada operação de sua API, Lua usa exceções para sinalizar os erros. Diferentemente de C++ ou Java, a linguagem C não oferece um mecanismo de tratamento de exceções. Para contornar essa dificuldade, Lua usa o dispositivo de setjmp de C, que resulta em um mecanismo semelhante ao tratamento de exceções. Assim, a maioria das funções da API pode lançar um erro (isto é, chamar `longjmp`) em vez de retornar.

Quando escrevemos código de biblioteca (isto é, funções C a serem chamadas a partir de Lua), o uso de *long jumps* é quase tão conveniente quanto um verdadeiro mecanismo de tratamento de exceções, pois Lua captura qualquer erro ocasional. No entanto, quando escrevemos código de aplicação (isto é, código C que chama Lua), devemos prover uma forma de capturar esses erros.

25.3.1 Tratamento de erros em código de aplicação

Quando a sua aplicação chama funções da API Lua, ela está exposta a erros. Como acabamos de discutir, Lua geralmente os sinaliza por meio de *long jumps*. No entanto, se não houver um `setjmp` correspondente, o interpretador não poderá fazer o desvio. Nesse caso, qualquer erro na API fará com que Lua chame uma função de pânico (*panic function*) e termine a aplicação, caso essa função retorne. Você pode estabelecer a sua própria função de pânico chamando `lua_atpanic`, mas não há muito o que ela possa fazer.

Para tratar erros adequadamente no seu código de aplicação, você deve chamá-lo por meio de Lua para que ela possa estabelecer um contexto apropriado para capturar erros (isto é, executando o seu código no contexto de um `setjmp`). Da mesma forma que podemos executar código Lua em modo protegido, usando `pcall`, podemos executar código C usando `lua_pcall`. Mais especificamente, empacotamos o código C em uma função e a chamamos por meio de Lua, usando `lua_pcall` (veremos os detalhes de como chamar funções C a partir de Lua no Capítulo 27). Com esse cenário, o seu código C executará em modo protegido. Mesmo no caso de uma falha de alocação de memória, `lua_pcall` retornará um código de erro apropriado, deixando o interpretador em um estado consistente.

25.3.2 Tratamento de erros em código de biblioteca

Lua é uma linguagem *segura*. Isso significa que não importa o que você escreva em Lua, não importa o quão errado esteja, você sempre poderá entender o comportamento de um programa em termos de Lua. Além disso, os erros também são detectados e explicados em termos de Lua. Você pode contrastar isso com C, em que o comportamento de muitos programas errados só pode ser explicado em termos do *hardware* subjacente (*e.g.*, posições de erro são fornecidas como endereços de instruções).

Sempre que acrescenta novas funções a Lua, você pode quebrar a sua segurança. Por exemplo, uma função como poke, que armazena um *byte* arbitrário em um endereço de memória arbitrário, pode causar toda sorte de corrupção de memória. Você deve se esforçar para garantir que as suas adições serão seguras para Lua e para prover um bom tratamento de erro.

Como discutimos anteriormente, programas C devem estabelecer o seu tratamento de erro por meio de `lua_pcall`. No entanto, quando você escreve funções de biblioteca para Lua, geralmente, elas não precisam tratar erros. Os que forem lançados por uma função de biblioteca serão capturados ou por um `pcall` em Lua ou por um `lua_pcall` no código de aplicação. Assim, sempre que uma função em uma biblioteca C detectar um erro, ela pode simplesmente chamar `lua_error` (ou, melhor ainda, `luaL_error`, que formata a mensagem de erro e, depois, chama `lua_error`). A função `lua_error` limpa o que precisa ser limpo em Lua e volta para a chamada protegida que originou essa execução, passando a mensagem de erro.

Exercícios

25.1 Compile e execute o interpretador de linha de comando simples (Listagem 25.1).

25.2 Assuma que a pilha esteja vazia. Qual será o seu conteúdo depois da seguinte sequência de chamadas?
```
lua_pushnumber(L, 3.5);
lua_pushstring(L, "hello");
lua_pushnil(L);
lua_pushvalue(L, -2);
lua_remove(L, 1);
lua_insert(L, -2);
```

25.3 Use o interpretador de linha de comando simples (Listagem 25.1) e a função `stackDump` (Listagem 25.2) para verificar sua resposta ao exercício anterior.

26

Estendendo Sua Aplicação

Um uso importante de Lua é como uma linguagem de *configuração*. Neste capítulo, ilustraremos como podemos usar Lua para configurar um programa, começando com um exemplo simples e expandindo-o para executar tarefas cada vez mais complexas.

26.1 O Básico

Como nossa primeira tarefa, imaginemos um cenário simples de configuração: seu programa C tem uma janela, e você quer que o usuário seja capaz de especificar o tamanho inicial dela. Claramente, para uma tarefa tão simples, existem várias opções mais fáceis do que usar Lua, como variáveis de ambiente ou arquivos com pares nome-valor. No entanto, mesmo usando um arquivo comum de texto, você precisa analisá-lo de alguma forma; assim, você decide usar um arquivo de configuração Lua (isto é, um arquivo comum de texto, que, por acaso, é um programa Lua). Em sua forma mais simples, esse arquivo pode conter algo como as próximas linhas:

```
-- define o tamanho da janela
width = 200
height = 300
```

Agora, você deve usar a API Lua para fazer com que Lua analise esse arquivo, obtendo depois os valores das variáveis globais width (largura) e height (altura). A função load, na Listagem 26.1, faz esse trabalho. Ela assume que você já tenha criado um estado Lua, segundo o que vimos no capítulo anterior. Ela chama luaL_loadfile para carregar o trecho do arquivo fname e, depois, chama lua_pcall para executar o trecho compilado. Em caso de erros, (*e.g.*, um erro de sintaxe no seu arquivo de configuração), essas funções empilham a mensagem de erro e retornam um código diferente de zero; nosso programa, então, usa lua_tostring com índice -1 para obter a mensagem do topo da pilha (definimos a função error na Seção 25.1).

Listagem 26.1
Obtendo informações de usuário a partir de um arquivo de configuração

```
void load (lua_State *L, const char *fname, int *w, int *h) {
  if (luaL_loadfile(L, fname) || lua_pcall(L, 0, 0, 0))
    error(L, "cannot run config. file: %s", lua_tostring(L, -1));
  lua_getglobal(L, "width");
  lua_getglobal(L, "height");
  if (!lua_isnumber(L, -2))
    error(L, "'width' should be a number\n");
  if (!lua_isnumber(L, -1))
    error(L, "'height' should be a number\n");
  *w = lua_tointeger(L, -2);
  *h = lua_tointeger(L, -1);
}
```

Depois de executar o trecho, o programa precisa obter os valores das variáveis globais. Para isso, ele chama duas vezes lua_getglobal, cujo único parâmetro (além do onipresente lua_State) é o nome da variável. Cada chamada empilha o valor global correspondente; assim, a largura estará no índice -2, e a altura, no índice -1 (no topo da pilha). (Como a pilha anteriormente estava vazia, você também poderia indexá-la a partir da base, usando o índice 1 para o primeiro valor e 2 para o segundo. No entanto, indexando a partir do topo, o seu código não precisaria assumir uma pilha vazia.) Em seguida, nosso exemplo usa lua_isnumber para verificar se cada valor é numérico. Ele chama, então, lua_tointeger para converter esses valores em inteiros, atribuindo-os às suas posições respectivas.

Vale a pena usar Lua para essa tarefa? Como eu expliquei antes, para uma tarefa tão simples, um arquivo comum com apenas dois números seria mais fácil de usar do que Lua. Mesmo assim, o uso de Lua traz algumas vantagens. Primeiramente, ela trata de todos os detalhes de sintaxe para você; seu arquivo de configuração pode até ter comentários! Em segundo lugar, o usuário já estará apto a fazer algumas configurações complexas com ele. Por exemplo, o *script* pode solicitar alguma informação ao usuário ou consultar uma variável de ambiente para escolher um tamanho adequado:

```
-- arquivo de configuração
if getenv("DISPLAY") == ":0.0" then
  width = 300; height = 300
else
  width = 200; height = 200
end
```

Mesmo nesses cenários tão simples de configuração, é difícil antecipar o que os usuários irão querer; mas, desde que o *script* defina as duas variáveis, sua aplicação C funcionará sem modificações.

Uma última razão para usar Lua é que agora é fácil acrescentar novas comodidades de configuração para o seu programa; essa facilidade cria uma atitude que resulta em programas mais flexíveis.

26.2 Manipulação de Tabelas

Adotemos essa atitude: agora, queremos configurar também uma cor de fundo para a janela. Assumiremos que a especificação final da cor é composta por três números, sendo cada um deles um componente da cor em RGB. Geralmente, em C, esses números são inteiros em algum intervalo como *[0,255]*. Em Lua, como todos os números são reais, podemos usar o intervalo mais natural *[0,1]*.

Uma abordagem ingênua aqui é pedir ao usuário que atribua cada componente a uma variável global diferente:

```
-- arquivo de configuração
width = 200
height = 300
background_red = 0.30
background_green = 0.10
background_blue = 0
```

Essa abordagem tem dois problemas: ela é verbosa demais (programas reais precisam de dúzias de cores diferentes, para o fundo da janela, para a frente da janela, para o fundo do menu etc.); e não há nenhuma forma de predefinir cores comuns para que, mais tarde, o usuário possa simplesmente escrever algo como `background = WHITE`. Para evitar esses problemas, usaremos uma tabela para representar uma cor:

```
background = {r=0.30, g=0.10, b=0}
```

O uso de tabelas dá mais estrutura ao *script*; agora, é fácil para o usuário (ou para a aplicação) predefinir cores para uso posterior no arquivo de configuração:

```
BLUE = {r=0, g=0, b=1.0}
<outras definições de cores>

background = BLUE
```

Para obter esses valores em C, podemos fazer como a seguir:

```
lua_getglobal(L, "background");
if (!lua_istable(L, -1))
  error(L, "'background' is not a table");
red = getcolorfield(L, "r");
green = getcolorfield(L, "g");
blue = getcolorfield(L, "b");
```

Primeiramente, nós obtemos o valor da variável global background e garantimos que seja uma tabela; então, usamos getcolorfield para obter cada componente da cor.

É claro que a função getcolorfield não é parte da API; nós precisamos defini-la. Outra vez, defrontamo-nos com o problema de polimorfismo: potencialmente, existem muitas versões de funções getcolorfield, variando o tipo da chave, o tipo do valor, o tratamento de erros etc. A API Lua oferece uma função, lua_gettable, que funciona para todos os tipos. Ela recebe a posição da tabela na pilha, desempilha a chave e empilha o valor correspondente. Nossa getcolorfield privada, definida na Listagem 26.2, assume que a tabela está no topo da pilha; assim, depois de empilharmos a chave com lua_pushstring, a tabela estará no índice -2. Antes de retornar, getcolorfield desempilha o valor recuperado, deixando a pilha no mesmo nível em que estava antes da chamada.

Listagem 26.2
Uma implementação particular de getcolorfield

```
#define MAX_COLOR       255

/* assume que a tabela está no topo da pilha */
int getcolorfield (lua_State *L, const char *key) {
  int result;
  lua_pushstring(L, key);  /* empilha a chave */
  lua_gettable(L, -2);     /* obtém background[key] */
  if (!lua_isnumber(L, -1))
    error(L, "invalid component in background color");
  result = (int)(lua_tonumber(L, -1) * MAX_COLOR);
  lua_pop(L, 1);  /* remove o número */
  return result;
}
```

Já que indexar uma tabela com uma cadeia como chave é tão comum, Lua 5.1 introduziu uma versão especializada de lua_gettable para esse caso: lua_getfield. Usando essa função, podemos reescrever as duas linhas

```
lua_pushstring(L, key);
lua_gettable(L, -2);   /* obtém background[key] */
```

como

```
lua_getfield(L, -1, key);
```

(Como não empilhamos a cadeia, o índice da tabela ainda será -1 quando chamarmos lua_getfield.)

Estenderemos o nosso exemplo um pouco mais, introduzindo nomes de cores para o usuário. Ele ainda pode usar tabelas de cores, mas pode também usar nomes predefinidos para as mais comuns. Para implementar essa comodidade, precisamos de uma tabela de cores em nossa aplicação C:

```
struct ColorTable {
  char *name;
  unsigned char red, green, blue;
} colortable[] = {
  {"WHITE",   MAX_COLOR, MAX_COLOR, MAX_COLOR},
  {"RED",     MAX_COLOR,         0,         0},
  {"GREEN",           0, MAX_COLOR,         0},
  {"BLUE",            0,         0, MAX_COLOR},
  <outras cores>
  {NULL, 0, 0, 0}  /* sentinela */
};
```

Nossa implementação criará variáveis globais com os nomes das cores e as inicializará usando tabelas de cores. É o mesmo resultado que seria obtido se o usuário tivesse as seguintes linhas em seu *script*:

```
WHITE = {r=1.0, g=1.0, b=1.0}
RED   = {r=1.0, g=0,   b=0}
<outras cores>
```

Para inicializar os campos das tabelas, definimos uma função auxiliar, setcolorfiel ela empilha o índice e o valor do campo e, depois, chama lua_settable:

```
/* assume que a tabela está no topo da pilha */
void setcolorfield (lua_State *L, const char *index, int value) {
  lua_pushstring(L, index);  /* chave */
  lua_pushnumber(L, (double)value / MAX_COLOR);  /* valor */
  lua_settable(L, -3);
}
```

Assim como outras funções da API, lua_settable funciona para muitos tipos diferentes, por isso, ela obtém todos os seus operandos da pilha. Ela recebe o índice da tabela como argumento e desempilha a chave e o valor. A função setcolorfield assume que, antes da chamada, a tabela está no topo da pilha (índice -1); depois de empilharmos o índice e o valor, a tabela estará no índice -3.

Lua 5.1 também introduziu uma versão especializada de lua_settable para chaves do tipo *string*, chamada lua_setfield. Usando essa nova função, podemos reescrever nossa definição anterior de setcolorfield como a seguir:

```
void setcolorfield (lua_State *L, const char *index, int value) {
    lua_pushnumber(L, (double)value / MAX_COLOR);
    lua_setfield(L, -2, index);
}
```

A próxima função, setcolor, define uma única cor. Ela cria uma tabela, inicializa os campos apropriados e atribui essa tabela à variável global correspondente:

```
void setcolor (lua_State *L, struct ColorTable *ct) {
    lua_newtable(L);                        /* cria uma tabela */
    setcolorfield(L, "r", ct->red);         /* tabela.r = ct->r */
    setcolorfield(L, "g", ct->green);       /* tabela.g = ct->g */
    setcolorfield(L, "b", ct->blue);        /* tabela.b = ct->b */
    lua_setglobal(L, ct->name);             /* 'name' = tabela */
}
```

A função lua_newtable cria uma tabela vazia e a empilha; as chamadas a setcolorfield inicializam os campos da tabela; finalmente, lua_setglobal desempilha a tabela e a atribui como o valor da global com o nome dado.

Com as funções anteriores, o laço a seguir registrará todas as cores para o *script* de configuração:

```
int i = 0;
while (colortable[i].name != NULL)
    setcolor(L, &colortable[i++]);
```

Lembre-se de que a aplicação deve executar esse laço antes de executar o *script*.

A Listagem 26.3 mostra uma outra opção para implementar cores nomeadas. Em vez de variáveis globais, o usuário pode denotar nomes de cores com cadeias, escrevendo suas atribuições como background = "BLUE". Assim, background pode ser tanto uma tabela quanto uma cadeia. Com esse esquema, a aplicação não precisa fazer nada antes de executar o *script* do usuário; em vez disso, ela precisa de mais trabalho para obter uma cor. Quando obtém o valor da variável background, ela precisa testar se é uma cadeia e, então, procurá-la na tabela de cores.

Qual é a melhor escolha? Em programas C, o uso de cadeias para denotar opções não é uma boa prática, pois o compilador não consegue detectar erros de digitação. Em Lua, contudo, a mensagem de erro para uma cor mal digitada provavelmente irá para quem está escrevendo o "programa" de configuração. A distinção entre programador e usuário não é clara; a diferença entre um erro de compilação e um de execução não é tão grande.

Listagem 26.3
Cores como cadeias ou tabelas

```c
lua_getglobal(L, "background");
if (lua_isstring(L, -1)) {   /* o valor é uma cadeia? */
  const char *name = lua_tostring(L, -1);  /* obtém a cadeia */
  int i;   /* procura na tabela de cores */
  for (i = 0; colortable[i].name != NULL; i++) {
    if (strcmp(colorname, colortable[i].name) == 0)
      break;
  }
  if (colortable[i].name == NULL)  /* não encontrou a cadeia? */
    error(L, "invalid color name (%s)", colorname);
  else {   /* usa colortable[i] */
    red = colortable[i].red;
    green = colortable[i].green;
    blue = colortable[i].blue;
  }
} else if (lua_istable(L, -1)) {
  red = getcolorfield(L, "r");
  green = getcolorfield(L, "g");
  blue = getcolorfield(L, "b");
} else
    error(L, "invalid value for 'background'");
```

Com cadeias, o valor de background seria a cadeia mal digitada; assim, a aplicação pode acrescentar essa informação à mensagem de erro. Ela também pode comparar cadeias independentemente do uso de letras minúsculas ou maiúsculas, e, assim, um usuário pode escrever "white", "WHITE" ou mesmo "White". Além disso, se o *script* do usuário for pequeno e houver muitas cores, pode ser estranho registrar centenas de cores (e criar centenas de tabelas e variáveis globais) apenas para que o usuário escolha umas poucas. Com cadeias, você evita esse custo adicional.

26.3 Chamando Funções Lua

Um ponto forte de Lua é que um arquivo de configuração pode definir funções a serem chamadas pela aplicação. Por exemplo, você pode escrever uma aplicação para desenhar o gráfico de uma função e usar Lua para definir essa função.

O protocolo da API para chamar uma função é simples: primeiramente, você empilha a função a ser chamada; em segundo lugar, empilha os argumentos para a chamada; então, usa lua_pcall para fazer a chamada propriamente dita; finalmente, você pega os resultados da pilha.

Como um exemplo, vamos assumir que o seu arquivo de configuração tenha uma função como esta:

```
function f (x, y)
   return (x^2 * math.sin(y)) / (1 - x)
end
```

Você quer avaliar, em C, z = f(x, y) para um dado x e um dado y. Assumindo que você já tenha aberto a biblioteca Lua e executado o arquivo de configuração, a função f na Listagem 26.4 encapsula essa chamada.

Listagem 26.4
Chamando uma função Lua a partir de C

```
/* chama uma função 'f' definida em Lua */
double f (lua_State *L, double x, double y) {
  int isnum;
  double z;

  /* empilha funções e argumentos */
  lua_getglobal(L, "f");  /* função a ser chamada */
  lua_pushnumber(L, x);   /* empilha o 1o argumento */
  lua_pushnumber(L, y);   /* empilha o 2o argumento */

  /* faz a chamada (2 argumentos, 1 resultado) */
  if (lua_pcall(L, 2, 1, 0) != LUA_OK)
    error(L, "error running function 'f': %s",
             lua_tostring(L, -1));

  /* recupera o resultado */
  z = lua_tonumberx(L, -1, &isnum);
  if (!isnum)
    error(L, "function 'f' must return a number");
  lua_pop(L, 1);  /* desempilha valor retornado */
  return z;
}
```

O segundo e o terceiro argumentos para lua_pcall são o número de argumentos que você está passando e o número de resultados que você quer. O quarto argumento indica uma função de tratamento de erros; ela será discutida em breve. Assim como em uma atribuição Lua, lua_pcall ajusta o número real de resultados para o número que você pediu, empilhando nils ou descartando valores extras conforme necessário. Antes de empilhar os resultados, lua_pcall remove da pilha a função e os seus argumentos. Quando uma função retorna múltiplos resultados, o primeiro é empilhado primeiramente; por exemplo, se houver três resultados, o primeiro ficará no índice −3, e o último, no −1.

Se algum erro ocorrer enquanto `lua_pcall` estiver executando, ela retornará um código de erro; além disso, ela empilhará a mensagem de erro (mas ainda desempilhando a função e os seus argumentos). No entanto, antes de empilhar a mensagem, `lua_pcall` chama a função de tratamento de mensagens, se houver alguma. Para especificar uma função de tratamento de mensagens, usamos o último argumento para `lua_pcall`. Um zero significa que não há essa função, isto é, a mensagem de erro final será a mensagem original; caso contrário, esse argumento deve ser o índice na pilha em que a função está. Nesses casos, o tratador deve ser empilhado em algum lugar abaixo da função a ser chamada e de seus argumentos.

Para erros normais, `lua_pcall` retorna o código de erro `LUA_ERRRUN`. Dois tipos de erros especiais merecem códigos diferentes, porque nunca executam o tratador de mensagens. O primeiro é um erro de alocação de memória. Para ele, `lua_pcall` sempre retorna `LUA_ERRMEM`. O segundo tipo é um erro que ocorre enquanto Lua está executando o próprio tratador de mensagens. Nesse caso, não é muito útil chamar novamente esse tratador, e, assim, `lua_pcall` retorna imediatamente com um código `LUA_ERRERR`. Lua 5.2 diferencia um terceiro tipo de erro: quando um finalizador lança um erro, `lua_pcall` retorna o código `LUA_ERRGCMM` (*erro em um metamétodo GC*). Esse código indica que o erro não está diretamente relacionado à chamada em questão.

26.4 Uma Função de Chamada Genérica

Como um exemplo mais avançado, construiremos um envelopador (*wrapper*) para chamar funções Lua, usando a comodidade vararg de C. Nossa função envelopadora (vamos chamá-la de `call_va`) recebe o nome da função a ser chamada, uma cadeia que descreve os tipos dos argumentos e resultados, em seguida, a lista de argumentos e, finalmente, uma lista de ponteiros para variáveis para armazenar os resultados; ela trata de todos os detalhes da API. Com essa função, poderíamos escrever o nosso exemplo anterior simplesmente como isto:

```
call_va(L, "f", "dd>d", x, y, &z);
```

A cadeia `"dd>d"` significa "dois argumentos do tipo *double*, um resultado do tipo *double*". Esse descritor pode usar as letras `'d'` para *double*, `'i'` para inteiro e `'s'` para cadeias; um `'>'` separa os argumentos dos resultados. Se a função não tiver resultados, o `'>'` é opcional.

A Listagem 26.5 mostra a implementação da função `call_va`. Apesar de sua generalidade, essa função segue os mesmos passos do nosso primeiro exemplo: ela empilha a função, empilha os argumentos (Listagem 26.6), faz a chamada e obtém os resultados (Listagem 26.7). A maior parte do seu código é direta, mas existem algumas sutilezas. Em primeiro lugar, ela não precisa verificar se `func` é uma função; `lua_pcall` capturará qualquer erro. Em segundo, como ela empilha um número arbitrário de argumentos, ela deve verificar o espaço de pilha. Em terceiro lugar, como a função pode retornar cadeias, `call_va` não pode desempilhar os resultados. Cabe ao chamador desempilhá-los, depois de terminar de usar eventuais resultados do tipo *string* (ou depois de copiá-los para os *buffers* apropriados).

Listagem 26.5
Uma função de chamada genérica (veja página 278)

```c
#include <stdarg.h>
void call_va (lua_State *L, const char *func,
                            const char *sig, ...) {
  va_list vl;
  int narg, nres;   /* número de argumentos e resultados */
  va_start(vl, sig);
  lua_getglobal(L, func);   /* empilha a função */
  <empilha os argumentos (Listagem 26.6)>
  nres = strlen(sig);   /* número de resultados esperados */
  if (lua_pcall(L, narg, nres, 0) != 0)   /* faz a chamada */
    error(L, "error calling '%s': %s", func,
                                 lua_tostring(L, -1));
  <recupera os resultados (Listagem 26.7)>
  va_end(vl);
}
```

Listagem 26.6
Empilhando os argumentos para a função de chamada genérica

```c
  for (narg = 0; *sig; narg++) {   /* repete para cada argumento */
    /* verifica espaço de pilha */
    luaL_checkstack(L, 1, "too many arguments");
    switch (*sig++) {
      case 'd':   /* argumento double */
        lua_pushnumber(L, va_arg(vl, double));
        break;
      case 'i':   /* argumento int */
        lua_pushinteger(L, va_arg(vl, int));
        break;
      case 's':   /* argumento cadeia */
        lua_pushstring(L, va_arg(vl, char *));
        break;
      case '>':   /* fim dos argumentos */
        goto endargs;
      default:
        error(L, "invalid option (%c)", *(sig - 1));
    }
  }
  endargs:
```

Listagem 26.7
Recuperando os resultados para a função de chamada genérica

```
    nres = -nres;  /* índice de pilha do primeiro resultado */
    while (*sig) {  /* repete para cada resultado */
      switch (*sig++) {

        case 'd': {  /* resultado double */
          int isnum;
          double n = lua_tonumberx(L, nres, &isnum);
          if (!isnum)
            error(L, "wrong result type");
          *va_arg(vl, double *) = n;
          break;
        }

        case 'i': {  /* resultado int */
          int isnum;
          int n = lua_tointegerx(L, nres, &isnum);
          if (!isnum)
            error(L, "wrong result type");
          *va_arg(vl, int *) = n;
          break;
        }

        case 's': {  /* resultado cadeia */
          const char *s = lua_tostring(L, nres);
          if (s == NULL)
            error(L, "wrong result type");
          *va_arg(vl, const char **) = s;
          break;
        }

        default:
          error(L, "invalid option (%c)", *(sig - 1));
      }
      nres++;
    }
```

Exercícios

26.1 Escreva um programa C que leia um arquivo Lua definindo uma função f de números para números e construa um gráfico para essa função. (Você não precisa fazer nada sofisticado; o programa pode mostrar os resultados imprimindo asteriscos ASCII como fizemos na Seção 8.1.)

26.2 Modifique a função `call_va` (Listagem 26.5) para tratar valores booleanos.

26.3 Suponhamos um programa que precise monitorar diversas estações climáticas. Internamente, ele usa uma cadeia de quatro *bytes* para representar cada estação, e existe um arquivo de configuração para mapear cada cadeia para a URL da estação correspondente. Um arquivo de configuração Lua poderia fazer esse mapeamento de diversas maneiras:
- um punhado de variáveis globais, uma para cada estação;
- uma tabela mapeando cadeias de códigos para as URL;
- uma função mapeando cadeias de códigos para as URL.

Discuta os prós e contras de cada opção, considerando informações como o número total de estações, a regularidade das URL (*e.g.*, pode haver uma regra de formação de códigos para as URL), os tipos de usuários etc.

27
Chamando C a partir de Lua

Quando dizemos que Lua pode chamar funções C, isso não significa que ela possa chamar qualquer uma.[1] Como vimos no capítulo anterior, quando C chama uma função Lua, deve seguir um protocolo simples para passar os argumentos e obter os resultados. Da mesma forma, para que Lua possa chamar uma função C, esta função deve seguir um protocolo para obter os seus argumentos e retornar os seus resultados. Além disso, devemos registrar a função, isto é, dar o seu endereço a Lua de maneira adequada.

Quando chama uma função C, Lua usa o mesmo tipo de pilha que C usa para chamar Lua. A função C obtém os seus argumentos da pilha e, lá, empilha os resultados.

Um conceito importante aqui é que a pilha não é uma estrutura global; cada função tem a sua própria pilha local privada. Quando Lua chama uma função C, o primeiro argumento estará sempre no índice 1 dessa pilha local. Mesmo quando uma função C chama código Lua, que chama novamente a mesma (ou outra) função C, cada uma dessas invocações vê apenas a sua própria pilha privada, com o seu primeiro argumento no índice 1.

---

1. Existem pacotes que permitem a Lua chamar qualquer função C, mas eles não são nem portáteis nem seguros.

27.1 Funções C

Como um primeiro exemplo, vejamos como implementar uma versão simplificada de uma função que retorne o seno de um número dado:

```
static int l_sin (lua_State *L) {
  double d = lua_tonumber(L, 1);  /* obtém o argumento */
  lua_pushnumber(L, sin(d));  /* empilha o resultado */
  return 1;  /* número de resultados */
}
```

Qualquer função registrada com Lua deve ter esse mesmo protótipo, definido como `lua_CFunction` em `lua.h`:

```
typedef int (*lua_CFunction) (lua_State *L);
```

Do ponto de vista de C, uma função C obtém como seu único argumento o estado Lua e retorna um inteiro com o número de valores que ela está retornando na pilha. Dessa forma, a função não precisa limpar a pilha antes de empilhar os seus resultados. Depois que ela retorna, Lua automaticamente os salva e limpa toda a pilha.

Antes de poder usar essa função a partir de Lua, devemos registrá-la. Fazemos essa pequena mágica com `lua_pushcfunction`: ela recebe um ponteiro para uma função C e cria um valor do tipo "function" que a representa dentro de Lua. Uma vez registrada, uma função C se comporta como qualquer outra função dentro de Lua.

Uma maneira rápida e rasteira de testar `l_sin` é colocar o seu código diretamente em nosso interpretador básico (Listagem 25.1) e acrescentar as linhas seguintes imediatamente após a chamada a `luaL_openlibs`:

```
lua_pushcfunction(L, l_sin);
lua_setglobal(L, "mysin");
```

A primeira linha empilha um valor do tipo *function*; a segunda atribui esse valor à variável global `mysin`. Depois dessas modificações, você pode usar a nova função `mysin` em seus *scripts* Lua. (Na próxima seção, discutiremos maneiras melhores de ligar novas funções C a Lua.)

Para uma função seno mais profissional, devemos verificar o tipo do seu argumento. Aqui, a biblioteca auxiliar nos ajuda. A função `luaL_checknumber` verifica se um dado argumento é um número: em caso de erro, ela lança uma mensagem de erro informativa; caso contrário, ela retorna o número. A modificação em nossa função é mínima:

```
static int l_sin (lua_State *L) {
  double d = luaL_checknumber(L, 1);
  lua_pushnumber(L, sin(d));
  return 1;  /* número de resultados */
}
```

Com a definição anterior, se você chamar `mysin('a')`, receberá a mensagem

```
bad argument #1 to 'mysin' (number expected, got string)
```

Note como `luaL_checknumber` preenche automaticamente a mensagem com o número do argumento (#1), o nome da função ("mysin"), o tipo de parâmetro esperado (number) e o tipo real do parâmetro (string).

Como um exemplo mais complexo, vamos escrever uma função que retorne o conteúdo de um dado diretório. Lua não provê essa função em suas bibliotecas-padrão, porque ANSI C não tem funções para essa tarefa. Aqui, assumiremos um sistema compatível com POSIX. Nossa função — chamada `dir` em Lua, `l_dir` em C — recebe como argumento uma cadeia com o caminho (*path*) do diretório e retorna um *array* com as entradas dele. Por exemplo, uma chamada `dir("/home/lua")` pode retornar a tabela `{".", "..", "src", "bin", "lib"}`. Em caso de erro, a função retorna nil mais uma cadeia com a mensagem de erro. O código completo para essa função está na Listagem 27.1. Note o uso da função `luaL_checkstring`, da biblioteca auxiliar, que é o equivalente de `luaL_checknumber` para cadeias.

(Em condições extremas, essa implementação de `l_dir` pode causar um pequeno vazamento de memória. Três das funções Lua que ela chama podem falhar devido à insuficiência de memória: `lua_newtable`, `lua_pushstring` e `lua_settable`. Se qualquer uma dessas funções falhar, ela lançará um erro e interromperá `l_dir`, que, assim, não chamará `closedir`. Como discutimos anteriormente, para vários programas, isso não é um grande problema: se o programa ficar sem memória, o melhor que ele pode fazer é terminar. De qualquer forma, no Capítulo 30, veremos uma implementação alternativa para uma função de diretório que corrige esse problema.)

27.2 Continuações

Por meio de `lua_pcall` e `lua_call`, uma função C chamada a partir de Lua pode chamar Lua de volta. Diversas funções da biblioteca-padrão fazem isso: `table.sort` pode chamar uma função de ordem; `string.gsub`, uma de substituição; `pcall` e `xpcall` chamam funções em modo protegido. Se lembrarmos que o código principal de Lua também foi chamado a partir de C (o programa hospedeiro), teremos uma sequência de chamadas como esta: C (hospedeiro) chama Lua (*script*), que chama C (biblioteca), que chama Lua (*callback*).

Geralmente, Lua trata dessas sequências de chamadas sem problemas; afinal, essa integração com C é uma marca registrada da linguagem. No entanto, há um caso em que esse entrelaçamento pode causar dificuldades: corrotinas.

Cada corrotina em Lua tem a sua própria pilha, que mantém informações sobre as chamadas pendentes da corrotina. Especificamente, a pilha armazena os endereços de retorno, os parâmetros e as variáveis locais de cada chamada. Para as chamadas a funções Lua, o interpretador usa uma estrutura de dados adequada para

Listagem 27.1
Uma função para ler um diretório

```
#include <dirent.h>
#include <errno.h>
#include <string.h>

#include "lua.h"
#include "lauxlib.h"

static int l_dir (lua_State *L) {
  DIR *dir;
  struct dirent *entry;
  int i;
  const char *path = luaL_checkstring(L, 1);

  /* abre o diretório */
  dir = opendir(path);
  if (dir == NULL) {  /* erro abrindo o diretório? */
    lua_pushnil(L);   /* retorna nil... */
    lua_pushstring(L, strerror(errno));  /* e a mensagem de erro */
    return 2;   /* número de resultados */
  }

  /* cria a tabela de resultados */
  lua_newtable(L);
  i = 1;
  while ((entry = readdir(dir)) != NULL) {
    lua_pushnumber(L, i++);   /* empilha chave */
    lua_pushstring(L, entry->d_name);  /* empilha valor */
    lua_settable(L, -3);
  }

  closedir(dir);
  return 1;  /* a tabela já está no topo da pilha */
}
```

implementar a pilha, que é chamada de *pilha leve* (*soft stack*). No entanto, para as chamadas a funções C, o interpretador deve também usar a pilha de C; afinal, o endereço de retorno e as variáveis locais de uma função C residem nesta pilha.

É fácil para o interpretador ter múltiplas pilhas leves, mas o ambiente de execução de ANSI C tem apenas uma pilha interna. Dessa forma, corrotinas em Lua não podem suspender a execução de uma função C: se houver uma função C no caminho de chamadas entre um retomada de execução (*resume*) e sua respectiva suspensão (*yield*), Lua não poderá salvar o estado dessa função para restaurá-lo na próxima retomada. Considere o próximo exemplo, em Lua 5.1:

```
        co = coroutine.wrap(function (a)
                        return pcall(function (x)
                                        coroutine.yield(x[1])
                                        return x[3]
                                     end, a)
                    end)
        print(co({10, 3, -8, 15}))
          --> false     attempt to yield across metamethod/C-call boundary
```

A função `pcall` é uma função C; assim, Lua não pode suspendê-la, porque não há nenhuma maneira em ANSI C de suspender uma função e retomá-la mais tarde.

Lua 5.2 amenizou essa dificuldade com *continuações*. Essa versão implementa suspensões usando *long jumps*, da mesma forma que implementa erros. Um *long jump* descarta qualquer informação sobre funções C na pilha de C, e, assim, é impossível retomá-las. No entanto, uma função C `foo` pode especificar uma função de continuação `foo-c`, que é uma outra função C a ser chamada quando for a hora de retomar `foo`. Dessa forma, quando o interpretador detectar que deve retomar `foo`, mas que um *long jump* descartou a entrada para `foo` na pilha de C, ele chamará `foo-c` em seu lugar.

Para tornar isso um pouco mais concreto, vejamos um exemplo: a implementação de `pcall`. Em Lua 5.1, essa função tinha o seguinte código:

```
        static int luaB_pcall (lua_State *L) {
          int status;
          luaL_checkany(L, 1);    /* pelo menos um parâmetro */
          status = lua_pcall(L, lua_gettop(L) - 1, LUA_MULTRET, 0);
          lua_pushboolean(L, (status == 0));  /* status */
          lua_insert(L, 1);      /* status é o primeiro resultado */
          return lua_gettop(L);  /* retorna status + todos os resultados */
        }
```

Se a função sendo chamada por meio de `lua_pcall` fosse suspensa, seria impossível retomar `luaB_pcall` mais tarde. Assim, o interpretador lançava um erro sempre que tentávamos suspender uma corrotina dentro de uma chamada protegida. Lua 5.2 implementa `pcall` mais ou menos como na Listagem 27.2.[2] Há três diferenças para a versão de Lua 5.1: primeiramente, a nova versão substituiu a chamada a `lua_pcall` por uma a `lua_pcallk`; em segundo lugar, ela agrupou tudo o que é feito depois dessa chamada em uma nova função auxiliar `finishpcall`; a terceira diferença é a função `pcallcont`, o último argumento para `lua_pcallk`, que é a função de continuação.

Se não houver nenhuma suspensão, `lua_pcallk` funcionará exatamente como `lua_pcall`. Se houver, as coisas serão bem diferentes. Se uma função chamada por

---

[2] O código real é um pouco mais complexo do que o mostrado aqui, porque ele compartilha algumas partes com `xpcall` e verifica um esgotamento de pilha antes de empilhar o resultado booleano extra.

Listagem 27.2
Implementação de pcall *com continuações*

```
static int finishpcall (lua_State *L, int status) {
  lua_pushboolean(L, status);  /* primeiro resultado (status) */
  lua_insert(L, 1);  /* põe o primeiro resultado na primeira posição */
  return lua_gettop(L);
}
static int pcallcont (lua_State *L) {
  int status = lua_getctx(L, NULL);
  return finishpcall(L, (status == LUA_YIELD));
}
static int luaB_pcall (lua_State *L) {
  int status;
  luaL_checkany(L, 1);
  status = lua_pcallk(L, lua_gettop(L) - 2, LUA_MULTRET, 0,
                      0, pcallcont);
  return finishpcall(L, (status == LUA_OK));
}
```

lua_pcall tentar suspender a corrotina, Lua 5.2 lançará um erro, como Lua 5.1. No entanto, se uma função chamada por lua_pcallk suspender a corrotina, não haverá erros: Lua fará um *long jump* e descartará a entrada para luaB_pcall na pilha de C, guardando, porém, na pilha leve da corrotina, uma referência para a função de continuação, pcallcont. Mais tarde, quando o intepretador detectar que deve retornar para luaB_pcall (o que é impossível), ele chamará, em vez disso, a função de continuação pcallcont.

Diferentemente de luaB_pcall, a função de continuação pcallcont não pode obter o valor de retorno de lua_pcallk. Assim, Lua provê uma função especial para retornar o *status* da chamada: lua_getctx. Quando chamada por uma função Lua regular (um caso que não ocorre no nosso exemplo), lua_getctx retorna LUA_OK. Quando chamada normalmente por uma função de continuação, ela retorna LUA_YIELD. A função de continuação pode também ser chamada em algumas situações de erro; nesse caso, lua_getctx retorna o código de erro, que é o mesmo valor que lua_pcallk retornaria.

Além do *status* da chamada, lua_getctx pode também retornar uma informação de *contexto* (por isso, o seu nome, derivado do inglês *get context*, obtém contexto). O quinto parâmetro para lua_pcallk é um inteiro arbitrário, que pode ser recuperado pelo segundo parâmetro de lua_getctx, um ponteiro para um inteiro. Esse valor inteiro permite que a função original passe alguma informação arbitrária diretamente para a sua continuação. Ela pode passar informações adicionais por meio da pilha de Lua (nosso exemplo não usa essa comodidade).

O sistema de continuações de Lua 5.2 é um mecanismo engenhoso para suporte a suspensões, mas não é uma panaceia. Algumas funções C precisariam passar muito contexto para as suas continuações. Alguns exemplos são `table.sort`, que usa a pilha de C para recursão, e `string.gsub`, que deve guardar informações sobre capturas e um *buffer* para o seu resultado parcial. Apesar de ser possível reescrevê-las de uma forma "suspensível", os ganhos não parecem justificar a complexidade extra.

27.3 Módulos C

Um módulo Lua é um trecho de código que define diversas funções Lua e as armazena em lugares apropriados, tipicamente, como entradas de uma tabela. Um módulo C para Lua imita esse comportamento. Além da definição de suas funções C, ele também deve definir uma função especial que faça o papel do trecho principal de uma biblioteca Lua. Essa função deve registrar todas as funções C do módulo e armazená-las em lugares apropriados, tipicamente, outra vez, como entradas de uma tabela. Como um trecho principal de Lua, ela deve também inicializar tudo o que precisar de inicialização no módulo.

Lua toma conhecimento de funções C por meio desse processo de registro. Uma vez representada e armazenada em Lua, uma função C é chamada por meio de uma referência direta ao seu endereço (que é o que fornecemos a Lua quando registramos uma função). Em outras palavras, Lua não depende de um nome de função, localização de pacote ou regras de visibilidade para chamar uma função que tenha sido registrada. Tipicamente, um módulo C tem uma única função pública (*extern*), que é a que abre a biblioteca. Todas as outras podem ser privadas, declaradas como `static` em C.

Quando você estende Lua com funções C, é uma boa ideia projetar o seu código como um módulo C, mesmo quando você quiser registrar apenas uma função C: mais cedo ou mais tarde (geralmente, mais cedo), você precisará de outras funções. Como é usual, a biblioteca auxiliar oferece uma função para essa tarefa. A macro `luaL_newlib` recebe uma lista de funções C com seus respectivos nomes e as registra dentro de uma nova tabela. Como um exemplo, suponha que queiramos criar uma biblioteca com a função `l_dir` que definimos anteriormente. Primeiramente, devemos definir as funções da biblioteca:

```
static int l_dir (lua_State *L) {
    <como antes>
}
```

Em seguida, declaramos um *array* com todas as funções do módulo com os seus nomes respectivos. Esse *array* tem elementos do tipo `luaL_Reg`, que é uma estrutura com dois campos: um nome de função (uma cadeia) e um ponteiro para uma função.

```
static const struct luaL_Reg mylib [] = {
  {"dir", l_dir},
  {NULL, NULL}   /* sentinela */
};
```

No nosso exemplo, há apenas uma função (l_dir) a declarar. O último par do *array* é sempre {NULL, NULL} para sinalizar o seu fim. Finalmente, nós declaramos uma função principal usando luaL_newlib:

```
int luaopen_mylib (lua_State *L) {
  luaL_newlib(L, mylib);
  return 1;
}
```

A chamada a luaL_newlib cria uma nova tabela e a preenche com os pares nome-função especificados pelo *array* mylib. Quando retorna, luaL_newlib deixa na pilha a nova tabela em que abriu a biblioteca. A função luaopen_mylib, então, retorna 1 para retornar essa tabela para Lua.

Depois de terminar a biblioteca, devemos ligá-la ao interpretador. A forma mais conveniente de fazer isso é com o mecanismo de ligação dinâmica, se o seu interpretador Lua der suporte a esse mecanismo. Nesse caso, você deve criar uma biblioteca dinâmica com o seu código (mylib.dll em Windows; mylib.so em sistemas do tipo Linux) e colocá-la em algum lugar no caminho (*path*) C. Depois desses passos, você pode carregar a sua biblioteca diretamente de Lua, com require:

```
local mylib = require "mylib"
```

Essa chamada liga a biblioteca dinâmica mylib a Lua, procura a função luaopen_mylib, registra-a como uma função C e a chama, abrindo o módulo (esse comportamento explica por que luaopen_mylib deve ter o mesmo protótipo de qualquer outra função C).

O ligador dinâmico deve conhecer o nome da função luaopen_mylib para poder encontrá-la. Ele sempre procurará luaopen_ concatenada com o nome do módulo. Assim, se nosso módulo se chamar mylib, essa função deverá se chamar luaopen_mylib.

Se o seu interpretador não dá suporte à ligação dinâmica, você precisa recompilar Lua com a sua nova biblioteca. Além dessa recompilação, você precisa de alguma forma de informar ao interpretador de linha de comando que ele deve abrir essa biblioteca quando abrir um novo estado. Uma forma simples de fazer isso é acrescentar luaopen_mylib à lista de bibliotecas-padrão a serem abertas por luaL_openlibs, no arquivo linit.c.

Exercícios

27.1 Escreva em C uma função `summation` que calcule a soma de seu número variável de argumentos numéricos:
```
print(summation())                  -->  0
print(summation(2.3, 5.4))          -->  7.7
print(summation(2.3, 5.4, -34))     --> -26.3
print(summation(2.3, 5.4, {}))
   --> stdin:1: bad argument #3 to 'summation'
           (number expected, got table)
```

27.2 Implemente uma função equivalente a `table.pack`, da biblioteca-padrão.

27.3 Escreva uma função que receba um número qualquer de parâmetros e os retorne em ordem inversa.
```
print(reverse(1, "hello", 20))   --> 20    hello    1
```

27.4 Escreva uma função `foreach` que receba uma tabela e uma função e chame esta função para cada par chave–valor na tabela.
```
foreach({x = 10, y = 20}, print)
   --> x    10
   --> y    20
```
(Dica: verifique a função `lua_next` no manual de Lua.)

27.5 Reescreva a função `foreach` do exercício anterior para que a função sendo chamada possa suspender sua execução.

27.6 Crie um módulo C com todas as funções dos exercícios anteriores.

28

Técnicas para Escrever Funções C

Tanto a API oficial quanto a biblioteca auxiliar proveem diversos mecanismos para ajudar a escrever funções C. Neste capítulo, cobriremos os mecanismos para a manipulação de *arrays*, para a manipulação de cadeias e para o armazenamento de valores Lua em C.

28.1 Manipulação de *Arrays*

"*Array*", em Lua, é apenas o nome para uma tabela usada de uma maneira específica. Podemos manipular *arrays* usando as mesmas funções usadas para manipular tabelas, isto é, `lua_settable` e `lua_gettable`, mas a API prove funções especiais para isso. Uma razão para essas funções extras é o desempenho: frequentemente, temos uma operação de acesso a um *array* dentro de um laço interno de um algoritmo (*e.g.*, ordenação), e, assim, qualquer ganho de desempenho nessa operação pode ter um grande impacto no desempenho geral do algoritmo. Uma outra razão é a conveniência: assim como com as chaves do tipo *string*, as chaves inteiras são suficientemente comuns para merecer um tratamento especial.

A API prove duas funções para a manipulação de *arrays*:

```
void lua_rawgeti (lua_State *L, int index, int key);
void lua_rawseti (lua_State *L, int index, int key);
```

A descrição de `lua_rawgeti` e `lua_rawseti` é um pouco confusa, porque envolve dois índices: index, que se refere à posição da tabela na pilha; e key, que se refere à posição do elemento na tabela. A chamada `lua_rawgeti(L, t, key)` é equivalente à seguinte sequência quando t é positivo (caso contrário, você deve compensar o novo item na pilha):

```
lua_pushnumber(L, key);
lua_rawget(L, t);
```

A chamada `lua_rawseti(L, t, key)` (novamente, para t positivo) é equivalente a esta sequência:

```
lua_pushnumber(L, key);
lua_insert(L, -2);   /* coloca 'key' abaixo do valor anterior */
lua_rawset(L, t);
```

Note que ambas as funções usam operações brutas (*raw*). Elas são mais rápidas, e, de qualquer forma, tabelas usadas como *arrays* raramente usam metamétodos.

Como um exemplo concreto do uso dessas funções, a Listagem 28.1 implementa a função map: ela aplica uma dada função a todos os elementos de um *array*, substituindo cada um pelo resultado da chamada. Esse exemplo introduz também três novas funções: `luaL_checktype`, `luaL_len` e `lua_call`.

A função `luaL_checktype` (de `lauxlib.h`) garante que um dado argumento tenha um tipo especificado; caso contrário, ela lança um erro.

Listagem 28.1
A função map em C

```
int l_map (lua_State *L) {
  int i, n;

  /* 1o argumento deve ser uma tabela (t) */
  luaL_checktype(L, 1, LUA_TTABLE);

  /* 2o argumento deve ser uma função (f) */
  luaL_checktype(L, 2, LUA_TFUNCTION);

  n = luaL_len(L, 1);   /* obtém o tamanho da tabela */

  for (i = 1; i <= n; i++) {
    lua_pushvalue(L, 2);     /* empilha f */
    lua_rawgeti(L, 1, i);    /* empilha t[i] */
    lua_call(L, 1, 1);       /* chama f(t[i]) */
    lua_rawseti(L, 1, i);    /* t[i] = resultado */
  }

  return 0;   /* não há resultado */
}
```

A primitiva `lua_len` (não usada no exemplo) é equivalente ao operador '#'. Devido aos metamétodos, esse operador pode resultar em qualquer tipo de objeto, não apenas em números; assim, `lua_len` retorna seu resultado na pilha. A função `luaL_len` (da biblioteca auxiliar, usada no nosso exemplo) lança um erro se o comprimento não for um número; caso contrário, ela retorna o comprimento como um inteiro C.

A função `lua_call` faz uma chamada não protegida. Ela é semelhante a `lua_pcall`, mas propaga erros em vez de retornar um código de erro. Quando você estiver escrevendo o código principal de uma aplicação, não deve usar `lua_call`, porque você quer capturar quaisquer erros. No entanto, quando estiver escrevendo funções, geralmente, é uma boa ideia usar `lua_call`; se um erro ocorrer, apenas o deixe para alguém que se preocupe com ele.

28.2 Manipulação de Cadeias

Quando uma função C recebe de Lua uma cadeia como argumento, há apenas duas regras que ela deve observar: não desempilhar a cadeia enquanto ela estiver sendo acessada e nunca a modificar.

As coisas ficam um pouco mais complicadas quando uma função C precisa criar uma cadeia para retornar para Lua. Agora, cabe ao código C cuidar da alocação/liberação de *buffers*, do esgotamento da capacidade deles (*overflows*) e coisas do gênero. No entanto, a API de Lua provê algumas funções para ajudar nessas tarefas.

A API-padrão dá suporte a duas das funções mais básicas sobre cadeias: a extração de subcadeias e a concatenação de cadeias. Para extrair uma subcadeia, lembre-se de que a operação básica `lua_pushlstring` recebe o comprimento da cadeia como um argumento extra. Assim, se você quiser passar para Lua uma subcadeia de uma cadeia s, da posição i a j (inclusive), tudo o que precisa fazer é isto:

```
lua_pushlstring(L, s + i, j - i + 1);
```

Como um exemplo, suponha que você queira uma função `split` que divida uma cadeia baseada em um dado separador (um único caractere) e retorne uma tabela com as subcadeias. Por exemplo, a chamada `split("hi:ho:there",":")` deve retornar a tabela `{"hi","ho","there"}`. A Listagem 28.2 apresenta uma implementação simples para essa função. Ela não precisa de *buffers* extras e não tem nenhuma restrição quanto ao tamanho das cadeias de que pode tratar. Lua cuida de todos os requisitos de bufferização.

Para concatenar cadeias, Lua provê uma função específica em sua API, chamada `lua_concat`. Ela é equivalente ao operador de concatenação .. em Lua: ela converte números em cadeias e dispara metamétodos quando necessário. Além disso, ela pode concatenar mais do que duas cadeias de uma só vez. A chamada `lua_concat(L, n)` concatenará (e desempilhará) os n valores que estão no topo da pilha, empilhando o resultado lá.

Listagem 28.2
Dividindo uma cadeia

```
static int l_split (lua_State *L) {
  const char *s = luaL_checkstring(L, 1);    /* cadeia-alvo */
  const char *sep = luaL_checkstring(L, 2);  /* separador */
  const char *e;
  int i = 1;

  lua_newtable(L);  /* tabela resultado */

  /* repete para cada separador */
  while ((e = strchr(s, *sep)) != NULL) {
    lua_pushlstring(L, s, e-s);  /* empilha subcadeia*/
    lua_rawseti(L, -2, i++);     /* insere na tabela */
    s = e + 1;   /* pula separador */
  }

  /* insere a última subcadeia */
  lua_pushstring(L, s);
  lua_rawseti(L, -2, i);

  return 1;  /* retorna a tabela */
}
```

Outra função útil é `lua_pushfstring`:

```
const char *lua_pushfstring (lua_State *L, const char *fmt, ...);
```

Ela é um tanto semelhante à função C `sprintf`, porque cria uma cadeia de acordo com uma cadeia de formatação e alguns argumentos extras. No entanto, diferentemente de `sprintf`, você não precisa prover um *buffer*. Lua cria dinamicamente a cadeia para você, tão grande quanto for necessário. A função empilha a cadeia resultante e retorna um ponteiro para ela. Você não precisa se preocupar com esgotamento de *buffers*. Atualmente, essa função aceita apenas as seguintes diretivas:[1]

%s	insere uma cadeia terminada por zero
%d	insere um inteiro
%f	insere um número Lua, isto é, um double
%p	insere um ponteiro
%c	insere um inteiro como um caractere
%%	insere o caractere '%'

---

[1]. A diretiva %p, para ponteiros, é nova em Lua 5.2.

Ela não aceita modificadores, como tamanho ou precisão.

Tanto lua_concat quanto lua_pushfstring são úteis quando queremos concatenar apenas umas poucas cadeias. No entanto, se precisarmos fazer isso com muitas delas (ou com caracteres), uma abordagem um a um pode ser bastante ineficiente, conforme vimos na Seção 11.6. Em vez disso, podemos usar os *buffers* providos como uma comodidade da biblioteca auxiliar.

Em seu uso mais simples, essa comodidade trabalha com duas funções: uma lhe dá um *buffer* de qualquer tamanho, em que você pode escrever a sua cadeia; a outra converte o conteúdo do *buffer* em uma cadeia Lua.[2] A Listagem 28.3 ilustra essas funções por meio da implementação da função string.upper diretamente do arquivo-fonte lstrlib.c. O primeiro passo para usar um *buffer* da biblioteca auxiliar é declarar uma variável do tipo luaL_Buffer. O passo seguinte é chamar luaL_buffinitsize a fim de obter um ponteiro para um *buffer* com o tamanho especificado; você pode, então, usar livremente esse *buffer* para criar a sua cadeia. O último passo é chamar luaL_pushresultsize para converter o conteúdo do *buffer* em uma nova cadeia Lua no topo da pilha. O tamanho, nessa segunda chamada, é o tamanho final da cadeia. (Frequentemente, como no nosso exemplo, esse tamanho é igual ao do *buffer*, mas ele pode ser menor. Se você não souber o tamanho exato da cadeia resultante, mas tiver um limite superior, você pode, conservadoramente, alocar um tamanho maior.)

Listagem 28.3
A função string.upper

```
static int str_upper (lua_State *L) {
  size_t l;
  size_t i;
  luaL_Buffer b;
  const char *s = luaL_checklstring(L, 1, &l);
  char *p = luaL_buffinitsize(L, &b, l);
  for (i = 0; i < l; i++)
    p[i] = toupper(uchar(s[i]));
  luaL_pushresultsize(&b, l);
  return 1;
}
```

Note que a função luaL_pushresultsize não recebe um estado Lua como seu primeiro argumento. Depois da inicialização, o *buffer* mantém uma referência para o estado, e, assim, não precisamos passá-lo ao chamar outras funções que manipulem *buffers*.

---

2. Essas duas funções são novas em Lua 5.2.

Nós podemos também usar esses *buffers* da biblioteca auxiliar sem conhecer um limite superior para o tamanho do resultado final. A Listagem 28.4 mostra uma implementação simplificada para a função `table.concat`. Nessa função, primeiramente, chamamos `luaL_buffinit` para inicializar o *buffer*. Depois, acrescentamos elementos ao *buffer*, um a um, usando, nesse exemplo, `luaL_addvalue`. Finalmente, `luaL_pushresult` descarrega o *buffer* e deixa a cadeia final no topo da pilha.

Listagem 28.4
Uma implementação simplificada para `table.concat`

```
static int tconcat (lua_State *L) {
  luaL_Buffer b;
  int i, n;
  luaL_checktype(L, 1, LUA_TTABLE);
  n = luaL_len(L, 1);
  luaL_buffinit(L, &b);
  for (i = 1; i <= n; i++) {
    lua_rawgeti(L, 1, i);   /* obtém a cadeia da tabela */
    luaL_addvalue(b);       /* acrescenta a cadeia ao buffer */
  }
  luaL_pushresult(&b);
  return 1;
}
```

A biblioteca auxiliar oferece diversas funções para acrescentar coisas a um *buffer*: a função `luaL_addvalue` acrescenta uma cadeia Lua que esteja no topo da pilha; a `luaL_addlstring` acrescenta cadeias com um comprimento explícito; a `luaL_addstring` acrescenta cadeias terminadas por zero; e a função `luaL_addchar` acrescenta caracteres individuais. Essas funções têm os seguintes protótipos:

```
void luaL_buffinit    (lua_State *L, luaL_Buffer *B);
void luaL_addvalue    (luaL_Buffer *B);
void luaL_addlstring  (luaL_Buffer *B, const char *s, size_t l);
void luaL_addstring   (luaL_Buffer *B, const char *s);
void luaL_addchar     (luaL_Buffer *B, char c);
void luaL_pushresult  (luaL_Buffer *B);
```

Quando você usa um *buffer* da biblioteca auxiliar, você deve se preocupar com um detalhe: depois de inicializado, um *buffer* mantém alguns resultados intermediários na pilha de Lua. Sendo assim, você não pode assumir que o topo da pilha permanecerá onde estava antes de você começar a usar o *buffer*. Além disso, apesar de você poder usar a pilha para outras tarefas enquanto usa um *buffer*, o contador de empilhamentos/desempilhamentos para esses usos deve estar balanceado sempre que você acessar o *buffer*. A exceção a essa regra é a função `luaL_addvalue`, que assume que a cadeia a ser acrescentada ao *buffer* está no topo da pilha.

28.3 Armazenando Estado em Funções C

Frequentemente, funções C precisam manter alguns dados não locais, isto é, dados que sobrevivam à sua invocação. Em C, nós tipicamente usamos variáveis globais (extern) ou estáticas (static) para isso. No entanto, quando você programa funções de biblioteca para Lua, essas variáveis não são uma boa abordagem. Em primeiro lugar, você não pode armazenar um valor Lua genérico em uma variável C. Em segundo, uma biblioteca que use essas variáveis não funcionará com múltiplos estados Lua.

Uma função Lua tem dois lugares básicos para armazenar dados não locais: variáveis globais e variáveis não locais. A API C também os tem: o registro (*registry*) e *upvalues*.

O *registry* é uma tabela global que só pode ser acessada por código C.[3] Tipicamente, você usa o registro para armazenar dados a serem compartilhados entre diversos módulos. Se você precisar armazenar dados privados de um módulo ou de uma função, você deve usar *upvalues*.

28.3.1 O registro

O registro está sempre localizado em um *pseudoíndice*, cujo valor é definido por LUA_REGISTRYINDEX. Um pseudoíndice é como um índice na pilha, porém seu valor associado não está nela. A maioria das funções da API Lua que aceitam índices como argumentos também aceita pseudoíndices — as exceções são as que manipulam a própria pilha, como lua_remove e lua_insert. Por exemplo, para obter um valor armazenado no registro com a chave "Key", você pode usar a seguinte chamada:

```
lua_getfield(L, LUA_REGISTRYINDEX, "Key");
```

O registro é uma tabela Lua normal; assim, você pode indexá-lo com qualquer valor Lua diferente de nil. No entanto, como todos os módulos C compartilham o mesmo registro, você deve escolher com cuidado quais valores usar como chaves para evitar colisões. As chaves do tipo *string* são particularmente úteis quando você quer permitir que outras bibliotecas independentes acessem os seus dados, porque tudo o que elas precisam conhecer é o nome da chave. Para essas chaves, não há um método à prova de erros para escolher nomes, mas há algumas boas práticas, como evitar nomes comuns e prefixar os seus nomes com o da biblioteca ou algo do gênero (prefixos como lua ou lualib não são boas escolhas).

---

[3]. Na verdade, podemos acessá-la a partir de Lua usando a função de depuração debug.getregistry.

Você nunca deve usar números como chaves do registro, porque eles são reservados para o *sistema de referências*. Este consiste em algumas funções da biblioteca auxiliar que permitem que você armazene valores em uma tabela sem se preocupar com a criação de nomes únicos. A função `luaL_ref` cria novas referências:

```
int r = luaL_ref(L, LUA_REGISTRYINDEX);
```

A chamada anterior desempilha um valor, armazena-o no registro com uma nova chave inteira e retorna esta última. Nós a chamamos de *referência*.

Como o seu nome sugere, usamos referências principalmente quando precisamos armazenar uma referência para um valor Lua dentro de uma estrutura C. Como já vimos antes, nunca devemos armazenar ponteiros para cadeias Lua fora da função C que as recuperou. Além disso, Lua nem mesmo oferece ponteiros para outros objetos, como tabelas ou funções; assim, não podemos referenciar objetos Lua por meio deles. Em vez disso, quando precisamos desses ponteiros, nós criamos uma referência e a armazenamos em C.

Para empilhar o valor associado a uma referência r, simplesmente escrevemos algo como isto:

```
lua_rawgeti(L, LUA_REGISTRYINDEX, r);
```

Finalmente, para liberar tanto o valor quanto a referência, nós chamamos `luaL_unref`:

```
luaL_unref(L, LUA_REGISTRYINDEX, r);
```

Depois dessa chamada, uma nova chamada a `luaL_ref` pode retornar outra vez essa mesma referência.

O sistema de referências trata nil como um caso especial. Sempre que chamamos `luaL_ref` para um valor nil, ela não cria uma nova referência, mas retorna, em vez disso, a referência constante `LUA_REFNIL`. A próxima chamada não tem nenhum efeito:

```
luaL_unref(L, LUA_REGISTRYINDEX, LUA_REFNIL);
```

A chamada seguinte empilha um nil, como esperado:

```
lua_rawgeti(L, LUA_REGISTRYINDEX, LUA_REFNIL);
```

O sistema de referências define também a constante `LUA_NOREF`, que é um inteiro diferente de qualquer referência válida. Ela é útil para marcar referências como inválidas.

Outro método à prova de erros para criar chaves para o registro é usar como chave o endereço de uma variável estática do seu código: o ligador (*link editor*) C garante que essa chave seja única entre todas as bibliotecas. Para usar essa opção, você precisa da função `lua_pushlightuserdata`, que empilha na pilha de Lua um valor representando um ponteiro C. O código a seguir mostra como armazenar e recuperar uma cadeia do registro usando esse método:

```
/* variável com um endereço único */
static char Key = 'k';

/* armazena uma cadeia */
lua_pushlightuserdata(L, (void *)&Key);  /* empilha endereço */
lua_pushstring(L, myStr);   /* empilha valor */
lua_settable(L, LUA_REGISTRYINDEX);   /* registry[&Key] = myStr */

/* recupera uma cadeia */
lua_pushlightuserdata(L, (void *)&Key);  /* empilha endereço */
lua_gettable(L, LUA_REGISTRYINDEX);   /* recupera valor */
myStr = lua_tostring(L, -1);  /* converte para uma cadeia */
```

Discutiremos *userdata* leves (*light userdata*) com mais detalhes na Seção 29.5.

Para simplificar o uso de endereços de variáveis como chaves únicas, Lua 5.2 introduziu duas novas funções: lua_rawgetp e lua_rawsetp. Elas são semelhantes a lua_rawgeti–lua_rawseti, mas, em vez de inteiros, elas usam ponteiros C (traduzidos para *userdata* leves) como chaves. Com elas, nós podemos escrever o código anterior como aqui:

```
static char Key = 'k';

/* armazena uma cadeia */
lua_pushstring(L, myStr);
lua_rawsetp(L, LUA_REGISTRYINDEX, (void *)&Key);

/* recupera uma cadeia */
lua_rawgetp(L, LUA_REGISTRYINDEX, (void *)&Key);
myStr = lua_tostring(L, -1);
```

Ambas as funções usam acessos brutos. Como o registro geralmente não tem uma metatabela, um acesso bruto tem o mesmo comportamento de um normal, mas é ligeiramente mais eficiente.

28.3.2 *Upvalues*

Enquanto o registro oferece variáveis globais, o mecanismo de *upvalues* implementa o equivalente a variáveis estáticas C, que são visíveis apenas dentro de uma função específica. Toda vez que criar uma nova função C em Lua, você pode associá-la a um número qualquer de *upvalues*; cada um deles pode armazenar um único valor Lua. Mais tarde, quando a função for chamada, ela terá acesso livre a qualquer um de seus *upvalues*, usando pseudoíndices.

Nós chamamos essa associação de uma função C com seus *upvalues* de *fecho* (*closure*). Um fecho C é uma aproximação C de um fecho Lua. Em particular, você pode criar diferentes fechos usando o mesmo código de função, mas com *upvalues* diferentes.

Para ver um exemplo, vamos criar uma função `newCounter` em C.[4] Essa função é uma fábrica: ela retornará uma nova função contador a cada vez em que for chamada. Apesar de todos os contadores compartilharem o mesmo código C, cada um deles mantém o seu contador independente. A função fábrica é como esta:

```
static int counter (lua_State *L);   /* declaração antecipada */
int newCounter (lua_State *L) {
  lua_pushinteger(L, 0);
  lua_pushcclosure(L, &counter, 1);
  return 1;
}
```

A função chave aqui é `lua_pushcclosure`, que cria um novo fecho. Seu segundo argumento é a função base (`counter`, no exemplo), e o terceiro é o número de *upvalues* (1, no exemplo). Antes de criar um novo fecho, devemos empilhar os valores iniciais dos seus *upvalues*. No nosso exemplo, empilhamos o número 0 como o valor inicial do único *upvalue*. Como esperado, `lua_pushcclosure` deixa o novo fecho na pilha, e, assim, ele está pronto para ser retornado como o resultado de `newCounter`.

Vejamos agora a definição de `counter`:

```
static int counter (lua_State *L) {
  int val = lua_tointeger(L, lua_upvalueindex(1));
  lua_pushinteger(L, ++val);  /* novo valor */
  lua_pushvalue(L, -1);  /* duplica o valor */
  lua_replace(L, lua_upvalueindex(1));  /* atualiza o upvalue */
  return 1;  /* retorna o novo valor */
}
```

Aqui, o elemento-chave é a macro `lua_upvalueindex`, que produz o pseudoíndice de um *upvalue*. Em particular, a expressão `lua_upvalueindex(1)` resulta no pseudoíndice do primeiro *upvalue* da função em execução. Novamente, esse pseudoíndice é como qualquer índice da pilha, porém não reside nela. Assim, a chamada a `lua_tointeger` recupera o valor corrente do primeiro (e único) *upvalue* como um número. Em seguida, a função `counter` empilha o novo valor ++val, faz uma cópia dele e a utiliza para substituir o valor do *upvalue*. Finalmente, ela retorna o novo valor do contador, que está no topo da pilha.

Como um exemplo mais avançado, implementaremos tuplas usando *upvalues*. Uma *tupla* é uma espécie de registro constante com campos anônimos; você pode recuperar um campo específico com um índice numérico ou recuperar todos os campos de uma só vez. Na nossa implementação, nós representamos tuplas como funções que armazenam os seus valores nos seus *upvalues*. Quando chamada com um

---

4. Nós definimos essa mesma função em Lua na Seção 6.1.

argumento numérico, a função retorna aquele campo específico. Quando chamada sem argumentos, ela retorna todos os seus campos. O código a seguir ilustra o uso de tuplas:

```
x = tuple.new(10, "hi", {}, 3)
print(x(1))     --> 10
print(x(2))     --> hi
print(x())      --> 10  hi  table: 0x8087878  3
```

Em C, nós representamos todas as tuplas com a mesma função t_tuple, apresentada na Listagem 28.5. Como nós podemos chamar uma tupla com ou sem um argumento numérico, t_tuple usa luaL_optint para obter o seu argumento opcional. A função luaL_optint é semelhante a luaL_checkint, porém ela não reclama se o argumento estiver ausente; em vez disso, ela retorna um valor-padrão fornecido (0, no exemplo).

Quando indexamos um *upvalue* inexistente, o resultado é um pseudovalor cujo tipo é LUA_TNONE (quando acessamos um índice da pilha acima do topo corrente, também obtemos um pseudovalor com esse tipo). Assim, a nossa função t_tuple usa lua_isnone para testar se ela tem um dado *upvalue*. No entanto, nós nunca devemos chamar lua_upvalueindex com um índice negativo, portanto, devemos verificar essa condição quando o usuário fornecer o índice. A função luaL_argcheck verifica qualquer condição dada, lançando um erro se necessário.

A função para criar tuplas, t_new (também na Listagem 28.5), é trivial: como os seus argumentos já estão na pilha, ela precisa apenas chamar lua_pushcclosure para criar um fecho de t_tuple com todos os seus argumentos como *upvalues*. Finalmente, o *array* tuplelib e a função luaopen_tuple (também na Listagem 28.5) são o código-padrão para criar uma biblioteca tuple com essa única função new.

28.3.3 *Upvalues* compartilhados

Frequentemente, nós precisamos compartilhar alguns valores ou variáveis entre todas as funções de uma biblioteca. Apesar de podermos usar o registro para essa tarefa, podemos também usar *upvalues*.

Diferentemente dos fechos Lua, os fechos C não podem compartilhar *upvalues*. No entanto, nós podemos fazer com que os *upvalues* de funções diferentes referenciem uma tabela comum, e, assim, esta se torna um ambiente comum em que todas essas funções podem compartilhar dados.

Lua 5.2 oferece uma função que facilita a tarefa de compartilhar um *upvalue* entre todas as funções de uma biblioteca. Até agora, abrimos bibliotecas C com luaL_newlib. Lua implementa essa função como a seguinte macro:

```
#define luaL_newlib(L,l)  \
    (luaL_newlibtable(L,l), luaL_setfuncs(L,l,0))
```

Listagem 28.5
Uma implementação de tuplas

```
int t_tuple (lua_State *L) {
  int op = luaL_optint(L, 1, 0);
  if (op == 0) {  /* nenhum argumento? */
    int i;
    /* empilha cada upvalue válido */
    for (i = 1; !lua_isnone(L, lua_upvalueindex(i)); i++)
      lua_pushvalue(L, lua_upvalueindex(i));
    return i - 1;  /* número de valores na pilha */
  }
  else {  /* obtém campo 'op' */
    luaL_argcheck(L, 0 < op, 1, "index out of range");
    if (lua_isnone(L, lua_upvalueindex(op)))
      return 0;  /* não existe este campo */
    lua_pushvalue(L, lua_upvalueindex(op));
    return 1;
  }
}
int t_new (lua_State *L) {
  lua_pushcclosure(L, t_tuple, lua_gettop(L));
  return 1;
}
static const struct luaL_Reg tuplelib [] = {
  {"new", t_new},
  {NULL, NULL}
};
int luaopen_tuple (lua_State *L) {
  luaL_newlib(L, tuplelib);
  return 1;
}
```

A macro `luaL_newlibtable` apenas cria uma nova tabela para a biblioteca (poderíamos usar `lua_newtable` também, mas essa macro usa `lua_createtable` para criar uma tabela com um tamanho pré-alocado ótimo para o número de funções da biblioteca dada). A função `luaL_setfuncs` acrescenta as funções da lista l a essa nova tabela, que está no topo da pilha.

O terceiro parâmetro para `luaL_setfuncs` é o que nos interessa aqui. Ele informa quantos *upvalues* as novas funções da biblioteca terão. O valor inicial para esses *upvalues* deve estar na pilha, como ocorre com `lua_pushcclosure`. Dessa forma, para criar uma biblioteca em que todas as funções compartilhem uma tabela comum como seu único *upvalue*, podemos usar o seguinte código:

```
        /* cria a tabela da biblioteca ('lib' é a sua lista de funções) */
        luaL_newlibtable(L, lib);
        /* cria o upvalue compartilhado */
        lua_newtable(L);
        /* acrescenta as funções da lista 'lib' à nova biblioteca,
           compartilhando a tabela anterior como upvalue */
        luaL_setfuncs(L, lib, 1);
```

A última chamada também remove a tabela compartilhada da pilha, deixando lá apenas a nova biblioteca.

Exercícios

28.1 Implemente uma função de filtro em C. Ela deve receber uma lista e um predicado e retornar uma nova lista com todos os elementos da lista dada que satisfaçam ao predicado:
```
        t = filter({1, 3, 20, -4, 5}, function (x) return x < 5 end)
        -- t = {1, 3, -4}
```
(Um predicado é apenas uma função que testa alguma condição, retornando um booleano.)

28.2 Modifique a função `l_split` (da Listagem 28.2) para que ela possa trabalhar com cadeias contendo zeros. (Entre outras mudanças, ela deverá usar `memchr` em vez de `strchr`.)

28.3 Reimplemente a função `transliterate` (Exercício 21.3) em C.

28.4 Implemente uma biblioteca com uma modificação de `transliterate` para que a tabela de transliteração não seja dada como um argumento e, sim, mantida pela biblioteca. Ela deve oferecer as seguintes funções:
```
        lib.settrans (table)      -- estabelece a tabela de transliteração
        lib.gettrans ()           -- obtém a tabela de transliteração
        lib.transliterate(s)      -- translitera 's' de acordo com a
                                     tabela corrente
```
Use o registro para guardar a tabela de transliteração.

28.5 Repita o exercício anterior usando um *upvalue* para guardar a tabela de transliteraçao.

28.6 Você acha que é um bom projeto guardar a tabela de transliteração como parte do estado da biblioteca em vez de ser um parâmetro para `transliterate`?

29
Tipos Definidos pelo Usuário em C

No capítulo anterior, vimos como estender Lua com novas funções escritas em C. Veremos agora como fazer isso com novos tipos escritos em C. Começaremos com um pequeno exemplo; ao longo do capítulo, nós o estenderemos com metamétodos e outros apetrechos.

Nosso exemplo de trabalho é um tipo bastante simples: *arrays* de booleanos. A principal motivação para ele é que não envolve algoritmos complexos, e, assim, podemos nos concentrar nas questões da API. No entanto, o exemplo é útil por si só. É claro que podemos usar tabelas para implementar *arrays* de booleanos em Lua; mas uma implementação C, em que podemos armazenar cada entrada em um único *bit*, usa menos do que 3% da memória usada por uma tabela.

Nossa implementação precisará das seguintes definições:

```
#include <limits.h>

#define BITS_PER_WORD   (CHAR_BIT*sizeof(unsigned int))
#define I_WORD(i)       ((unsigned int)(i) / BITS_PER_WORD)
#define I_BIT(i)        (1 << ((unsigned int)(i) % BITS_PER_WORD))
```

BITS_PER_WORD é o número de *bits* de um inteiro sem sinal. A macro I_WORD calcula a palavra que armazena o *bit* correspondente a um dado índice, e I_BIT calcula a máscara para acessar o *bit* correto dentro dessa palavra.

Nós representaremos nossos *arrays* com a seguinte estrutura:

```
typedef struct NumArray {
  int size;
  unsigned int values[1];  /* parte variável */
} NumArray;
```

Declaramos o *array* values com tamanho 1 apenas como um marcador de lugar, pois C 89 não permite um *array* com tamanho 0; fixaremos o tamanho real quando o alocarmos. A próxima expressão calcula o tamanho total para um *array* com n elementos:

```
sizeof(NumArray) + I_WORD(n - 1)*sizeof(unsigned int)
```

(Nós subtraimos um de n porque a estrutura original já inclui espaço para um elemento.)

29.1 Userdata

Nossa primeira preocupação é como representar a estrutura NumArray em Lua. Lua provê um tipo básico especificamente para isso: *userdata*. Um *userdatum*[1] oferece uma área bruta de memória, sem nenhuma operação predefinida em Lua, que podemos usar para armazenar qualquer coisa.

A função lua_newuserdata aloca um bloco de memória com o tamanho especificado, empilha o *userdatum* correspondente e retorna o endereço do bloco:

```
void *lua_newuserdata (lua_State *L, size_t size);
```

Se, por alguma razão, você precisar alocar memória de outra forma, é muito fácil criar um *userdatum* com o tamanho de um ponteiro e armazenar aí um ponteiro para o verdadeiro bloco de memória. Nós veremos exemplos dessa técnica no Capítulo 30.

Usando lua_newuserdata, a função que cria novos *arrays* de booleanos é como a seguinte:

```
static int newarray (lua_State *L) {
  int i;
  size_t nbytes;
  NumArray *a;

  int n = luaL_checkint(L, 1);
  luaL_argcheck(L, n >= 1, 1, "invalid size");
  nbytes = sizeof(NumArray) + I_WORD(n - 1)*sizeof(unsigned int);
  a = (NumArray *)lua_newuserdata(L, nbytes);
```

---

1. Singular para o plural *userdata*. (N.T.)

```
        a->size = n;
        for (i = 0; i <= I_WORD(n - 1); i++)
          a->values[i] = 0;  /* inicializa o array */

        return 1;  /* o novo userdatum já está na pilha */
      }
```

(A macro luaL_checkint é apenas uma conversão de tipo — *type cast* — sobre luaL_checkinteger.) Com newarray registrado em Lua, você poderá criar novos *arrays* com um comando como a = array.new(1000).

Usaremos uma chamada como array.set(a, index, value) para armazenar uma entrada, . Mais adiante, veremos como usar metatabelas para dar suporte à sintaxe mais convencional a[index] = value. Para ambas as notações, a função subjacente é a mesma. Ela assume que os índices começam em 1, como é usual em Lua:

```
      static int setarray (lua_State *L) {
        NumArray *a = (NumArray *)lua_touserdata(L, 1);
        int index = luaL_checkint(L, 2) - 1;

        luaL_argcheck(L, a != NULL, 1, "'array' expected");
        luaL_argcheck(L, 0 <= index && index < a->size, 2,
                      "index out of range");
        luaL_checkany(L, 3);

        if (lua_toboolean(L, 3))
          a->values[I_WORD(index)] |= I_BIT(index);  /* liga bit */
        else
          a->values[I_WORD(index)] &= ~I_BIT(index); /* apaga bit */
        return 0;
      }
```

Como Lua aceita qualquer valor para um booleano, nós usamos luaL_checkany para o terceiro parâmetro; ela garante apenas que exista um valor (qualquer valor) para ele. Se chamarmos setarray com argumentos errados, receberemos mensagens de erro explicativas:

```
      array.set(0, 11, 0)
        --> stdin:1: bad argument #1 to 'set' ('array' expected)
      array.set(a, 1)
        --> stdin:1: bad argument #3 to 'set' (value expected)
```

A próxima função recupera uma entrada:

```
      static int getarray (lua_State *L) {
        NumArray *a = (NumArray *)lua_touserdata(L, 1);
        int index = luaL_checkint(L, 2) - 1;

        luaL_argcheck(L, a != NULL, 1, "'array' expected");
```

```
    luaL_argcheck(L, 0 <= index && index < a->size, 2,
                  "index out of range");
    lua_pushboolean(L, a->values[I_WORD(index)] & I_BIT(index));
    return 1;
}
```

Definimos uma outra função para recuperar o tamanho de um *array*:

```
static int getsize (lua_State *L) {
  NumArray *a = (NumArray *)lua_touserdata(L, 1);
  luaL_argcheck(L, a != NULL, 1, "'array' expected");
  lua_pushinteger(L, a->size);
  return 1;
}
```

Finalmente, precisamos de algum código extra para inicializar a nossa biblioteca:

```
static const struct luaL_Reg arraylib [] = {
  {"new", newarray},
  {"set", setarray},
  {"get", getarray},
  {"size", getsize},
  {NULL, NULL}
};

int luaopen_array (lua_State *L) {
  luaL_newlib(L, arraylib);
  return 1;
}
```

Novamente, usamos luaL_newlib, da biblioteca auxiliar. Ela cria uma tabela e a preenche com os pares nome–função especificados pelo *array* arraylib.

Depois de abrir a biblioteca, estaremos prontos para usar o nosso novo tipo em Lua:

```
a = array.new(1000)
print(a)                --> userdata: 0x8064d48
print(array.size(a))    --> 1000
for i = 1, 1000 do
   array.set(a, i, i%5 == 0)
end
print(array.get(a, 10)) --> true
```

29.2 Metatabelas

Nossa implementação corrente tem uma falha grave de segurança. Suponha que o usuário escreva algo como array.set(io.stdin,1,false). O valor em io.stdin é um *userdatum* com um ponteiro para um fluxo (FILE*). Como ele é um *userdatum*, array.set o aceitará sem problemas como um argumento válido; o resultado provável será uma corrupção de memória (com sorte, você poderá obter, em vez disso, um erro de indexação). Esse comportamento não é aceitável para nenhuma biblioteca Lua. Não importa como você use uma biblioteca, ela não deve corromper dados C nem produzir um *dump* de memória (*core dump*) a partir de Lua.

O método usual para distinguir um tipo de *userdata* de outro é criar uma metatabela única para ele. Sempre que criamos um *userdata*, nós o marcamos com a metatabela correspondente; sempre que obtemos um *userdata*, nós verificamos se ele tem a metatabela correta. Como o código Lua não pode alterar a metatabela de um *userdatum*, também não pode enganar o nosso código.

Nós precisamos, além disso, de um lugar para armazenar essa nova metatabela, a fim de podermos acessá-la ao criar novos *userdata* e verificar se um *userdatum* tem o tipo correto. Conforme explicado anteriormente, há duas opções para armazenar a metatabela: no registro ou como um *upvalue* para as funções da biblioteca. É costume, em Lua, colocar qualquer novo tipo C no registro, usando um *nome de tipo* como índice e a metatabela como valor. Assim como qualquer outro índice do registro, devemos escolher um nome de tipo com cuidado para evitar colisões. Nosso exemplo usará o nome "LuaBook.array" para o seu novo tipo.

Como é usual, a biblioteca auxiliar oferece algumas funções para nos ajudar aqui. As novas funções auxiliares que usaremos são estas:

```
int   luaL_newmetatable (lua_State *L, const char *tname);
void  luaL_getmetatable (lua_State *L, const char *tname);
void *luaL_checkudata   (lua_State *L, int index,
                         const char *tname);
```

A função luaL_newmetatable cria uma nova tabela (para ser usada como metatabela), deixa-a no topo da pilha e a associa, no registro, ao nome fornecido. A função luaL_getmetatable recupera do registro a metatabela associada a tname. Finalmente, luaL_checkudata verifica se o objeto na posição de pilha fornecida é *userdata* com uma metatabela que corresponda ao nome dado. Ela lança um erro se o objeto não tiver a metatabela correta ou se ele não for *userdata*; caso contrário, ela retorna o endereço do *userdata*.

Podemos, agora, começar a nossa implementação. O primeiro passo é alterar a função que abre a biblioteca. A nova versão deve criar a metatabela para *arrays*:

```
int luaopen_array (lua_State *L) {
  luaL_newmetatable(L, "LuaBook.array");
  luaL_newlib(L, arraylib);
  return 1;
}
```

O próximo passo é alterar newarray para que ela atribua essa metatabela a todos os *arrays* que criar:

```
static int newarray (lua_State *L) {
  <como antes>
  luaL_getmetatable(L, "LuaBook.array");
  lua_setmetatable(L, -2);
  return 1;  /* o novo userdatum já está na pilha */
}
```

A função lua_setmetatable desempilha uma tabela e a atribui como metatabela do objeto no índice fornecido. No nosso caso, esse objeto é o novo *userdatum*.

Finalmente, setarray, getarray e getsize devem verificar se obtiveram um *array* válido como seu primeiro argumento. Para simplificar suas tarefas, definimos a seguinte macro:

```
#define checkarray(L) \
       (NumArray *)luaL_checkudata(L, 1, "LuaBook.array")
```

Usando essa macro, a nova definição para getsize será direta:

```
static int getsize (lua_State *L) {
  NumArray *a = checkarray(L);
  lua_pushinteger(L, a->size);
  return 1;
}
```

Como setarray e getarray também compartilham código para verificar o índice fornecido como seu segundo argumento, fatoramos as suas partes comuns na seguinte função:

```
static unsigned int *getindex (lua_State *L,
                               unsigned int *mask) {
  NumArray *a = checkarray(L);
  int index = luaL_checkint(L, 2) - 1;
  luaL_argcheck(L, 0 <= index && index < a->size, 2,
                   "index out of range");

  /* retorna o endereço do elemento */
  *mask = I_BIT(index);
  return &a->values[I_WORD(index)];
}
```

Após a definição de getindex, setarray e getarray serão diretas:

```
static int setarray (lua_State *L) {
  unsigned int mask;
  unsigned int *entry = getindex(L, &mask);
  luaL_checkany(L, 3);
```

```
    if (lua_toboolean(L, 3))
      *entry |= mask;
    else
      *entry &= ~mask;

    return 0;
  }
  static int getarray (lua_State *L) {
    unsigned int mask;
    unsigned int *entry = getindex(L, &mask);
    lua_pushboolean(L, *entry & mask);
    return 1;
  }
```

Agora, se você tentar algo como `array.get(io.stdin, 10)`, receberá uma mensagem de erro adequada:

```
error: bad argument #1 to 'get' ('array' expected)
```

29.3 Acesso Orientado a Objetos

O próximo passo será transformar o nosso novo tipo em um objeto, a fim de que possamos operar sobre as suas instâncias usando a sintaxe orientada a objetos usual, assim:

```
a = array.new(1000)
print(a:size())      --> 1000
a:set(10, true)
print(a:get(10))     --> true
```

Lembre-se de que `a:size()` é equivalente a `a.size(a)`. Dessa forma, precisamos fazer com que a expressão `a.size` retorne a nossa função `getsize`. O mecanismo-chave aqui é o metamétodo `__index`. Para tabelas, Lua o chamará sempre que não conseguir encontrar um valor para uma dada chave. Para *userdata*, Lua o chamará em todos os acessos, pois *userdata* não tem chaves.

Assuma que executemos o seguinte código:

```
local metaarray = getmetatable(array.new(1))
metaarray.__index = metaarray
metaarray.set = array.set
metaarray.get = array.get
metaarray.size = array.size
```

Na primeira linha, nós criamos um *array* apenas para obter a sua metatabela, que atribuímos a metaarray (nós não podemos atribuir uma metatabela a um *userdata* a partir de Lua, mas podemos obtê-la). Em seguida, nós atribuímos metaarray a metaarray.__index. Quando avaliamos a.size, Lua não consegue encontrar a chave "size" no objeto a, pois ele é um *userdatum*. Lua, então, tenta obter esse valor do campo __index da metatabela de a, que é o próprio metaarray. No entanto, metaarray.size é array.size, e, assim, a.size(a) resulta em array.size(a), exatamente como queríamos.

É claro que podemos escrever a mesma coisa em C. Podemos até fazer melhor: agora que *arrays* são objetos com as suas próprias operações, nós não mais precisamos tê-las na tabela array. A única função que a nossa biblioteca ainda precisa exportar é new, para criar novos *arrays*. Todas as outras operações vêm apenas como métodos. O código C pode registrá-las diretamente como tais.

As operações getsize, getarray e setarray são as mesmas da nossa abordagem anterior. O que mudará será a forma como as registramos; isto é, nós precisamos alterar o código que abre a biblioteca. Primeiramente, nós precisamos de duas listas de funções separadas: uma para funções regulares e outra para métodos.

```
static const struct luaL_Reg arraylib_f [] = {
  {"new", newarray},
  {NULL, NULL}
};

static const struct luaL_Reg arraylib_m [] = {
  {"set", setarray},
  {"get", getarray},
  {"size", getsize},
  {NULL, NULL}
};
```

A nova versão da função de abertura luaopen_array deve criar a metatabela, atribuí-la ao seu próprio campo __index, registrar aí todos os métodos, além de criar e preencher a tabela array:

```
int luaopen_array (lua_State *L) {
  luaL_newmetatable(L, "LuaBook.array");

  /* metatabela.__index = metatabela */
  lua_pushvalue(L, -1);  /* duplica a metatabela */
  lua_setfield(L, -2, "__index");

  luaL_setfuncs(L, arraylib_m, 0);

  luaL_newlib(L, arraylib_f);
  return 1;
}
```

Aqui, nós usamos novamente luaL_setfuncs para colocar as funções da lista arraylib_m na metatabela, que está no topo da pilha. Em seguida, nós usamos luaL_newlib para criar uma nova tabela e lá registrar as funções da lista arraylib_f (apenas new, neste caso).

Como um toque final, nós acrescentaremos um método `__tostring` ao nosso novo tipo, para que `print(a)` imprima "array" mais o tamanho do *array* entre parênteses; algo como "array(1000)". Essa função está aqui:

```
int array2string (lua_State *L) {
  NumArray *a = checkarray(L);
  lua_pushfstring(L, "array(%d)", a->size);
  return 1;
}
```

A chamada a `lua_pushfstring` formata a cadeia e a deixa no topo da pilha. Nós precisamos também acrescentar array2string à lista `arraylib_m`, a fim de incluí-la na metatabela de objetos *array*:

```
static const struct luaL_Reg arraylib_m [] = {
  {"__tostring", array2string},
  <outros métodos>
};
```

29.4 Acesso como *Array*

Uma alternativa à notação orientada a objetos é o uso de uma notação normal de *array* para acessar os nossos *arrays*. Em vez de escrever `a:get(i)`, nós poderíamos simplesmente escrever `a[i]`. No nosso exemplo, isso é fácil de se fazer, pois as nossas funções setarray e getarray já recebem os seus argumentos na ordem em que são fornecidos aos metamétodos correspondentes. Uma solução rápida é definir esses metamétodos diretamente em nosso código Lua:

```
local metaarray = getmetatable(array.new(1))
metaarray.__index = array.get
metaarray.__newindex = array.set
metaarray.__len = array.size
```

(Nós devemos executar esse código na implementação original para *arrays*, sem as modificações para o acesso orientado a objetos.) Isso é tudo de que precisamos para usar a sintaxe-padrão:

```
a = array.new(1000)
a[10] = true         -- 'setarray'
print(a[10])         -- 'getarray'      --> true
print(#a)            -- 'getsize'       --> 1000
```

Se preferirmos, poderemos registrar esses metamétodos no nosso código C. Para isso, alteramos novamente a nossa função de inicialização:

```
static const struct luaL_Reg arraylib_f [] = {
  {"new", newarray},
  {NULL, NULL}
};
```

```
    static const struct luaL_Reg arraylib_m [] = {
      {"__newindex", setarray},
      {"__index", getarray},
      {"__len", getsize},
      {"__tostring", array2string},
      {NULL, NULL}
    };

    int luaopen_array (lua_State *L) {
      luaL_newmetatable(L, "LuaBook.array");
      luaL_setfuncs(L, arraylib_m, 0);
      luaL_newlib(L, arraylib_f);
      return 1;
    }
```

Nessa nova versão, novamente, temos apenas uma função pública, new. Todas as outras funções estão disponíveis apenas como metamétodos para operações específicas.

29.5 *Userdata* Leve

O tipo de *userdata* que temos usado até agora é chamado de *userdata completo* (*full userdata*). Lua oferece um outro tipo, chamado de *userdata leve* (*light userdata*).

Um *userdatum* leve é um valor que representa um ponteiro C (isto é, um valor void*). Um *userdata* leve é um valor, não um objeto; nós não os criamos (assim como não criamos números). Para colocar um *userdatum* leve na pilha, nós chamamos lua_pushlightuserdata:

```
    void lua_pushlightuserdata (lua_State *L, void *p);
```

Apesar de seus nomes comuns, *userdata* leve e *userdata* completo são coisas bem diferentes. *Userdata* leves não são *buffers*, mas simples ponteiros. Eles não têm metatabelas. Assim como os números, os *userdata* leves não são gerenciados pelo coletor de lixo.

Algumas vezes, nós usamos o *userdata* leve como uma alternativa barata ao completo. No entanto, esse não é um uso típico. Em primeiro lugar, *userdata* leves não têm metatabelas, e, assim, não há nenhuma forma de conhecer os seus tipos. Em segundo, apesar do nome, *userdata* completos também são baratos. Eles acrescentam pouco custo adicional, se comparados a um malloc, para um dado tamanho de memória.

O verdadeiro uso de *userdata* leve vem de igualdade. Como um *userdata* completo é um objeto, ele é igual apenas a si mesmo. Por outro lado, um *userdata* leve representa um valor de ponteiro C. Como tal, ele é igual a qualquer *userdata* que represente o mesmo ponteiro. Assim, podemos usar *userdata* leves para encontrar objetos C dentro de Lua.

Nós já vimos um uso típico de *userdata* leves, como chaves no registro (Seção 28.3.1). Nesse caso, a igualdade de *userdata* leves é um ingrediente fundamental. Sempre que empilhamos um mesmo endereço com `lua_pushlightuserdata`, obtemos o mesmo valor Lua e, assim, a mesma entrada no registro.

Outro cenário típico é quando precisamos recuperar um *userdata* completo a partir de seu endereço C. Suponha que estejamos implementando uma ligação (*binding*) entre Lua e um sistema de janelas. Nela, usamos *userdata* completos para representar janelas. Cada *userdatum* pode conter a estrutura inteira da janela ou apenas um ponteiro para uma janela criada pelo sistema. Quando ocorrer um evento dentro de uma janela (*e.g.*, um clique do *mouse*), o sistema chamará uma *callback* específica, identificando a janela por meio de seu endereço. Para passar a *callback* para Lua, devemos encontrar o *userdata* que representa a janela dada. Para encontrá-lo, podemos manter uma tabela em que os índices são *userdata* leves com os endereços das janelas, e os valores são os *userdata* completos que representam as janelas em Lua. Após obtermos um endereço de janela, nós o colocamos na pilha da API como um *userdata* leve e usamos esse *userdata* como um índice na tabela (provavelmente, essa tabela deve ter valores fracos; caso contrário, os *userdata* completos nunca seriam coletados).

Exercícios

29.1 Modifique a implementação de `setarray` para que ela aceite apenas valores booleanos.

29.2 Podemos ver um *array* de booleanos como um conjunto de inteiros (os índices com valores verdadeiros no *array*). Acrescente, à implementação de *arrays* de booleanos, funções para calcular a união e a interseção de dois *arrays*. Elas devem receber dois *arrays* e retornar um novo, sem modificar os seus parâmetros.

29.3 Modifique a implementação do metamétodo `__tostring` para que ele mostre o conteúdo completo do *array* de uma forma adequada. Use as comodidades de *buffers* (Seção 28.2) para criar a cadeia resultante.

29.4 Baseado no exemplo de *arrays* de booleanos, implemente uma pequena biblioteca C para *arrays* de inteiros.

30

Gerenciando Recursos

Na nossa implementação de *arrays* de booleanos do capítulo anterior, nós não precisamos nos preocupar com a gerência de recursos. Aqueles *arrays* precisam apenas de memória. Cada *userdatum* que representa um *array* tem a sua própria memória, que é gerenciada por Lua. Quando um *array* se torna lixo (isto é, inacessível pelo programa), Lua eventualmente o coleta e libera a sua memória.

A vida nem sempre é tão fácil. Algumas vezes, um objeto precisa de outros recursos além de memória bruta, como descritores de arquivos, descritores de janelas e coisas do gênero (frequentemente, esses recursos também são apenas memória, mas gerenciada por alguma outra parte do sistema). Nesses casos, quando o objeto se tornar lixo e for coletado, esses outros recursos também deverão ser liberados de alguma forma.

Como vimos na Seção 17.6, Lua provê finalizadores sob a forma do metamétodo __gc. Para ilustrar o uso desse metamétodo em C e da API como um todo, neste capítulo, nós desenvolveremos duas ligações (*bindings*) de Lua a ferramentas externas. O primeiro exemplo é outra implementação de uma função para percorrer um diretório. O segundo (e mais substancial) é uma ligação a *Expat*, um analisador (*parser*) XML de código aberto.

30.1 Um Iterador de Diretórios

Na Seção 27.1, nós implementamos uma função dir que retornava uma tabela com todos os arquivos de um dado diretório. Nossa nova implementação retornará um iterador que, por sua vez, retornará uma nova entrada a cada vez em que for chamado. Com essa nova implementação, nós poderemos percorrer um diretório com um laço como este:

```
for fname in dir.open(".") do
    print(fname)
end
```

Para iterar sobre um diretório em C, nós precisamos de uma estrutura DIR. Instâncias de DIR são criadas por opendir e devem ser liberadas explicitamente com uma chamada a closedir. Nossa implementação anterior de dir mantinha a sua instância DIR como uma variável local e a fechava após recuperar o último nome de arquivo. Nossa nova implementação não pode manter essa instância DIR em uma variável local, pois ela deve consultar esse valor em diversas chamadas. Além disso, ela não pode fechar o diretório somente após recuperar o último nome; se o programa interromper o laço, o iterador nunca recuperará esse último nome. Assim, para garantir que a instância DIR seja sempre liberada, nós armazenamos o seu endereço em um *userdatum* e usamos o metamétodo __gc dele para liberar a estrutura de diretório.

Apesar do seu papel central na nossa implementação, esse *userdatum* que representa um diretório não precisa ser visível em Lua. A função dir retorna uma função iteradora, que é o que Lua vê. O diretório pode ser um *upvalue* da função iteradora. Dessa forma, ela tem acesso direto a essa estrutura, mas o código Lua não (e não precisa ter).

No todo, precisamos de três funções C. Em primeiro lugar, precisamos da função dir.open, uma fábrica que Lua chama para criar iteradores; ela deve abrir uma estrutura DIR e criar um fecho da função iteradora com essa estrutura como um *upvalue*. Em segundo lugar, nós precisamos da função iteradora. Em terceiro, precisamos do metamétodo __gc, que fecha uma estrutura DIR. Como é usual, nós também precisamos de uma função extra para cuidar dos arranjos iniciais, como criar e inicializar uma metatabela para diretórios.

Comecemos o nosso código com a função dir.open, mostrada na Listagem 30.1. Um ponto sutil dessa função é que ela deve criar o *userdatum* antes de abrir o diretório. Se ela abrir primeiramente o diretório, e, depois disso, a chamada a lua_newuserdata lançar um erro de memória, a função perderá e vazará a estrutura DIR. Com a ordem correta, a estrutura DIR, uma vez criada, será imediatamente associada ao *userdatum*; independentemente do que acontecer depois, o metamétodo __gc liberará eventualmente a estrutura.

A próxima função é dir_iter (na Listagem 30.2), o próprio iterador. Seu código é direto. Ela obtém o endereço da estrutura DIR de seu *upvalue* e chama readdir para ler a próxima entrada.

A função dir_gc (também na Listagem 30.2) é o metamétodo __gc. Este fecha um diretório, mas deve tomar uma precaução: como nós criamos o *userdatum* antes

Listagem 30.1
A função fábrica dir.open

```
#|include <dirent.h>
#include <errno.h>
#include <string.h>

#include "lua.h"
#include "lauxlib.h"

/* declaração antecipada para a função iteradora */
static int dir_iter (lua_State *L);

static int l_dir (lua_State *L) {
  const char *path = luaL_checkstring(L, 1);

  /* cria um userdatum para armazenar o endereço de um DIR */
  DIR **d = (DIR **)lua_newuserdata(L, sizeof(DIR *));

  /* atribui sua metatabela */
  luaL_getmetatable(L, "LuaBook.dir");
  lua_setmetatable(L, -2);

  /* tenta abrir o diretório dado */
  *d = opendir(path);
  if (*d == NULL)  /* erro abrindo o diretório? */
    luaL_error(L, "cannot open %s: %s", path, strerror(errno));

  /* cria e retorna a função iteradora;
     seu único upvalue, o userdatum do diretório,
     já está no topo da pilha */
  lua_pushcclosure(L, dir_iter, 1);
  return 1;
}
```

de abrir o diretório, ele será coletado, não importando o resultando de opendir. Se opendir falhar, não haverá nada a fechar.

A última função na Listagem 30.2, luaopen_dir, é a que abre essa biblioteca de uma única função.

Esse exemplo completo tem uma sutileza interessante. À primeira vista, pode parecer que dir_gc deve verificar se o seu argumento é um diretório; caso contrário, um usuário malicioso poderia chamá-la com um outro tipo de *userdata* (um arquivo, por exemplo), com consequências desastrosas. No entanto, não há nenhuma forma de um programa Lua acessar essa função: ela é armazenada apenas nas metatabelas de diretórios, que, por sua vez, são armazenadas como *upvalues* das funções iteradoras. Os programas Lua não podem acessar esses diretórios.

Listagem 30.2
Outras funções para a biblioteca `dir`

```
static int dir_iter (lua_State *L) {
  DIR *d = *(DIR **)lua_touserdata(L, lua_upvalueindex(1));
  struct dirent *entry;
  if ((entry = readdir(d)) != NULL) {
    lua_pushstring(L, entry->d_name);
    return 1;
  }
  else return 0;  /* não há mais valores a retornar */
}

static int dir_gc (lua_State *L) {
  DIR *d = *(DIR **)lua_touserdata(L, 1);
  if (d) closedir(d);
  return 0;
}

static const struct luaL_Reg dirlib [] = {
  {"open", l_dir},
  {NULL, NULL}
};

int luaopen_dir (lua_State *L) {
  luaL_newmetatable(L, "LuaBook.dir");

  /* inicializa o seu campo __gc */
  lua_pushcfunction(L, dir_gc);
  lua_setfield(L, -2, "__gc");

  /* cria a biblioteca */
  luaL_newlib(L, dirlib);
  return 1;
}
```

30.2 Um Analisador XML

Veremos agora uma implementação simplificada de uma ligação entre Lua e Expat, que chamaremos de lxp. Expat é um analisador (*parser*) XML 1.0 de código aberto, escrito em C. Ele implementa SAX, do inglês *Simple API for XML* (*API simples para XML*). SAX é uma API baseada em eventos. Isso significa que um analisador SAX lê um documento XML e, enquanto isso, reporta à aplicação, por meio de *callbacks*, o que encontra. Por exemplo, se solicitarmos ao Expat a análise de uma cadeia como "<tag cap="5">hi</tag>", ele gerará três eventos: um evento *start-element* (elemento de início) ao ler a subcadeia "<tag cap="5">"; um evento *text* (também chamado de evento *character data*, dados de caracteres) ao ler "hi"; e um evento *end-element* (elemento de fim) ao ler "</tag>". Cada um deles chama um *tratador de callback* apropriado da aplicação.

Nós não cobriremos aqui toda a biblioteca Expat. Iremos nos concentrar apenas nas partes que ilustram as novas técnicas para interagir com Lua. Apesar de Expat tratar de mais de uma dúzia de eventos diferentes, nós consideraremos apenas os três vistos no exemplo anterior (elemento de início, elemento de fim e texto).[1]

A parte da API Expat de que precisamos para este exemplo é pequena. Primeiramente, nós precisamos das funções para criar e destruir um analisador Expat:

```
XML_Parser XML_ParserCreate (const char *encoding);
void XML_ParserFree (XML_Parser p);
```

O argumento encoding (codificação) é opcional; nós usaremos NULL na nossa ligação.

Após obter um analisador, nós devemos registrar os seus tratadores de *callback*:

```
void XML_SetElementHandler(XML_Parser p,
                           XML_StartElementHandler start,
                           XML_EndElementHandler end);

void XML_SetCharacterDataHandler(XML_Parser p,
                                 XML_CharacterDataHandler hndl);
```

A primeira função registra tratadores para elementos de início e fim. A segunda registra tratadores para texto (*character data*, no idioma XML).

Todos os tratadores de *callback* recebem alguns dados de usuário como seu primeiro parâmetro. O tratador de elemento de início recebe também o nome do marcador (*tag*) e seus atributos:

```
typedef void (*XML_StartElementHandler)(void *uData,
                                        const char *name,
                                        const char **atts);
```

Os atributos vêm como um *array* de cadeias terminado por NULL, em que cada par de cadeias consecutivas armazena um nome de atributo e o seu valor. O tratador de elemento de fim tem apenas um parâmetro extra, o nome do marcador:

```
typedef void (*XML_EndElementHandler)(void *uData,
                                      const char *name);
```

---

[1] O pacote LuaExpat oferece uma interface bastante completa para Expat.

Finalmente, um tratador de texto recebe apenas o texto como um parâmetro extra. Essa cadeia não é terminada por zero; em vez disso, ela tem um comprimento explícito:

```
typedef void (*XML_CharacterDataHandler)(void *uData,
                                         const char *s,
                                         int len);
```

Para alimentar Expat com texto, nós usamos a seguinte função:

```
int XML_Parse (XML_Parser p, const char *s, int len, int isLast);
```

Expat recebe o documento a ser analisado em pedaços, por meio de chamadas sucessivas a XML_Parse. O último argumento para XML_Parse, isLast, informa a Expat se o pedaço fornecido é o último de um documento. Note que cada pedaço de texto não precisa ser terminado por zero; em vez disso, fornecemos um comprimento explícito. A função XML_Parse retorna zero se detectar um erro (Expat também provê funções para recuperar informações de erro, mas nós as ignoraremos aqui, a fim de simplificar).

A última função de Expat de que precisamos nos permite atribuir os dados de usuário que serão passados aos tratadores:

```
void XML_SetUserData (XML_Parser p, void *uData);
```

Vejamos agora como podemos usar essa biblioteca em Lua. A primeira abordagem é direta: simplesmente exportar todas essas funções para Lua. Uma abordagem melhor é adaptar a funcionalidade para Lua. Por exemplo, como Lua não é tipada, nós não precisamos de funções diferentes para atribuir cada tipo de *callback*. Melhor ainda, nós podemos evitar completamente as funções de registro de *callbacks*. Em vez disso, quando criamos um analisador, fornecemos uma tabela de *callback* que contém todos os tratadores, cada um com uma chave apropriada. Por exemplo, se quiséssemos imprimir a estrutura de um documento, poderíamos usar a seguinte tabela de *callback*:

```
local count = 0

callbacks = {
  StartElement = function (parser, tagname)
    io.write("+ ", string.rep("  ", count), tagname, "\n")
    count = count + 1
  end,
  EndElement = function (parser, tagname)
    count = count - 1
    io.write("- ", string.rep("  ", count), tagname, "\n")
  end,
}
```

Alimentados com a entrada "<to><yes/></to>", esses tratadores imprimiriam esta saída:

```
+ to
+   yes
-   yes
- to
```

Com essa API, nós não precisamos de funções para manipular *callbacks*; nós fazemos isso diretamente na tabela de *callback*. Assim, a API inteira precisa apenas de três funções: uma para criar analisadores; outra para analisar um pedaço de texto; e a última para fechar um analisador. Na verdade, nós implementaremos as duas últimas funções como métodos de objetos analisadores. Um uso típico da API poderia ser como este:

```
local lxp = require"lxp"

p = lxp.new(callbacks)        -- cria um novo analisador

for l in io.lines() do        -- itera sobre as linhas da entrada
  assert(p:parse(l))          -- analisa a linha
  assert(p:parse("\n"))       -- acrescenta quebra de linha
end

assert(p:parse())             -- termina o documento
p:close()
```

Agora, voltemos a nossa atenção para a implementação. A primeira decisão será como representar um analisador em Lua. É bastante natural usar um *userdatum*, mas o que precisaremos colocar dentro dele? No mínimo, nós deveremos guardar o real analisador Expat e a tabela de *callback*. Nós não podemos armazenar uma tabela Lua dentro de um *userdatum* (ou de qualquer estrutura C), mas Lua permite que cada *userdata* tenha um *valor de usuário* (*user value*), que pode ser qualquer tabela Lua, associado a ele.[2] Nós devemos armazenar também um estado Lua no objeto analisador, porque esses objetos analisadores são tudo o que uma *callback* Expat recebe, e as *callbacks* precisam chamar Lua. Dessa forma, a definição de um objeto analisador é como a que se segue:

```
#include <stdlib.h>
#include "expat.h"
#include "lua.h"
#include "lauxlib.h"

typedef struct lxp_userdata {
  XML_Parser parser;       /* analisador expat associado */
  lua_State *L;
} lxp_userdata;
```

---

2. Em Lua 5.1, o ambiente do *userdata* faz o papel de valor de usuário.

O próximo passo é a função que cria objetos analisadores, lxp_make_parser. A Listagem 30.3 mostra o seu código. Essa função tem quatro passos principais:

Listagem 30.3
Função para criar objetos analisadores de XML

```
/* declarações antecipadas para as funções de callback*/
static void f_StartElement (void *ud,
                            const char *name,
                            const char **atts);
static void f_CharData (void *ud, const char *s, int len);
static void f_EndElement (void *ud, const char *name);

static int lxp_make_parser (lua_State *L) {
  XML_Parser p;

  /* (1) cria um objeto analisador */
  lxp_userdata *xpu = (lxp_userdata *)lua_newuserdata(L,
                                       sizeof(lxp_userdata));

  /* pré-inicializa o objeto em caso de erro */
  xpu->parser = NULL;

  /* atribui a sua metatabela */
  luaL_getmetatable(L, "Expat");
  lua_setmetatable(L, -2);

  /* (2) cria o analisador Expat */
  p = xpu->parser = XML_ParserCreate(NULL);
  if (!p)
    luaL_error(L, "XML_ParserCreate failed");

  /* (3) verifica e armazena a tabela de callback */
  luaL_checktype(L, 1, LUA_TTABLE);
  lua_pushvalue(L, 1);   /* põe a tabela no topo da pilha */
  lua_setuservalue(L, -2);   /* atribui como valor de usuário */

  /* (4) configura o analisador Expat */
  XML_SetUserData(p, xpu);
  XML_SetElementHandler(p, f_StartElement, f_EndElement);
  XML_SetCharacterDataHandler(p, f_CharData);
  return 1;
}
```

- Seu primeiro passo segue um padrão comum: ele, inicialmente, cria um *userdatum*; em seguida, pré-inicializa o *userdatum* com valores consistentes; e, finalmente, fixa a sua metatabela. A razão para a pré-inicialização é sutil: se ocorrer qualquer erro durante a inicialização, devemos garantir que o finalizador (o metamétodo `__gc`) encontre o *userdata* em um estado consistente.

- No passo 2, a função cria um analisador Expat, armazena-o no *userdatum* e verifica erros.

- O passo 3 garante que o primeiro argumento para a função seja realmente uma tabela (a tabela de *callback*) e a atribui como valor de usuário para o novo *userdatum*.

- O último passo inicializa o analisador Expat. Ele atribui o *userdatum* como o objeto a ser passado para as funções de *callback* e especifica estas últimas. Note que elas são as mesmas para todos os analisadores; afinal, é impossível criar dinamicamente novas funções em C. Em vez disso, essas funções C fixas usarão a tabela de *callback* para decidir quais funções Lua elas devem chamar a cada vez.

O próximo passo é o método `lxp_parse` (Listagem 30.4), que analisa um pedaço de dados XML. Ele recebe dois argumentos: o objeto analisador (o *self* do método) e um pedaço opcional de dados XML. Quando chamado sem dados, ele informa a Expat que o documento não tem mais partes.

Quando `lxp_parse` chamar `XML_Parse`, esta última função chamará os tratadores para cada elemento relevante que encontrar no pedaço de documento fornecido. Esses tratadores precisarão acessar a tabela de *callback*, e, assim, `lxp_parse` colocará essa tabela no índice 3 da pilha (logo após os parâmetros). Há, ainda, mais um detalhe na chamada a `XML_Parse`: lembre-se de que o último argumento para essa função diz a Expat se o pedaço de texto fornecido é o último. Quando chamarmos `parse` sem um argumento, `s` será NULL, e, assim, este último argumento será verdadeiro.

Agora, voltemos a nossa atenção para as funções de *callback* `f_StartElement`, `f_EndElement` e `f_CharData`. Todas as três têm uma estrutura semelhante: cada uma verifica se a tabela de *callback* define um tratador Lua para o seu evento específico e, caso positivo, prepara os argumentos e chama esse tratador Lua.

Vejamos, primeiramente, o tratador `f_CharData`, que está na Listagem 30.5. O seu código é bastante simples. O tratador recebe uma estrutura `lxp_userdata` como seu primeiro argumento, devido à nossa chamada a `XML_SetUserData` quando criamos o analisador. Após recuperar o estado Lua, o tratador pode acessar a tabela de *callback* no índice 3 da pilha, inserida por `lxp_parse`, e o próprio analisador no índice 1. Ele, então, chama o seu tratador correspondente em Lua (se ele existir) com dois argumentos: o analisador e os dados de caracteres (uma cadeia).

O tratador `f_EndElement` é bastante semelhante a `f_CharData`; veja a Listagem 30.6. Ele também chama o seu tratador Lua correspondente com dois argumentos — o objeto analisador e o nome do marcador (novamente, uma cadeia, mas agora terminada por zero).

Listagem 30.4
Função para analisar um fragmento XML

```
static int lxp_parse (lua_State *L) {
  int status;
  size_t len;
  const char *s;
  lxp_userdata *xpu;

  /* obtém e verifica o primeiro argumento (deve ser um analisador ) */
  xpu = (lxp_userdata *)luaL_checkudata(L, 1, "Expat");

  /* verifica se ele não está fechado */
  luaL_argcheck(L, xpu->parser != NULL, 1, "parser is closed");

  /* obtém o segundo argumento (uma cadeia) */
  s = luaL_optlstring(L, 2, NULL, &len);

  /* põe a tabela de callback no índice 3 da pilha */
  lua_settop(L, 2);
  lua_getuservalue(L, 1);
  xpu->L = L;  /* estado Lua */

  /* chama Expat para analisar a cadeia */
  status = XML_Parse(xpu->parser, s, (int)len, s == NULL);

  /* retorna código de erro */
  lua_pushboolean(L, status);
  return 1;
}
```

A Listagem 30.7 mostra o último tratador, `f_StartElement`. Ele chama Lua com três argumentos: o analisador; o nome do marcador; e uma lista de atributos. Esse tratador é um pouco mais complexo do que os outros, porque precisa traduzir a lista de atributos do marcador para Lua. Ele usa uma tradução bastante natural, construindo uma tabela que associa os nomes de atributos aos seus valores. Por exemplo, um marcador de início como

```
<to method="post" priority="high">
```

gera a seguinte tabela de atributos:

```
{method = "post", priority = "high"}
```

O último método para analisadores é `close`, que está na Listagem 30.8. Quando fechamos um analisador, devemos liberar os seus recursos, isto é, a estrutura Expat. Lembre-se de que, devido a erros eventuais durante a sua criação, um analisador pode não ter esse recurso. Note como nós o mantemos em um estado consistente ao fechá-lo; dessa forma, não haverá problemas se tentarmos fechá-lo novamente

Listagem 30.5
Tratador de dados de caracteres

```
static void f_CharData (void *ud, const char *s, int len) {
  lxp_userdata *xpu = (lxp_userdata *)ud;
  lua_State *L = xpu->L;

  /* obtém tratador */
  lua_getfield(L, 3, "CharacterData");
  if (lua_isnil(L, -1)) {  /* sem tratador? */
    lua_pop(L, 1);
    return;
  }
  lua_pushvalue(L, 1);  /* empilha o analisador ('self') */
  lua_pushlstring(L, s, len);  /* empilha dados Char */
  lua_call(L, 2, 0);  /* chama o tratador */
}
```

Listagem 30.6
Tratador de elementos de fim

```
static void f_EndElement (void *ud, const char *name) {
  lxp_userdata *xpu = (lxp_userdata *)ud;
  lua_State *L = xpu->L;

  lua_getfield(L, 3, "EndElement");
  if (lua_isnil(L, -1)) {  /* sem tratador? */
    lua_pop(L, 1);
    return;
  }
  lua_pushvalue(L, 1);  /* empilha o analisador ('self') */
  lua_pushstring(L, name);  /* empilha o nome do marcador */
  lua_call(L, 2, 0);  /* chama o tratador */
}
```

ou quando o coletor de lixo finalizá-lo. Na verdade, nós usaremos exatamente essa função como finalizador. Isso garante que todo analisador libere eventualmente os seus recursos, mesmo se o programador não o fechar.

A Listagem 30.9 é o passo final: ela mostra luaopen_lxp, que abre a biblioteca juntando todas as partes anteriores. Nós usamos, aqui, o mesmo esquema do exemplo do *array* de booleanos orientado a objetos da Seção 29.3: nós criamos uma metatabela, fazemos o seu campo __index apontar para ela mesma e colocamos todos os métodos dentro dela. Para isso, nós precisamos de uma lista com os métodos do anali-

Listagem 30.7
Tratador de elementos de início

```
static void f_StartElement (void *ud,
                           const char *name,
                           const char **atts) {
  lxp_userdata *xpu = (lxp_userdata *)ud;
  lua_State *L = xpu->L;
  lua_getfield(L, 3, "StartElement");
  if (lua_isnil(L, -1)) {  /* sem tratador? */
    lua_pop(L, 1);
    return;
  }
  lua_pushvalue(L, 1);    /* empilha o analisador ('self') */
  lua_pushstring(L, name);  /* empilha o nome do marcador */
  /* cria e preenche a tabela de atributos */
  lua_newtable(L);
  for (; *atts; atts += 2) {
    lua_pushstring(L, *(atts + 1));
    lua_setfield(L, -2, *atts);  /* table[*atts] = *(atts+1) */
  }
  lua_call(L, 3, 0);  /* chama o tratador */
}
```

Listagem 30.8
Método para fechar um analisador XML

```
static int lxp_close (lua_State *L) {
  lxp_userdata *xpu =
             (lxp_userdata *)luaL_checkudata(L, 1, "Expat");
  /* libera o analisador Expat (se existir) */
  if (xpu->parser)
    XML_ParserFree(xpu->parser);
  xpu->parser = NULL;  /* evita fechá-lo novamente */
  return 0;
}
```

sador (lxp_meths) e de uma lista com as funções dessa biblioteca (lxp_funcs). Como é comum com bibliotecas orientadas a objetos, essa lista tem uma única função, que cria novos analisadores.

Listagem 30.9
Código de inicialização para a biblioteca lxp

```
static const struct luaL_Reg lxp_meths[] = {
  {"parse", lxp_parse},
  {"close", lxp_close},
  {"__gc", lxp_close},
  {NULL, NULL}
};

static const struct luaL_Reg lxp_funcs[] = {
  {"new", lxp_make_parser},
  {NULL, NULL}
};

int luaopen_lxp (lua_State *L) {
  /* cria a metatabela */
  luaL_newmetatable(L, "Expat");

  /* metatabela.__index = metatabela */
  lua_pushvalue(L, -1);
  lua_setfield(L, -2, "__index");

  /* registra métodos */
  luaL_setfuncs(L, lxp_meths, 0);

  /* registra funções (apenas lxp.new) */
  luaL_newlib(L, lxp_funcs);
  return 1;
}
```

Exercícios

30.1 Modifique a função dir_iter do exemplo do diretório para que ela feche a estrutura DIR quando chegar ao fim do percurso. Com essa mudança, o programa não precisa esperar uma coleta de lixo para liberar um recurso que ele sabe que não será mais necessário.

(Quando fechar o diretório, você deve alterar o endereço armazenado no *userdatum* para NULL, a fim de sinalizar esse fechamento ao finalizador. Além disso, a função dir_iter precisará verificar se o diretório não está fechado antes de usá-lo.)

30.2 No exemplo da biblioteca lxp, o tratador de elementos de início recebe uma tabela com os atributos do elemento. Nela, a ordem original em que eles aparecem dentro do elemento foi perdida. Como você pode passar essa informação para a *callback*?

30.3 No exemplo da biblioteca `lxp`, nós usamos valores de usuário para associar a tabela de *callback* com o *userdatum* que representa um analisador. Essa escolha criou um pequeno problema, porque o que as *callbacks* C recebem é a estrutura `lxp_userdata`, e esta não oferece acesso direto à tabela. Nós resolvemos esse problema armazenando a tabela de *callback* em um índice fixo da pilha durante a análise de cada fragmento.

Um projeto alternativo seria associar a tabela de *callback* ao *userdatum* por meio de referências (Seção 28.3.1): criamos uma para a tabela de *callback* e armazenamos essa referência (um inteiro) na estrutura `lxp_userdata`. Implemente essa alternativa. Não se esqueça de liberar a referência ao fechar o analisador.

31
Threads e Estados

Lua não dá suporte a *multithreading* real, isto é, a *threads* preemptivas que compartilham memória. Há duas razões para essa falta de suporte: a primeira é que ANSI C não o oferece, e, assim, não há uma maneira portátil de implementar esse mecanismo em Lua. A segunda e mais forte razão é que nós não achamos que *multithreading* seja uma boa ideia para Lua.

Multithreading foi desenvolvido para programação de baixo nível. Mecanismos de sincronização como semáforos e monitores foram propostos no contexto de sistemas operacionais (e para programadores experientes), não no de programas de aplicação. É muito difícil encontrar e corrigir erros relacionados a *multithreading*, e alguns podem levar a brechas de segurança. Além disso, *multithreading* pode levar a perdas de desempenho relacionadas à necessidade de sincronização em algumas partes críticas de um programa, como o alocador de memória.

Os problemas com *multithreading* surgem da combinação de *threads* preemptivas com memória compartilhada, assim, podemos evitá-los ou usando *threads* não preemptivas ou não compartilhando memória. Lua oferece suporte a ambos. As *threads* de Lua (também conhecidas como corrotinas) são colaborativas e, assim, evitam os problemas criados pela alternância imprevisível de *threads*. Os estados Lua não compartilham memória, por isso, formam uma boa base para concorrência em Lua. Nós cobriremos ambas as opções neste capítulo.

31.1 Múltiplas *Threads*

Uma *thread* é a essência de uma corrotina em Lua. Nós podemos pensar em uma corrotina como uma *thread* com uma interface amigável ou em uma *thread* como uma corrotina com uma API de mais baixo nível.

Da perspectiva da API C, você pode achar útil pensar em uma *thread* como uma pilha — o que uma *thread* é, de fato, do ponto de vista da implementação. Cada pilha mantém informações sobre as chamadas pendentes de uma *thread* e sobre os parâmetros e variáveis locais de cada chamada. Em outras palavras, uma pilha tem todas as informações de que uma *thread* precisa para continuar executando. Assim, múltiplas *threads* significam múltiplas pilhas independentes.

Quando chamamos a maioria das funções da API Lua–C, elas operam sobre uma pilha específica. Por exemplo, lua_pushnumber deve empilhar o número em uma pilha; lua_pcall precisa de uma pilha de chamada. Como Lua sabe que pilha usar? O que fazemos para empilhar um número em uma pilha diferente? O segredo é que o tipo lua_State, o primeiro argumento para essas funções, representa não apenas um estado Lua, mas também uma *thread* dentro dele (muitas pessoas argumentam que esse tipo deveria se chamar lua_Thread).

Sempre que você cria um estado Lua, Lua cria automaticamente uma nova *thread* dentro dele e retorna um lua_State representando essa *thread*. Essa *thread principal* nunca é coletada. Ela é liberada junto com o estado, quando você o fecha com lua_close.

Você pode criar outras *threads* em um estado chamando lua_newthread:

```
lua_State *lua_newthread (lua_State *L);
```

Essa função retorna um ponteiro para um lua_State que representa a nova *thread* e a empilha, como um valor do tipo "thread". Por exemplo, após o comando

```
L1 = lua_newthread(L);
```

nós teremos duas *threads*, L1 e L, ambas referindo-se internamente ao mesmo estado Lua. Cada *thread* tem a sua própria pilha. A nova *thread*, L1, começa com uma pilha vazia; a antiga, L, tem a nova *thread* no topo da sua pilha:

```
printf("%d\n", lua_gettop(L1));          --> 0
printf("%s\n", luaL_typename(L, -1));    --> thread
```

Com exceção da *thread* principal, as demais estão sujeitas à coleta de lixo, como qualquer outro objeto Lua. Quando você cria uma nova *thread*, o valor empilhado garante que ela não seja lixo. Você nunca deve usar uma *thread* que não esteja adequadamente ancorada no estado (a *thread* principal é ancorada internamente, e, assim, você não precisa se preocupar com ela). Qualquer chamada à API Lua pode coletar uma *thread* não ancorada, até mesmo uma que esteja usando essa *thread*. Por exemplo, considere o seguinte fragmento de código:

```
lua_State *L1 = lua_newthread (L);
lua_pop(L, 1);          /* L1 agora é lixo para Lua */
lua_pushstring(L1, "hello");
```

A chamada a `lua_pushstring` pode disparar o coletor de lixo e coletar L1 (quebrando a aplicação), apesar de L1 estar em uso. Para evitar isso, mantenha sempre uma referência às *threads* que você está usando, por exemplo, na pilha de uma *thread* ancorada ou no registro.

Após obter uma nova *thread*, podemos usá-la como usamos a *thread* principal. Podemos empilhar e desempilhar elementos da sua pilha, podemos usá-la para chamar funções e coisas do gênero. Por exemplo, o código a seguir faz a chamada f(5) na nova *thread* e, depois, move o resultado para a antiga:

```
lua_getglobal(L1, "f");   /* assume uma função global 'f' */
lua_pushinteger(L1, 5);
lua_call(L1, 1, 1);
lua_xmove(L1, L, 1);
```

A função `lua_xmove` move valores Lua entre duas pilhas de um mesmo estado. Uma chamada como `lua_xmove(F, T, n)` desempilha n elementos da pilha F e os empilha em T.

No entanto, para esses usos, não precisamos de uma nova *thread*; poderíamos apenas usar a principal. O ponto mais importante de usar múltiplas *threads* é a implementação de corrotinas, para que possamos suspender suas execuções e retomá-las mais tarde. Para isso, precisamos da função `lua_resume`:

```
int lua_resume (lua_State *L, lua_State *from, int narg);
```

Para começar a executar uma corrotina, nós usamos `lua_resume` conforme usamos `lua_pcall`: empilhamos a função a ser chamada, empilhamos os seus argumentos e chamamos `lua_resume`, passando em narg o número de argumentos (o parâmetro from é a *thread* que está fazendo a chamada). O comportamento também é muito parecido com o de `lua_pcall`, com três diferenças. A primeira é que `lua_resume` não tem um parâmetro para o número de resultados solicitados; ela sempre retorna todos os da função chamada. A segunda é que ela não tem um parâmetro para um tratador de mensagens; um erro não desfaz a pilha, e, assim, você pode inspecioná-la depois dele. A terceira diferença é que, se a função em execução for suspensa, `lua_resume` retornará um código especial LUA_YIELD e deixará a *thread* em um estado que poderá ser retomado mais tarde.

Quando `lua_resume` retorna LUA_YIELD, a parte visível da pilha da *thread* contém apenas os valores passados para yield. Uma chamada a `lua_gettop` retornará o número desses valores. Para movê-los para uma outra *thread*, nós podemos usar `lua_xmove`.

Para retomar uma *thread* suspensa, nós chamamos `lua_resume` novamente. Nessas chamadas, Lua assume que todos os valores na pilha devem ser retornados pela chamada a yield. Por exemplo, se você não tocar na pilha da *thread* entre um retorno de lua_resume e o próximo resume, yield retornará exatamente os valores que ela passou.

Tipicamente, começamos uma corrotina com uma função Lua como seu corpo. Essa função pode chamar outras, e qualquer uma delas pode, eventualmente, suspender sua execução, terminando a chamada a lua_resume. Por exemplo, assuma as seguintes definições:

```
function foo (x)   coroutine.yield(10, x)   end
function foo1 (x)  foo(x + 1); return 3   end
```

Agora, executamos este código C:

```
lua_State *L1 = lua_newthread(L);
lua_getglobal(L1, "foo1");
lua_pushinteger(L1, 20);
lua_resume(L1, L, 1);
```

A chamada a lua_resume retornará LUA_YIELD, a fim de sinalizar que a *thread* foi suspensa. Nesse ponto, a pilha L1 tem os valores fornecidos a yield:

```
printf("%d\n", lua_gettop(L1));              --> 2
printf("%d\n", lua_tointeger(L1, 1));        --> 10
printf("%d\n", lua_tointeger(L1, 2));        --> 21
```

Quando retormarmos novamente a *thread*, ela continuará do ponto em que parou (a chamada a yield). A partir daí, foo retornará para foo1, que, por sua vez, retornará para lua_resume:

```
lua_resume(L1, L, 0);
printf("%d\n", lua_gettop(L1));              --> 1
printf("%d\n", lua_tointeger(L1, 1));        --> 3
```

Essa segunda chamada a lua_resume retornará LUA_OK, que significa um retorno normal.

Uma corrotina também pode chamar funções C, que, por sua vez, podem chamar de volta outras funções Lua. Nós já discutimos como usar continuações para permitir que essas funções Lua suspendam sua execução (Seção 27.2). Uma função C também pode fazer isso. Nesse caso, ela deve igualmente prover uma função de continuação a ser chamada quando a *thread* for retomada. Para suspender a execução, uma função C deve chamar a seguinte função:

```
int lua_yieldk (lua_State *L, int nresults, int ctx,
                             lua_CFunction k);
```

Nós sempre devemos usar essa função em um comando de retorno, como aqui:

```
static inf myCfunction (lua_State *L) {
  ...
  return lua_yieldk(L, nresults, ctx, k);
}
```

Essa chamada suspende imediatamente a corrotina em execução. O parâmetro nresults é o número de valores na pilha a ser retornado ao lua_resume respectivo; ctx é a informação de contexto a ser passada para a continuação; e k é a função de continuação. Quando a corrotina retomar a execução, o controle irá diretamente para a função de continuação k. Depois de suspender a execução, myCfunction não poderá fazer mais nada; ela deverá delegar qualquer trabalho adicional à sua continuação.

Vejamos um exemplo típico hipotético. Assuma que queiramos codificar uma função que leia alguns dados, suspendendo a execução enquanto eles não estiverem disponíveis. Podemos escrever a função em C assim:

```
int prim_read (lua_State *L) {
  if (nothing_to_read())                    /* nada para ler */
    return lua_yieldk(L, 0, 0, &prim_read);
  lua_pushstring(L, read_some_data());      /* lê alguns dados */
  return 1;
}
```

Se a função tiver alguns dados para ler, ela os lerá e os retornará; caso contrário, ela suspenderá a sua execução. Quando a *thread* for retomada, ela chamará a função de continuação. Neste exemplo, essa função é a própria prim_read, e, assim, a *thread* chama prim_read novamente e tenta outra vez ler alguns dados (esse padrão de a função que chama lua_yieldk ser a própria função de continuação não é incomum).

Se uma função C não tiver mais nada a fazer depois de suspender a sua execução, ela pode chamar lua_yieldk sem uma função de continuação ou usar a macro lua_yield:

```
return lua_yield(L, nres);
```

Após essa chamada, quando a *thread* for novamente retomada, o controle retornará para a função que chamou myCfunction.

31.2 Estados Lua

Cada chamada a luaL_newstate (ou a lua_newstate, como veremos no Capítulo 32) cria um novo estado Lua. Estados Lua diferentes são completamente independentes uns dos outros. Eles não compartilham dados. Isso significa que, não importa o que aconteça dentro de um estado Lua, ele não poderá corromper outro estado. Isso também significa que os estados Lua não podem se comunicar diretamente; nós precisamos usar algum código C intermediário. Por exemplo, dados dois estados, L1 e L2, o comando a seguir empilha em L2 a cadeia do topo da pilha em L1:

```
lua_pushstring(L2, lua_tostring(L1, -1));
```

Como os dados devem passar através de C, os estados Lua só podem trocar tipos que são representáveis em C, como cadeias e números. Os outros tipos, como tabelas, devem ser serializados para que possam ser transferidos.

Em sistemas que oferecem *multithreading*, uma arquitetura interessante é criar um estado Lua independente para cada *thread*. Essa arquitetura resulta em *threads* semelhantes a processos UNIX, em que há concorrência sem memória compartilhada. Nesta seção, nós desenvolveremos um protótipo de implementação para *multithreading* seguindo essa abordagem. Eu usarei *threads* POSIX (pthreads) para tal. Não deve ser difícil portar o código para outros sistemas de *threads*, porque ele usa apenas funcionalidades básicas.

O sistema que vamos desenvolver é muito simples. Seu propósito principal é mostrar o uso de múltiplos estados Lua em um contexto de *multithreading*. Após tê-lo pronto e em execução, você poderá acrescentar diversas características avançadas sobre ele. Nós chamaremos nossa biblioteca de lproc. Ela oferece apenas quatro funções:

lproc.start(chunk) inicia um novo processo para executar o trecho de código fornecido (uma cadeia). A biblioteca implementa um *processo* Lua como uma *thread* C mais o seu estado Lua associado;

lproc.send(channel, val1, val2, ...) envia todos os valores fornecidos (que devem ser cadeias) ao canal (*channel*) especificado (identificado por seu nome, também uma cadeia);

lproc.receive(channel) recebe os valores enviados ao canal especificado;

lproc.exit() termina um processo. Somente o processo principal necessita dessa função. Se ele terminar sem chamar lproc.exit, todo o programa terminará, sem esperar pelo fim dos outros processos.

A biblioteca identifica canais por meio de cadeias e os usa para casar remetentes com receptores. Uma operação de envio pode emitir qualquer número de cadeias, que são retornadas pela operação de recepção correspondente. Toda a comunicação é síncrona: um processo enviando uma mensagem para um canal fica bloqueado até que haja outro processo recebendo dele, enquanto um processo recebendo de um canal fica bloqueado até que haja outro processo enviando para ele.

Assim como a sua interface, a implementação de lproc é simples. Ela usa duas listas circulares duplamente encadeadas, uma para os processos esperando para enviar uma mensagem e outra para os que estão esperando para receber uma mensagem. Ela usa um único *mutex* para controlar o acesso a essas listas. Cada processo tem uma variável de condição associada. Quando um deles quer enviar uma mensagem para um canal, ele percorre a lista de recepção procurando um processo que esse canal esteja aguardando. Se encontrar algum, ele remove o processo da lista de espera, transfere os valores da mensagem para o processo encontrado e sinaliza o outro; caso contrário, ele se insere na lista de envio e aguarda a sua variável de condição. Para receber uma mensagem, ele executa uma operação simétrica.

Um elemento principal da implementação é a estrutura que representa um processo:

```
#include <pthread.h>
#include "lua.h"
```

```
typedef struct Proc {
  lua_State *L;
  pthread_t thread;
  pthread_cond_t cond;
  const char *channel;
  struct Proc *previous, *next;
} Proc;
```

Os dois primeiros campos representam o estado Lua usado pelo processo e a *thread* C que executa este último. Os outros campos são usados apenas quando o processo precisa aguardar um casamento de envio/recepção. O terceiro campo, cond, é a variável de condição que a *thread* usa para se bloquear; o quarto armazena o canal que o processo está aguardando; e os últimos dois, previous e next, são usados para encadear a estrutura do processo em uma lista de espera.

O código a seguir declara as duas listas de espera e o *mutex* associado:

```
static Proc *waitsend = NULL;
static Proc *waitreceive = NULL;

static pthread_mutex_t kernel_access = PTHREAD_MUTEX_INITIALIZER;
```

Cada processo precisa de uma estrutura Proc e precisa acessá-la sempre que o seu *script* chamar send ou receive. O único parâmetro que essas funções recebem é o estado Lua do processo; assim, cada processo deve armazenar a sua estrutura Proc dentro do seu estado Lua. Na nossa implementação, cada estado mantém a sua estrutura Proc correspondente como um *userdata* completo no registro, associado à chave "_SELF". A função auxiliar getself recupera a estrutura Proc associada a um dado estado:

```
static Proc *getself (lua_State *L) {
  Proc *p;
  lua_getfield(L, LUA_REGISTRYINDEX, "_SELF");
  p = (Proc *)lua_touserdata(L, -1);
  lua_pop(L, 1);
  return p;
}
```

A próxima função, movevalues, move valores de um processo remetente para um receptor:

```
static void movevalues (lua_State *send, lua_State *rec) {
  int n = lua_gettop(send);
  int i;
  for (i = 2; i <= n; i++)    /* move valores para o receptor */
    lua_pushstring(rec, lua_tostring(send, i));
}
```

Ela move para o receptor todos os valores da pilha do remetente, com exceção do primeiro, que deverá ser o canal.

A Listagem 31.1 define searchmatch, que percorre uma lista de espera à procura de um processo que esteja aguardando um dado canal. Se encontrar algum, a função o remove da lista e o retorna; caso contrário, a função retorna NULL.

Listagem 31.1
Função para buscar um processo aguardando um canal

```
static Proc *searchmatch (const char *channel, Proc **list) {
  Proc *node = *list;
  if (node == NULL) return NULL;   /* lista vazia? */
  do {
    if (strcmp(channel, node->channel) == 0) {  /* casamento? */
      /* remove o nó da lista */
      if (*list == node)   /* este nó é o primeiro elemento? */
        *list = (node->next == node) ? NULL : node->next;
      node->previous->next = node->next;
      node->next->previous = node->previous;
      return node;
    }
    node = node->next;
  } while (node != *list);
  return NULL;   /* não houve casamento */
}
```

A última função auxiliar, definida na Listagem 31.2, é chamada quando um processo não consegue fazer um casamento. Nesse caso, ele encadeia a si mesmo no final da lista de espera apropriada e aguarda até que outro processo faça um casamento e o acorde (o laço em torno de pthread_cond_wait protege o código dos despertares espúrios permitidos em *threads* POSIX). Quando um processo acorda outro, ele atribui NULL ao campo channel deste outro. Assim, se p->channel não for NULL, significa que ninguém casou com o processo p, e, portanto, ele deve continuar aguardando.

Com essas funções auxiliares já prontas, nós podemos escrever send e receive (Listagem 31.3). A função send começa verificando o canal. Em seguida, ela bloqueia o *mutex* e tenta um casamento com um receptor. Se conseguir, ela move os seus valores para ele, marca-o como pronto e o acorda; caso contrário, ela se põe à espera. Quando terminar a operação, ela irá desbloquear o *mutex* e retornar sem valores para Lua. A função receive é semelhante, mas deverá retornar todos os valores recebidos.

Vejamos agora como criar novos processos. Um novo processo precisa de uma nova *thread* POSIX, e uma nova *thread* precisa de um corpo para executar. Nós definiremos esse corpo mais tarde; aqui está o seu protótipo, conforme prescrito por pthreads:

```
static void *ll_thread (void *arg);
```

Para criar e executar um novo processo, o sistema deve criar um novo estado Lua, iniciar uma nova *thread*, compilar o trecho de código fornecido, chamá-lo e finalmente liberar os seus recursos. A *thread* original realiza as três primeiras tarefas, e a nova faz o restante (para simplificar o tratamento de erros, o sistema inicia a nova *thread* somente após ter compilado com sucesso o trecho fornecido).

A função `ll_start` cria um novo processo (Listagem 31.4). Ela cria um novo estado Lua L1 e compila o trecho fornecido nele. Em caso de erro, ela sinaliza o erro ao estado L original. Em seguida, ela cria uma nova *thread* (usando `pthread_create`) com corpo `ll_thread`, passando o novo estado L1 como argumento para ele. A chamada a `pthread_detach` informa ao sistema que nós não queremos nenhuma resposta final dessa *thread*.

O corpo de cada nova *thread* é a função `ll_thread` (Listagem 31.5). Ela recebe o seu estado Lua correspondente (criado por `ll_start`), com somente o trecho principal pré-compilado na pilha. A nova *thread* abre as bibliotecas Lua padrão, abre a biblioteca lproc e, em seguida, chama o seu trecho principal. Finalmente, ela destrói a sua variável de condição (que foi criada por `luaopen_lproc`) e fecha o seu estado Lua.

Listagem 31.2
Função para acrescentar um processo a uma lista de espera

```
static void waitonlist (lua_State *L, const char *channel,
                                      Proc **list) {
  Proc *p = getself(L);

  /* encadeia a si mesmo no fim da lista */
  if (*list == NULL) {  /* lista vazia? */
    *list = p;
    p->previous = p->next = p;
  }
  else {
    p->previous = (*list)->previous;
    p->next = *list;
    p->previous->next = p->next->previous = p;
  }

  p->channel = channel;

  do {  /* aguarda a sua variável de condição */
    pthread_cond_wait(&p->cond, &kernel_access);
  } while (p->channel);
}
```

Listagem 31.3
Funções para enviar e receber mensagens

```c
static int ll_send (lua_State *L) {
  Proc *p;
  const char *channel = luaL_checkstring(L, 1);

  pthread_mutex_lock(&kernel_access);

  p = searchmatch(channel, &waitreceive);

  if (p) {   /* casou com um receptor? */
    movevalues(L, p->L);    /* move valores para o receptor */
    p->channel = NULL;      /* marca o receptor como não aguardando */
    pthread_cond_signal(&p->cond);   /* acorda o receptor */
  }
  else
    waitonlist(L, channel, &waitsend);

  pthread_mutex_unlock(&kernel_access);
  return 0;
}

static int ll_receive (lua_State *L) {
  Proc *p;
  const char *channel = luaL_checkstring(L, 1);
  lua_settop(L, 1);

  pthread_mutex_lock(&kernel_access);

  p = searchmatch(channel, &waitsend);

  if (p) {   /* casou com um remetente? */
    movevalues(p->L, L);    /* obtém os valores do remetente */
    p->channel = NULL;      /* marca o remetente como não aguardando */
    pthread_cond_signal(&p->cond);   /* acorda o remetente */
  }
  else
    waitonlist(L, channel, &waitreceive);

  pthread_mutex_unlock(&kernel_access);

  /* retorna todos os valores na pilha, menos o canal */
  return lua_gettop(L) - 1;
}
```

Listagem 31.4
Função para criar novos processos

```
static int ll_start (lua_State *L) {
  pthread_t thread;
  const char *chunk = luaL_checkstring(L, 1);
  lua_State *L1 = luaL_newstate();
  if (L1 == NULL)
    luaL_error(L, "unable to create new state");
  if (luaL_loadstring(L1, chunk) != 0)
    luaL_error(L, "error starting thread: %s",
                  lua_tostring(L1, -1));
  if (pthread_create(&thread, NULL, ll_thread, L1) != 0)
    luaL_error(L, "unable to create new thread");
  pthread_detach(thread);
  return 0;
}
```

Listagem 31.5
Corpo para novas threads

```
int luaopen_lproc (lua_State *L);

static void *ll_thread (void *arg) {
  lua_State *L = (lua_State *)arg;
  luaL_openlibs(L);  /* abre bibliotecas-padrão */
  luaL_requiref(L, "lproc", luaopen_lproc, 1);
  lua_pop(L, 1);
  if (lua_pcall(L, 0, 0, 0) != 0)  /* chama o trecho principal */
    fprintf(stderr, "thread error: %s", lua_tostring(L, -1));
  pthread_cond_destroy(&getself(L)->cond);
  lua_close(L);
  return NULL;
}
```

(Note o uso de luaL_requiref para abrir a biblioteca lproc.[1] Essa função é mais ou menos equivalente a require, mas, em vez de procurar um carregador — *loader* —, ela usa a função fornecida — luaopen_lproc, no nosso caso — para abrir a biblioteca. Depois de chamar a função de abertura, luaL_requiref registra o resultado na tabela package.loaded para que as futuras chamadas que requisitem a biblioteca

---

1. Essa função é nova em Lua 5.2.

não tentem abri-la novamente. Com um valor verdadeiro como seu último parâmetro, ela também registra a biblioteca na variável global correspondente — lproc, no nosso caso.)

A última função do módulo, exit, é bastante simples.

```
static int ll_exit (lua_State *L) {
  pthread_exit(NULL);
  return 0;
}
```

Somente o processo principal tem de chamar essa função quando terminar, para evitar o fim imediato de todo o programa.

Nosso último passo é definir a função de abertura para o módulo lproc. A função de abertura luaopen_lproc (Listagem 31.6) deve registrar as funções do módulo, como é usual, mas deve também criar e inicializar a estrutura Proc do processo em execução.

Listagem 31.6
Função de abertura para o módulo lproc

```
static const struct luaL_reg ll_funcs[] = {
  {"start", ll_start},
  {"send", ll_send},
  {"receive", ll_receive},
  {"exit", ll_exit},
  {NULL, NULL}
};

int luaopen_lproc (lua_State *L) {
  /* cria o seu próprio bloco de controle */
  Proc *self = (Proc *)lua_newuserdata(L, sizeof(Proc));
  lua_setfield(L, LUA_REGISTRYINDEX, "_SELF");
  self->L = L;
  self->thread = pthread_self();
  self->channel = NULL;
  pthread_cond_init(&self->cond, NULL);
  luaL_register(L, "lproc", ll_funcs);  /* abre a biblioteca */
  return 1;
}
```

Como explicado anteriormente, essa implementação de processos em Lua é muito simples. Há inúmeras melhorias que você pode fazer. Aqui, eu discutirei brevemente algumas delas.

Uma primeira melhoria óbvia é trocar a busca linear por um canal correspondente. Uma alternativa interessante é usar uma tabela de dispersão (*hash table*) para localizar um canal e usar listas de espera independentes para cada um.

Outra melhoria é relacionada à eficiência da criação de processos. A criação de novos estados Lua é uma operação leve. No entanto, a abertura de todas as bibliotecas-padrão não é tão leve, e a maioria dos processos provavelmente não precisará de todas elas. Nós podemos evitar o custo de abrir uma biblioteca usando o pré-registro de bibliotecas que discutimos na Seção 15.1. Com essa abordagem, em vez de chamar `luaL_requiref` para cada biblioteca-padrão, nós apenas colocamos a função de abertura da biblioteca na tabela `package.preload`. Se o processo chamar `require "lib"`, então — e apenas então —, require chamará a função associada para abrir a biblioteca. A função `registerlib`, na Listagem 31.7, faz esse registro.

Listagem 31.7
Registrando bibliotecas para abertura sob demanda

```
static void registerlib (lua_State *L, const char *name,
                                      lua_CFunction f) {
  lua_getglobal(L, "package");
  lua_getfield(L, -1, "preload");   /* obtém 'package.preload' */
  lua_pushcfunction(L, f);
  lua_setfield(L, -2, name);   /* package.preload[name] = f */
  lua_pop(L, 2);   /* desempilha as tabelas 'package' e 'preload' */
}

static void openlibs (lua_State *L) {
  luaL_requiref(L, "_G", luaopen_base, 1);
  luaL_requiref(L, "package", luaopen_package, 1);
  lua_pop(L, 2);   /* remove os resultados das chamadas anteriores */
  registerlib(L, "io", luaopen_io);
  registerlib(L, "os", luaopen_os);
  registerlib(L, "table", luaopen_table);
  registerlib(L, "string", luaopen_string);
  registerlib(L, "math", luaopen_math);
  registerlib(L, "debug", luaopen_debug);
}
```

É sempre uma boa ideia abrir a biblioteca básica. Você também precisa da biblioteca de pacotes; caso contrário, você não terá `require` disponível para abrir outras bibliotecas (você não terá nem mesmo a tabela `package.preload`). Todas as outras bibliotecas podem ser opcionais. Assim, em vez de chamar `luaL_openlibs`, você pode chamar a sua própria função `openlibs` (mostrada também na Listagem 31.7) ao abrir novos estados. Sempre que um processo precisar de uma dessas bibliotecas, ele poderá requisitá-la explicitamente, e `require` chamará a função `luaopen_*` correspondente.

Outras melhorias envolvem as primitivas de comunicação. Por exemplo, seria útil prover limites de tempo para `lproc.send` e `lproc.receive` aguardarem um casamento. Como um caso particular, um limite zero tornaria essas funções não bloqueantes. Com *threads* POSIX, poderíamos implementar essa funcionalidade usando `pthread_cond_timedwait`.

Exercícios

31.1 Como vimos, se uma função chamar `lua_yield` (a versão sem uma continuação), o controle retornará para a função que a chamou quando a *thread* for novamente retomada. Que valores a função chamadora receberá como resultados dessa chamada?

31.2 Modifique a biblioteca `lproc` para que ela possa enviar e receber outros tipos primitivos, como booleanos e números. (Dica: você precisa apenas modificar a função `movevalues`.)

31.3 Implemente, na biblioteca `lproc`, uma operação send não bloqueante.

32

Gerência de Memória

Lua aloca dinamicamente todas as suas estruturas de dados. Todas elas crescem conforme necessário e, eventualmente, diminuem ou desaparecem.

Lua mantém um controle rígido sobre o seu uso de memória. Quando fechamos um estado Lua, ela libera explicitamente toda a sua memória. Além disso, todos os objetos em Lua estão sujeitos à coleta de lixo: não apenas tabelas e cadeias, mas também funções, *threads* e módulos (pois, na verdade, eles são tabelas).

A forma com que Lua gerencia a memória é conveniente para a maioria das aplicações. No entanto, algumas aplicações especiais podem requerer adaptações, por exemplo, para executar em ambientes de memória restrita ou reduzir as pausas de coleta de lixo a um mínimo. Lua permite essas adaptações em dois níveis. No mais baixo, nós podemos definir a função de alocação usada por Lua. Em um nível mais alto, podemos definir alguns parâmetros que controlam o coletor de lixo ou podemos, até mesmo, obter controle direto sobre ele. Neste capítulo, cobriremos essas comodidades.

32.1 A Função de Alocação

O núcleo de Lua não assume nada sobre como alocar memória: ele não chama nem `malloc` nem `realloc` para tal. Em vez disso, ele faz toda a sua alocação e liberação de memória por meio de uma única *função de alocação*, que o usuário deverá prover quando criar um estado Lua.

A função `luaL_newstate`, que temos usado para criar estados, é uma função auxiliar que cria um estado Lua com uma função de alocação padrão. Esta usa as funções malloc-realloc-free da biblioteca-padrão de C, que são (ou deveriam ser) boas o suficiente para as aplicações regulares. No entanto, é bastante fácil obter um controle completo sobre a alocação de Lua criando o seu estado com a primitiva lua_newstate:

```
lua_State *lua_newstate (lua_Alloc f, void *ud);
```

Essa função recebe dois argumentos: uma função de alocação e um dado do usuário. Um estado criado dessa forma faz toda a sua alocação e liberação de memória chamando f (até a própria estrutura lua_State é alocada por f).

O tipo lua_Alloc da função de alocação é definido como a seguir:

```
typedef void * (*lua_Alloc) (void *ud,
                             void *ptr,
                             size_t osize,
                             size_t nsize);
```

O primeiro parâmetro é sempre o dado do usuário que fornecemos a lua_newstate; o segundo é o endereço do bloco sendo realocado ou liberado; o terceiro é o tamanho original do bloco; e o último parâmetro é o tamanho de bloco requisitado.

Lua garante que, se ptr não for NULL, ele foi previamente alocado com tamanho osize.

Lua identifica NULL com blocos de tamanho zero. Quando nsize for zero, a função de alocação deverá liberar o bloco apontado por ptr e retornar NULL, o que corresponde a um bloco do tamanho requerido (zero). Quando ptr for NULL, a função deverá alocar e retornar um bloco com o tamanho requerido; se não puder alocar o bloco, ela deverá retornar NULL. Se ptr for NULL e nsize for zero, ambas as descrições anteriores se aplicam: o resultado final é que a função de alocação não faz nada e retorna NULL.

Finalmente, quando ptr não for NULL e nsize não for zero, a função de alocação deverá realocar o bloco, como realloc, e retornar o novo endereço (que pode ser ou não o mesmo que o original). Novamente, em caso de erros, ela deve retornar NULL. Lua assume que a função de alocação nunca falha quando o novo tamanho é menor ou igual ao anterior (Lua diminui algumas estruturas durante a coleta de lixo e é incapaz de se recuperar de erros nessa situação).

A função de alocação padrão usada por luaL_newstate tem a seguinte definição (extraída diretamente do arquivo lauxlib.c):

```
void *l_alloc (void *ud, void *ptr, size_t osize, size_t nsize) {
  if (nsize == 0) {
    free(ptr);
    return NULL;
  }
  else
    return realloc(ptr, nsize);
}
```

Ela assume que free(NULL) não faz nada e que realloc(NULL, size) é equivalente a malloc(size). O padrão ANSI C garante ambos os comportamentos.

Você pode obter o alocador de memória de um estado Lua chamando lua_getallocf:

```
lua_Alloc lua_getallocf (lua_State *L, void **ud);
```

Se ud não for NULL, a função atribui a *ud o valor do dado de usuário para esse alocador. Você pode alterar o alocador de memória de um estado Lua chamando lua_setallocf:

```
void lua_setallocf (lua_State *L, lua_Alloc f, void *ud);
```

Tenha em mente que qualquer novo alocador será responsável pela liberação dos blocos que já foram alocados pelo anterior. Em geral, a nova função é um envelope (*wrapper*) ao redor da função antiga, por exemplo, para rastrear alocações ou sincronizar acessos ao *heap*.

Internamente, Lua não mantém blocos de memória liberados para reutilização. Lua assume que a função de alocação cumpre essa tarefa; bons alocadores cumprem. Lua também não tenta minimizar fragmentações. Estudos mostram que estas resultam mais de estratégias ruins de alocação do que do comportamento de programas; bons alocadores não criam muita fragmentação.

É difícil superar um alocador bem implementado, mas, algumas vezes, você pode tentar. Por exemplo, Lua lhe dá o tamanho antigo de qualquer bloco que libere ou realoque. Assim, um alocador especializado não precisa guardar as informações sobre o tamanho do bloco, reduzindo o custo de memória adicional para cada bloco.

Outra situação em que você pode melhorar a alocação de memória é em sistemas *multithreading*. Esses sistemas tipicamente demandam sincronização para as suas funções de alocação de memória, pois usam um recurso global (memória). No entanto, o acesso a um estado Lua também deve ser sincronizado — ou, melhor ainda, restrito a uma *thread*, como na nossa implementação de lproc, no Capítulo 31. Assim, se cada estado Lua alocar memória de um *pool* privado, o alocador poderá evitar os custos de sincronizações extras.

32.2 O Coletor de Lixo

Até a versão 5.0, Lua sempre usou um coletor de lixo simples *mark-and-sweep* (GC, do inglês *garbage collector*). Ele é, algumas vezes, chamado de coletor "pare o mundo". Isso significa que, de tempos em tempos, Lua para de interpretar o programa principal para executar um ciclo completo de coleta de lixo. Cada ciclo é composto por três fases: *marcação* (*mark*); *limpeza* (*cleaning*); e *varredura* (*sweep*).

Lua começa a primeira fase marcando como vivo o seu *conjunto-raiz*, composto pelos objetos aos quais Lua tem acesso direto: o registro e a *thread* principal. Qualquer objeto armazenado em um objeto vivo é alcançável pelo programa e, assim, é também marcado como vivo. Essa fase de marcação termina quando todos os objetos alcançáveis forem marcados dessa forma.

Antes de começar a fase de varredura, Lua executa a fase de limpeza, que é relacionada aos finalizadores e às tabelas fracas. Primeiramente, Lua percorre todos os objetos marcados para finalização, procurando os não marcados. Estes são marcados como vivos (ressuscitados) e colocados em uma lista separada a ser usada na fase de finalização. Em segundo lugar, Lua percorre as suas tabelas fracas e remove delas todas as entradas em que a chave ou o valor não estiverem marcados.

A fase de varredura percorre todos os objetos Lua (para permitir isso, Lua mantém todos os objetos que ela cria em uma lista encadeada). Se um objeto não estiver marcado como vivo, Lua o coletará; caso contrário, limpará a sua marca como preparação para o ciclo seguinte. Durante essa fase, Lua também chamará os finalizadores dos objetos que foram separados na fase de limpeza.

Com a versão 5.1, Lua ganhou um *coletor incremental*. Ele executa os mesmos passos do coletor antigo, mas não precisa parar o mundo durante esse processo. Em vez disso, ele executa entrelaçado com o interpretador. Toda vez que o intepretador aloca alguma porção de memória, o coletor executa um pequeno passo. Isso significa que, enquanto o coletor estiver trabalhando, o interpretador poderá alterar a alcançabilidade de um objeto. Para garantir a correção do coletor, algumas operações do interpretador têm barreiras que detectam alterações perigosas e corrigem as marcas dos objetos envolvidos.

32.2.1 A API do coletor de lixo

Lua oferece uma API que nos permite exercer algum controle sobre o coletor de lixo. A partir de C, nós usamos `lua_gc`:

```
int lua_gc (lua_State *L, int what, int data);
```

A partir de Lua, nós usamos a função `collectgarbage`:

```
collectgarbage(what [, data])
```

Ambas oferecem a mesma funcionalidade. O argumento what (uma enumeração em C, uma cadeia em Lua) especifica o que fazer. As opções são:

LUA_GCSTOP ("stop"): para o coletor até uma outra chamada a `collectgarbage` (ou a `lua_gc`) com a opção "restart";

LUA_GCRESTART ("restart"): reinicia o coletor;

LUA_GCCOLLECT ("collect"): executa um ciclo completo de coleta de lixo, para que todos os objetos inalcançáveis sejam coletados e finalizados. Essa é a opção-padrão para `collectgarbage`;

LUA_GCSTEP ("step"): executa algum trabalho de coleta de lixo. A porção de trabalho é equivalente ao que o coletor faria após a alocação de data *bytes*;

LUA_GCCOUNT ("count"): retorna o número de *kilobytes* de memória atualmente em uso por Lua. Esse contador inclui objetos mortos que ainda não tenham sido coletados;

LUA_GCCOUNTB (*não disponível*): retorna a fração do número de *kilobytes* de memória atualmente em uso por Lua. Em C, a próxima expressão calcula o número total de *bytes* (assumindo que este número caiba em um int):

```
(lua_gc(L, LUA_GCCOUNT, 0) * 1024)
    + lua_gc(L, LUA_GCCOUNTB, 0)
```

Em Lua, o resultado de collectgarbage("count") é um número de ponto flutuante, e o número total de *bytes* pode ser calculado como se segue:

```
collectgarbage("count") * 1024
```

Dessa forma, collectgarbage não tem um equivalente para esta opção;

LUA_GCSETPAUSE ("setpause"): atribui um valor ao parâmetro pause do coletor. O valor é dado por data em termos de porcentagem: quando data for 100, o parâmetro receberá 1 (100%);

LUA_GCSETSTEPMUL ("setstepmul"): atribui um valor ao parâmetro multiplicador de passo (stepmul) do coletor. O valor é dado por data, também em termos de porcentagem.

Qualquer coletor de lixo troca memória por tempo de CPU. Em um extremo, o coletor poderia nem sequer executar. Ele não gastaria nenhum tempo de CPU, ao custo de um enorme consumo de memória. No outro extremo, o coletor poderia executar um ciclo completo para cada mudança no grafo de acessibilidade. O programa usaria exatamente o mínimo de memória necessário, ao custo de um enorme consumo de CPU. Os coletores de lixo reais tentam encontrar um bom equilíbrio entre esses dois extremos.

Assim como sua função de alocação, o coletor de lixo de Lua é bom o bastante para a maioria das aplicações. No entanto, em alguns cenários, vale a pena tentar otimizar o coletor. Os parâmetros pause e stepmul permitem algum controle sobre as características do coletor.

O parâmetro pause controla quanto tempo o coletor espera entre o fim de uma coleta e o início da próxima. Um valor zero faz com que Lua comece uma nova coleta assim que a anterior terminar. Um valor de 200% faz com que o coletor espere o uso de memória dobrar antes de começar uma nova coleta. Você pode atribuir um valor menor se quiser trocar mais tempo de CPU por um uso menor de memória. Tipicamente, você deve manter esse valor entre 0 e 200%.

O parâmetro multiplicador de passo (stepmul) controla quanto trabalho o coletor realiza para cada *kilobyte* de memória alocado. Quanto mais alto for o valor, menos incremental será o coletor. Um valor enorme como 100000000% fará com que o coletor trabalhe como um coletor não incremental. O valor-padrão é 200%. Valores menores do que 100% tornam o coletor tão lento que ele pode nunca terminar uma coleta.

As outras opções de lua_gc lhe dão controle sobre quando o coletor executa. Jogos são clientes típicos desse tipo de controle. Por exemplo, se você não quiser nenhum trabalho de coleta de lixo durante alguns períodos, você pode interrompê-lo com uma chamada collectgarbage("stop") e, depois, reiniciá-lo com collectgarbage("restart"). Nos sistemas em que você tenha fases periódicas de inatividade, você poderá manter o coletor parado e chamar collectgarbage("step",n) durante o tempo inativo. Para especificar quanto trabalho fazer em cada período inativo, você pode escolher experimentalmente um valor apropriado para n ou chamar collectgarbage em um laço, com n valendo zero (significando pequenos passos), até que o período expire.

Exercícios

32.1 Escreva uma biblioteca que permita a um *script* limitar a quantidade total de memória usada por seu estado Lua. Ela pode oferecer uma única função, setlimit, para especificar esse limite.

A biblioteca deve estabelecer a sua própria função de alocação. Esta função antes de chamar o alocador original, verifica o total de memória em uso e retorna NULL se a memória requisitada exceder o limite.

(Dica: a biblioteca pode usar lua_gc para inicializar o seu contador de *bytes* quando iniciar. Ela também pode usar os dados do usuário da função de alocação para manter o seu estado: o contador de *bytes*, o limite de memória corrente etc.; lembre-se de usar os dados do usuário originais ao chamar a função de alocação original.)

32.2 Para este exercício, você precisa de, pelo menos, um *script* Lua que use muita memória. Se você não tiver um, escreva-o. (Ele pode ser tão simples quanto um laço criando tabelas.)

- Execute o seu *script* com diferentes parâmetros GC. Como eles afetam o desempenho do *script*?
- O que acontecerá se você atribuir zero ao parâmetro pause? E o que acontecerá se você atribuir 1000?
- O que acontecerá se você atribuir zero ao multiplicador de passo? E o que acontecerá se você atribuir 1000000?

- Adapte o seu *script* para que ele tenha controle completo sobre o coletor de lixo. Ele deve manter o coletor parado e chamá-lo de tempos em tempos para fazer algum trabalho.

Você consegue melhorar o desempenho do seu *script* com essa abordagem?

Índice

^, 22
@, 8, 243
#, 7
%, 22, 207, 210, 212, 238
~=, 23
==, 23
-, 7
..., 8, 48, 76
[=[, 15
-e, 7
-i, 5
-l, 8

A

acesso bruto, 139, 140, 297
acos, 195
açúcar sintático, 54
Ada, vi
__add, 132, 135
ajuste, 259
algoritmo
    de cadeias de Markov, 100, 103, 107
    de Dijkstra, 121
    de multiplicação binária, 84
ambiente global, 145
and, 6, 24, 197
ANSI C, 46, 79, 160, 237, 282
argumentos
    de linha de comando, 8
    extras, 48, 49
    nomeados, 50, 51
    padrão, 43
arquivo(s)
    binários, 231-233
    de dados, 122-124
    temporário, 234
array(s), 111, 112, 289
    associativos, 16, 185
    de booleanos, 302
arshift, 199
ASCII, 14, 206, 214, 223, 224
asin, 195
assert, 73, 76, 231
atexit, 190
atribuição, 30
    múltipla, 30
autômato finito, 39
avaliação de curto-circuito, 24

B

backtracking, 102
band, 198, 199
biblioteca(s)
    auxiliar, 257
    C, 79, 160, 162, 168, 259, 299
    de cadeias, 205
    de depuração, 155, 242
    -padrão, 36, 195, 256, 258, 339

BibTeX, 123
bit32, 198
bit32.extract, 200
bloco, 31
bnot, 198
boolean, 11
bor, 198, 199
break, 37, 38, 64
btest, 199
Buffer de cadeia, 117, 118
buraco, 26
buscadores, 162
bxor, 198

C

C chamando Lua, 266, 275, 342
C#, 259
C++, 177, 259, 265
cadeia, 12, 13
    literal, 13, 14
caixa de areia, 58
calculadora, 8
callback, 57, 123, 282
canal, 332, 334, 336, 339
captura, 214
    de posição, 214
    vazia, 214
caracteres mágicos, 211
carregador, 159, 160, 162, 164, 337
casamento de padrões, 220, 221
ceil, 195
cerquilha, 7
chamada(s)
    final, 60
    genérica, 46,
    orientadas a objetos, 43
chamando C a partir de Lua, 280, 281, 283, 285, 287
classe(s), 171, 172
    de caracteres, 210, 211
codificação de URLs, 218
código
    de aplicação, 255
    de biblioteca, 255
    não confiável, 20, 58, 78
coerção, 16, 198, 262
coleta de lixo, 181
coletor incremental, 344, 346
collectgarbage, 183, 188, 189, 190
comando(s), 32, 37
    de sistema, 240
    switch, 34, 262

combinações, 52, 99
comentário(s), 6
    de bloco, 6
    longo, 14, 15
compilação, 73, 74, 76
comunicação síncrona, 332
concat, 118
_concat, 291
concatenação, 25, 27, 203
concorrência, 327, 332
conexão TCP, 95
conjunto
    de caracteres, 212
    raiz, 343
constantes numéricas, 12, 22
construtor, 27-29, 112
    de tabela, 27-29, 42, 54
continuações, 284
continue, 38, 39
conversão, 19, 228
coroutine, 86
coroutine.create, 87, 93
coroutine.resume, 87
coroutine.wrap, 93
Corrotina, 86-89
cos, 42, 55, 151, 195
create, 86, 87
CSV, 122, 124

D

dado(s)
    autodescritivos, 124
    binário, 12, 77
    C, 20, 306
data e hora, 237-240
date, 42, 209, 211, 215, 237-240
debug, 83
debug.debug, 83, 248, 252
debug.getinfo, 148, 149, 243-248, 250
debug.getlocal, 244, 245, 247
debug.getregistry, 295
debug.sethook, 248, 250, 251
debug.setlocal, 245, 246
debug.setupvalue, 154, 155, 246
debug.traceback, 84, 244, 246
definições de tipo, 10
deg, 195
depuração, 242-249, 256, 295
depurador, 242
derivada, 55, 57
descrição de dados, 4, 124

descritor de arquivo, 230
deslocamento, 199, 200
　aritmético, 199
despachante, 96-99
despertares espúrios, 334
distribuição gaussiana, 196
`__div`, 135
divisão de cadeias, 22
do, 32, 37, 48, 146, 151
`dofile`, 5, 9, 73, 74, 123, 124
dump, 77, 234, 263, 306

E

eliminação de chamada final, 60, 61
else, 33, 37
`elseif`, 34, 39
end, 32, 33, 37, 146
`_ENV`, 150-156, 165, 166, 246, 247
`__eq`, 127, 136, 137
erro de representação, 11
error, 80, 82, 83, 136
escopo, 31
　léxico, 55
espera ocupada, 97, 98
estado Lua, 331
estrutura(s)
　de controle, 33
　de dados, 111
exceção, 80, 294
`exit`, 4, 191, 240, 258, 332, 338
exp, 66, 125, 195
expansão
　de tabuladores, 219-221
　de variáveis, 217
Expat, 313
exponenciação, 22, 27, 29, 135, 195
expressão(ões)
　construtora, 17
　de condição, 33, 35
　regulares, 208
　vararg, 48
`extract`, 200

F

fábrica, 63, 64, 66, 67, 93, 177, 298
false, 11
fecho, 56, 57
　C, 297
fila, 114, 115
filtro, 91, 301

fim de arquivo, 4, 230
finalizador, 188-191, 276, 321, 323, 325
`find`, 207, 208
`floor`, 22, 85, 195
`flush`, 235
fluxo de erro padrão, 235, 258
`fopen`, 230
for, 33-37, 63-70, 91, 92, 145, 208
`format`, 207, 219
Fortran, 259
`free`, 342, 343
FreeBSD, 79
função(ões)
　anônima, 54
　C, 280-282
　de alocação, 341-343
　de arredondamento, 195
　de continuação, 284, 285, 330, 331
　de introspecção, 242, 243, 246
　de leitura, 75, 84
　de ordem superior, 55, 57
　de pânico, 266
　de tratamento de mensagens, 276
　integral, 61, 177
　local(is), 56, 59
　　recursivas, 59, 60
　map, 290
　matemáticas, 20, 157, 195
　privada, 163, 165
　trigonométricas, 195
　variádica, 47-49

G

`_G`, 145-147, 217, 339
gancho, 242, 248
`__gc`, 188-192, 313, 314, 316, 321, 325
GC, 343
geração automática de código, 39
gerador, 71, 89
gerência
　de memória, 259
　de recursos, 181, 313
gerenciamento de memória, 13, 181
`getinfo`, 244
`getlocal`, 244
`getmetatable`, 138
`getupvalue`, 245, 247
`gmatch`, 146, 207, 210, 218
`goto`, 37-39
grafema, 225
`gsub`, 207, 210, 215-218, 220, 222, 224, 228, 229

H

herança, 173, 174
hexadecimal, 14, 207, 218
HTTP, 95, 96, 218
huge, 35, 91, 195, 229, 244, 247

I

identificador, 6
IEEE 754, 11, 136
if(s), 33
    aninhados, 34
in, 6, 66
__index, 138-140, 143, 172, 173, 175, 265, 308, 309, 323
insert, 105, 114, 201
instância, 171
interpretador de linha de comando, 7
io.input, 227, 232
io.lines, 36, 75, 229, 231, 232
io.open, 58, 81, 230-234
io.output, 227, 231, 232
io.read, 228
io.stderr, 231, 235
io.stdin, 231, 305, 308
io.stdout, 231, 235
io.write, 228
__ipairs, 142, 144
ipairs, 64, 67, 133, 134, 202, 203
iterador, 63, 70
    de diretórios, 313, 314
    sem estado, 67, 68

J

Java, 17, 70, 117, 118, 177, 259, 265
jogo de labirinto, 39, 40, 62

L

label, 38, 39
laço principal, 82, 97
lambda cálculo, 53
LaTeX, 216, 217
lauxlib.h, 257, 283, 290
__le, 136, 137
__len, 144, 310, 311
letras
    maiúsculas, 6
    minúsculas, 6

linguagem(ns)
    baseadas em protótipos, 171
    de configuração, 268
    de extensão, 255
    embarcada, 255
    extensível, 255
    interpretada, 73
    orientada a objetos, 170, 177
    segura, 266
linha ativa, 242, 243, 250
linit.c, 287
Linux, 79, 224, 287
lista, 18
    encadeada, 114
lmathlib.c, 256
load, 74-78, 84, 85, 146, 150, 151, 154, 155, 183
loadfile, 73-75, 77, 151, 154, 155, 159, 168
loadlib, 79, 159, 160, 168
local, 31, 32, 161
localização, 6, 23, 24, 83, 239-241, 250, 251, 286
log, 195
log10, 195
logaritmos, 195
longjmp, 266
lrotate, 199
lshift, 199
lstrlib.c, 256, 293
__lt, 136, 137
Lua, 4, 7, 10, 341
    for Windows, 161, 232, 233, 240
lua.c, 7, 256
lua.h, 257, 259, 261, 262, 265, 281, 283, 315, 319, 332
lua.hpp, 259
lua_Alloc, 342, 343
lua_atpanic, 266
lua_call, 282, 290
lua_CFunction, 281, 330, 339
lua_checkstack, 261, 277
lua_close, 257, 258, 265, 328, 337
lua_concat, 291, 293
lua_copy, 264
LUA_CPATH, 161
LUA_CPATH_5_2, 161
lua_createtable, 300
LUA_ERRERR, 276
LUA_ERRGCMM, 276
LUA_ERRMEM, 276
lua_error, 267
LUA_ERRRUN, 276
lua_gc, 344-346
LUA_GCCOLLECT, 344

LUA_GCCOUNT, 345
LUA_GCCOUNTB, 345
LUA_GCRESTART, 344
LUA_GCSETPAUSE, 345
LUA_GCSETSTEPMUL, 345
LUA_GCSTEP, 345
LUA_GCSTOP, 344
lua_getallocf, 343
lua_getctx, 285
lua_getfield, 272
lua_getglobal, 269
lua_gettable, 271, 272, 289, 297
lua_gettop, 263, 264, 328
LUA_INIT, 8
LUA_INIT_5_2, 8
lua_insert, 264, 267, 284, 285, 290, 295
lua_Integer, 260, 262
lua_isnone, 299, 300
lua_isnumber, 261, 262, 269, 271
lua_isstring, 261, 274
lua_istable, 261, 271, 274
lua_len, 291
LUA_MINSTACK, 261
lua_newstate, 331, 342
lua_newtable, 273, 282, 283, 292, 300, 301, 324
lua_newthread, 328-330
lua_newuserdata, 303, 314, 315, 320, 338
lua_next, 288
LUA_NOREF, 296
lua_Number, 260, 262
LUA_OK, 275, 285, 330
LUA_PATH, 161
LUA_PATH_5_2, 161
lua_pcall, 257, 258, 260, 266, 267, 269, 274-277, 282, 284, 285, 291, 328, 329, 337
lua_pcallk, 284, 285
lua_pop, 258, 264
lua_pushboolean, 260
lua_pushcclosure, 298-300, 315
lua_pushcfunction, 281, 316, 339
lua_pushfstring, 292, 293, 310
lua_pushinteger, 260
lua_pushlightuserdata, 296, 297, 311, 312
lua_pushlstring, 260, 261, 291, 292, 323
lua_pushnil, 260, 265, 267, 283
lua_pushnumber, 260, 328
lua_pushstring, 260, 261, 271, 282, 329
lua_pushunsigned, 260
lua_pushvalue, 264
lua_rawgeti, 289, 290, 294, 296
lua_rawgetp, 297
lua_rawseti, 289, 290, 292, 297

lua_rawsetp, 297
LUA_REFNIL, 296
LUA_REGISTRYINDEX, 295
lua_remove, 264, 265, 267, 295
lua_replace, 264, 265, 298
lua_resume, 329-331
lua_setallocf, 343
lua_setfield, 273
lua_setglobal, 273
lua_setmetatable, 307
lua_settable, 272, 282, 289, 297
lua_settop, 264, 265, 322, 336
lua_state, 258, 269, 328, 342
LUA_TBOOLEAN, 262, 263
LUA_TFUNCTION, 262, 290
LUA_TNIL, 262
LUA_TNONE, 299
LUA_TNUMBER, 262, 263
lua_toboolean, 262, 263, 304, 308
lua_tointeger, 262, 269, 298, 330
lua_tolstring, 262, 263
lua_tostring, 258, 261-263, 269
LUA_TSTRING, 262, 263
LUA_TTABLE, 262, 290, 294, 320
LUA_TTHREAD, 262
LUA_TUSERDATA, 262
lua_type, 262, 263
lua_typename, 263, 328
lua_unsigned, 260, 262
lua_upvalueindex, 298, 299, 300, 316
LUA_USE_APICHECK, 256
lua_xmove, 329
LUA_YIELD, 285, 329, 330
lua_yield, 331, 340
lua_yieldk, 330, 331
luac, 77, 78
luaconf.h, 12
LuaExpat, 317
luaL_addchar, 294
luaL_addlstring, 294
luaL_addstring, 294
luaL_addvalue, 294
luaL_argcheck, 299, 300, 303-305, 307, 322
luaL_buffer, 293, 294
luaL_buffinit, 294
luaL_buffinitsize, 293
luaL_checkany, 284, 285, 304, 307
luaL_checkint, 299, 303, 304, 307
luaL_checkinteger, 304
luaL_checknumber, 281, 282
luaL_checkstring, 282, 283, 292, 315, 336, 337
luaL_checktype, 290, 294, 320

luaL_checkudata, 306, 307, 322, 324
luaL_error, 267, 315, 320, 337
luaL_getmetatable, 306, 307, 315, 320
luaL_len, 290, 291, 294
luaL_loadfile, 269
luaL_loadstring, 257, 258, 260, 337
luaL_newlib, 286, 287, 299, 300, 305, 306, 309, 311, 316, 325
luaL_newlibtable, 299-301
luaL_newmetatable, 306, 309, 311, 316, 325
luaL_newstate, 257, 258, 265, 331, 337, 341, 342
luaL_openlibs, 257, 258, 281, 287, 337, 339
luaL_optint, 299, 300
luaL_pushresult, 294
luaL_pushresultsize, 293
luaL_ref, 296
luaL_reg, 286, 287, 300, 305, 309-311, 316, 325
luaL_requiref, 337, 339
luaL_setfuncs, 299-301, 309, 311, 325
luaL_unref, 296
lualib.h, 257, 258, 295
LuaSocket, 95, 98, 237

M

Mac OS X, 79
malloc, 311, 341, 343
manipulação de arquivos, 20, 227, 237
manual de referência, 195, 207, 256
máquina de estados, 39-41
mark (coleta de lixo), 343
match, 207, 209, 214, 215
math, 35, 158, 195
math.huge, 35
math.random, 196
math.sin, 16, 57, 58, 158
matriz, 112, 113
   de adjacências, 113
   esparsa, 113
max, 24, 35, 195
mecanismo(s)
   de ligação dinâmica, 78, 79, 287
   de privacidade, 177
memorização, 184, 186-188, 191
metamétodo, 132, 135
metaprogramação, 145
metatabela, 13, 132, 135, 305, 306
__metatable, 138
método
   de despacho, 179
   orientado a objetos, 310, 323
MIME, 229

min, 195, 238
minha velha máquina Pentium, 117, 124, 221
__mod, 135
__mode, 182-187, 191
modo
   interativo, 4, 5, 7, 8, 32, 151
   protegido, 82, 88, 266, 282
módulo, 22, 23, 115, 135, 157-160, 163, 164, 286
   C, 286, 288
__mul, 135
multiconjuntos, 116, 117
multiplicador de passo, 345, 346
múltiplos resultados, 44, 275
multitarefa, 92, 94, 95, 99
mutex, 332, 333

N

NaN, 136
negação de serviço, 154
__newindex, 140, 141, 148
NewtonScript, 171
next, 68, 69, 333
nil, 7, 11
nível de pilha (biblioteca de depuração), 83, 242, 295
nome, 5, 8, 38, 43, 53, 119, 150, 167, 179, 232, 234, 250, 306
   de tipo, 263, 306
   livre, 150
not, 24, 25, 136, 198, 247, 271
number, 10, 11, 282
número variável de argumentos, 45, 47, 76, 207

O

objeto, 17, 169, 171, 177, 185, 188, 189, 313, 321
   de método único, 174, 179
open, 58, 231
operações de manipulação de bits, 197-199
operador(es)
   aritméticos, 22, 138
   de comprimento, 13, 25, 26
   de módulo, 22, 23
   de ordem, 23, 136, 224
   dois-pontos, 43, 170
   lógicos, 24
   relacionais, 23, 136, 138
or, 24, 148, 198
ordem parcial, 136
ordenação, 54, 204, 289
   estável, 204

os, 51, 237
os.clock, 239
os.date, 240
os.execute, 240
os.exit, 240
os.getenv, 240
os.remove, 237
os.rename, 237
os.setlocale, 240
os.time, 196

P

package.cpath, 161
package.loaded, 159, 160, 337
package.loadlib, 79
package.path, 161
package.preload, 162, 166, 168
package.searchers, 162
package.searchpath, 162
pacote, 166, 317
padrão de fronteira, 214
__pairs, 142, 143
pairs, 36, 66, 68, 138
palavra reservada, 6, 38, 116
palíndromo, 200
pcall, 82, 83, 258, 260, 266, 269, 275, 276, 282, 284, 329
perfilador, 249
Perl, 48, 166, 208
permutações, 93, 94
persistência, 122
peso de Hamming, 200
pi, 207
pilha, 256, 259-265, 283
    API C, 261, 264, 312
pipes, 89, 92
polinômio, 29, 61, 62
ponteiros soltos, 181
ponto de parada, 243, 252
ponto e vírgula, 4, 29, 161, 210
posição de arquivo, 228, 230, 235, 261
POSIX, 208, 237, 282, 332, 334, 340
    regex, 208
__pow, 135
pré-carga, 162
precedência de operadores, 24, 27
preload, 162, 166, 168, 339
print, 6, 45, 47, 48, 71, 152, 153, 225, 228, 248, 258
printf, 207, 263, 328, 330
problema das oito rainhas, 100, 107

procedimento, 30, 33, 42
processos UNIX, 92, 332
procura de caminho, 119, 160, 162, 167, 168
programação funcional, 20, 53, 57
pseudoíndice, 295, 298
pthreads, 332, 334
Python, 89

Q

quebra de linha, 14, 126

R

rad, 195
raiz
    cúbica, 22
    quadrada, 22
rand, 196
random, 106, 195, 196, 251
randomseed, 195, 196
rawget, 139, 148, 290
rawset, 140, 148, 149, 290
read, 227-230
realloc, 341-343
redo, 38
referência, 296
    fraca, 182
região crítica, 95
registro, 295
remove, 114, 117, 237
repeat, 6, 33-35, 37, 81
replace, 200, 264, 265, 298
representante (proxy), 141, 143
require, 79, 157-162, 167, 287, 339
ressurreição, 189
resume, 88, 90, 93, 94, 99, 246, 283, 330
return, 337
RGB, 270
rotação, 199
rrotate, 199
rshift, 199

S

SAX, 316
Scheme, 17
seek, 235
select, 98, 99, 209, 212
self, 169, 170, 171
semáforo, 327
sequência, 19, 25

de escape, 14, 15, 29
serialização, 125
sethook, 248, 250, 251
setjmp, 265, 266
setlocal, 245, 246
setlocale, 240, 241
setmetatable, 132, 133, 165
setvbuf, 235
Simula, 177
sin, 57, 80, 195
slnunicode, 226
Smalltalk, 177
sockets, 98, 237
Solaris, 79
sort, 54-57, 202
split, 226, 291, 292, 301
sprintf, 292
status, 87
stdin, 230
stdout, 230
string, 10, 146, 205
string.byte, 206
string.char, 206
string.dump, 77, 234
string.find, 64, 208
string.format, 126, 207, 224
string.gmatch, 210
string.gsub, 209
string.len, 224
string.lower, 205, 222, 224
string.match, 209, 214
string.rep, 224
string.reverse, 224
string.sub, 206, 224
string.upper, 293
__sub, 135, 144
subclasse, 173, 175, 179
submódulo, 162, 166, 167
sweep (coleta de lixo), 343

T

tabela(s), 16-19, 114, 202, 207, 238, 243
   de ambiente, 154
   de data, 238
   efêmera, 188
   fraca, 181, 182
   reversa, 36, 37, 54
   somente de leitura, 143
table, 10, 16, 114, 201, 339
table.concat, 203
table.insert, 201
table.pack, 49
table.remove, 202
table.sort, 54, 202
table.unpack, 46, 47, 51, 207
tamanho do arquivo, 96, 123, 235
tan, 195
Tcl/Tk, 179
then, 37
this, 170, 190
thread(s), 86, 328
   POSIX, 332, 334, 340
   principal, 328
time, 237
tipo(s)
   básicos, 10, 129, 137
   inteiro, 11, 260
tmpfile, 234
tonumber, 16, 218
__tostring, 137, 310-312
tostring, 137
traceback, 83, 84, 244, 246, 247
traço, 83, 84, 244, 246-248
transliteração, 226, 301
tratamento
   de erros, 258, 271, 275, 335
   de exceções, 265, 266
trecho, 4, 77
   binário, 77
true, 10, 11, 16
truque do hífen, 6, 160, 167
tupla, 298, 299
type, 10

U

Unicode, 223, 225
UNIX, 7
__unm, 135
unpack, 46, 47, 51, 207
until, 33-35, 37, 41, 81
upvalue, 150, 154, 297, 298
userdata, 20, 303
   completo, 311
   leve, 311
UTF-16, 224
UTF-8, 223, 224

V

valor(es)
   de primeira classe, 11, 19, 53, 55
   de usuário, 319
   padrão, 44, 94, 103, 140

vararg, 8, 9, 48, 76, 164, 245, 276
variável
    de ambiente, 161, 240, 270
    de condição, 332, 333, 335
    de instância, 177, 178
    global, 7, 145, 146
    local, 31, 242, 246
    não local, 56, 246
vazamento de memória, 282
_VERSION, 6

W

while, 34
Windows, 4, 79, 161, 166, 224, 232, 233, 240, 287

World Wide Web Consortium, 95
wrap, 93, 94, 104, 284
write, 228, 235, 251

X

XML, 13, 20, 122, 216, 217, 313, 316-322, 324
xpcall, 83, 282, 284

Y

yield, 87-90, 97-99, 104, 329, 330